silêncios dos movimentos sociais
movimento sem terra, mulheres da via campesina e movimento de desempregados nos anos 2003-2009

Editora Appris Ltda.
1.ª Edição - Copyright© 2024 do autor
Direitos de Edição Reservados à Editora Appris Ltda.

Nenhuma parte desta obra poderá ser utilizada indevidamente, sem estar de acordo com a Lei nº 9.610/98. Se incorreções forem encontradas, serão de exclusiva responsabilidade de seus organizadores. Foi realizado o Depósito Legal na Fundação Biblioteca Nacional, de acordo com as Leis nos 10.994, de 14/12/2004, e 12.192, de 14/01/2010.

Catalogação na Fonte
Elaborado por: Josefina A. S. Guedes
Bibliotecária CRB 9/870

B435s
2024

benevides, pedro
silêncios dos movimentos sociais: movimento sem terra, mulheres da via campesina e movimento de desempregados nos anos 2003-2009 / pedro benevides. – 1. ed. – Curitiba: Appris, 2024.
238 p. ; 23 cm. – (Ciências da comunicação).

Inclui referências.
ISBN 978-65-250-5766-8

1. Movimentos sociais. 2. Movimentos de protesto. 3. Feminismo. 4. Desempregados. 5. Silêncio. I. Título. II. Série.

CDD – 303.484

Livro de acordo com a normalização técnica da ABNT

Appris
editora

Editora e Livraria Appris Ltda.
Av. Manoel Ribas, 2265 – Mercês
Curitiba/PR – CEP: 80810-002
Tel. (41) 3156 - 4731
www.editoraappris.com.br

Printed in Brazil
Impresso no Brasil

pedro benevides

silêncios dos movimentos sociais

movimento sem terra, mulheres da via campesina e movimento de desempregados nos anos 2003-2009

FICHA TÉCNICA

EDITORIAL	Augusto Coelho
	Sara C. de Andrade Coelho
COMITÊ EDITORIAL	Marli Caetano
	Andréa Barbosa Gouveia - UFPR
	Edmeire C. Pereira - UFPR
	Iraneide da Silva - UFC
	Jacques de Lima Ferreira - UP
SUPERVISOR DA PRODUÇÃO	Renata Cristina Lopes Miccelli
ASSESSORIA EDITORIAL	Miriam Gomes
REVISÃO	Bruna Fernanda Martins
PRODUÇÃO EDITORIAL	Miriam Gomes
DIAGRAMAÇÃO	Andrezza Libel
CAPA	Sheila Alves
REVISÃO DE PROVA	William Rodrigues

COMITÊ CIENTÍFICO DA COLEÇÃO CIÊNCIAS DA COMUNICAÇÃO

DIREÇÃO CIENTÍFICA Francisco de Assis (Fiam-Faam-SP-Brasil)

CONSULTORES

Ana Carolina Rocha Pessôa Temer
(UFG-GO-Brasil)

Antonio Hohlfeldt
(PUCRS-RS-Brasil)

Carlos Alberto Messeder Pereira
(UFRJ-RJ-Brasil)

Cicilia M. Krohling Peruzzo
(Umesp-SP-Brasil)

Janine Marques Passini Lucht
(ESPM-RS-Brasil)

Jorge A. González
(CEIICH-Unam-México)

Jorge Kanehide Ijuim
(Ufsc-SC-Brasil)

José Marques de Melo
(*In Memoriam*)

Juçara Brittes
(Ufop-MG-Brasil)

Isabel Ferin Cunha
(UC-Portugal)

Márcio Fernandes
(Unicentro-PR-Brasil)

Maria Aparecida Baccega
(ESPM-SP-Brasil)

Maria Ataíde Malcher
(UFPA-PA-Brasil)

Maria Berenice Machado
(UFRGS-RS-Brasil)

Maria das Graças Targino
(UFPI-PI-Brasil)

Maria Elisabete Antonioli
(ESPM-SP-Brasil)

Marialva Carlos Barbosa
(UFRJ-RJ-Brasil)

Osvando J. de Morais
(Unesp-SP-Brasil)

Pierre Leroux
(Iscea-UCO-França)

Rosa Maria Dalla Costa
(UFPR-PR-Brasil)

Sandra Reimão
(USP-SP-Brasil)

Sérgio Mattos
(UFRB-BA-Brasil)

Thomas Tufte
(RUC-Dinamarca)

Zélia Leal Adghirni
(UnB-DF-Brasil)

SUMÁRIO

introdução 7

1. ação direta massiva 11

2. métodos proletários de resistência 29

3. estrutura orgânica, organicidade e vínculos emancipatórios 53

4. métodos burgueses de neutralização 73

5. dissolução de vínculos emancipatórios 107

6. ação de mulheres e invisibilidade 123

7. ações de mulheres no Rio Grande do Sul 131

8. organicidade e periferia no MTD 161

9. o diálogo bloqueado sobre racismo 179

10. "tu não pode ser tu": memórias de mulheres negras desempregadas 191

11. vínculos emancipatórios e a política de anexação 205

referências 231

introdução

A resistência está pulsando. Ela pode surgir como uma disposição de reagir à violência e esbarra numa sociedade que despreza esse impulso. Tal balanço foi capturado pela canção "P.U.T.A.", do grupo Mulamba. A letra começa com o medo cotidiano, que é dela sozinha e de todas as mulheres ao mesmo tempo, restando implorar que seja poupada. Desaba sobre ela a violação, que liga dor solitária, traição nacional e a animalização. Não existe refúgio: "eu corro; pra onde eu não sei". Explode então a ruptura da mulher com o domínio do homem, num gesto livre de qualquer decoro pacifista. Consumada a resistência localizada, ela não é solução – mais uma vez: "eu corro; pra onde eu não sei". A dúvida recolocada leva a canção a se escorar no passado, que se apresenta como acolhedores versos de Chico Buarque. Sem alternativa concreta no presente, apela-se ao ícone antecedente. A rebelião está bloqueada. O futuro não oferece passo adiante. Na fusão musical que encerra a canção, o recuo para o colo do homem branco de esquerda se entrelaça com a agonia independente da mulher que não se cala.

Este estudo foi projetado como meio de diálogo com as pessoas que encarnam o impulso atual e latente de resistência, aquelas que estão fartas de violência, incluindo as hierarquias internas que acompanham as organizações revolucionárias. Chamo essas hierarquias específicas de silêncios, uma chave de interpretação que só é relevante se conduzir a patamares mais vastos.

* * *

Começo com ação direta massiva: ocupações de terra, marchas, lutas contra transnacionais, entre tantas outras modalidades de manifestações coletivas, que não podem cair no esquecimento. Nem todas as pessoas se renderam à benevolência do Estado ou se enganaram com a imagem de diminuição de desigualdade social nos anos 2000. Houve um árduo trabalho para recusar o rebaixamento representado pela sedutora disputa por políticas públicas, que foi contraposta pela persistência no enfrentamento à propriedade privada dos meios de produção. Os métodos coletivos de organização foram refinados, num esforço imenso de atualização de instrumentos. Em que pese seu isolamento crescente, as ações e métodos do MST são exemplos de como puderam se manter elevados os parâmetros da luta de classes até 2009.

As lutas desencadeadas na superfície da sociedade carregam em suas entranhas relações organizativas que dão sentido profundo aos enfrentamentos. Chamo essas relações mais abstratas de vínculos emancipatórios. Imersas na organização e transbordando seu perímetro, encontramos ligações entre a iniciativa individual e a ação coletiva; entre interesse pessoal e conquista social; entre demandas imediatas de sobrevivência e necessidades humanas elevadas; entre passado, presente e futuro; entre real e ideal. Os vínculos emancipatórios são elos que prometem injetar sentido revolucionário em cada ato e ideia. São conexões que pretendem contrariar a desumanização. Voltando ao diálogo com a canção, esses vínculos foram o modo dos Sem Terra de dizer, fundamentalmente, para onde correr.

Entretanto, essa resposta está repleta de silêncios, ou seja, de hierarquias internas profundamente violentas. Colocar a matéria-prima dessa dúvida é o objetivo dos capítulos de 6 a 10. Vamos conhecer as mulheres da Via Campesina, as mudas que romperam o silêncio, também conhecidas como bruxas. Elas conseguiram, na prática de perigosas ações diretas, combinar a luta contra o Capital e a afirmação de mulheres em direção feminista. No enfrentamento concreto, milhares de mulheres deram substância ao lema "sem feminismo, não há socialismo".

Existem outras vozes emudecidas, atuando por dentro dessa ruptura de silêncio. As mulheres negras mobilizadas pelo Movimento de Trabalhadores Desempregados (MTD) têm percepções diferenciadas, que lançam questões tanto sobre os métodos dos Sem Terra quanto sobre as lutas de mulheres, que tendem a naturalizar a branquitude. Esse silêncio dentro do silêncio amplia o leque de interrogações.

O último capítulo visa relacionar todos os anteriores, ligando luta de classes, ações de mulheres e a memória de mulheres negras. Essa ligação permite alcançar o principal objeto de reflexão deste estudo: um conjunto intimamente encadeado feito de dominação, emancipação e silêncios. Trata-se de articular fatores muito diferenciados para adensar a questão: é possível construir organizações revolucionárias que não carreguem hierarquias internas? A rebelião bloqueada do presente, que a canção nos ajuda a perceber, exige o exame das novas possibilidades de alcançar consistência organizativa para enfrentar os pilares do sofrimento.

***

As principais fontes desta pesquisa são pessoas dirigentes e militantes que participaram das lutas em questão. Todas as entrevistas são anônimas e foram concedidas em dezembro de 2018 e janeiro de 2019. Outras fontes são o *Jornal Sem Terra* (mais de 400 páginas com registros de ações diretas massivas) e os relatórios da CPT sobre violência no campo, além de documentos internos do MST e do MTD.

O autor participou do setor de comunicação do MST em 2004 e 2005, e atuou na regional de Porto Alegre do MTD de 2005 a 2010. Ele hoje é professor de comunicação na Universidade Federal da Paraíba. Este estudo não está vinculado a nenhum programa de pós-graduação. Ele foi realizado de modo independente.

Recomendo vivamente que, antes da leitura deste livro, seja assistido o vídeo "Rompendo o silêncio", com duração de 16'18" (busque no Youtube com as palavras: rompendo silêncio MST Aracruz).

1

ação direta massiva

Em 2005 o MST realiza uma grande marcha nacional, que cumpre o papel de explicitar novas forças atuando na luta de classes no campo brasileiro – agronegócio, Confederação da Agricultura e Pecuária do Brasil (CNA), governo Lula e os Sem Terra com base renovada. Essa marcha só foi possível porque contou com um largo acúmulo de experiência anterior, remontando a várias marchas estaduais e nacionais nos anos 1980 e 1990. A marcha de 2005 se faz necessária para colocar sobre o governo Lula um novo grau de reivindicação e acaba servindo para indicar o limite histórico dessa capacidade popular de exercer pressão.

O antecedente imediato é a marcha de dois mil Sem Terra, que chega a Brasília em 19 de novembro de 2003. São dez dias de caminhada, desde Goiânia, para participar da Conferência da Terra pelo Plano Nacional da Reforma Agrária, que reúne na capital federal 4 mil pessoas no dia 20 de novembro. Lula havia assentado apenas 10 mil das 60 mil famílias prometidas em 2003. Daí a urgência da marcha de 2003, que segue a linha política de que o governo não é inimigo, está em disputa e deve ser pressionado. Já se coloca a ideia de que a Reforma Agrária não ocorrerá dentro do neoliberalismo, mas a leitura sobre o agronegócio não está ainda madura: "nosso inimigo principal é o latifúndio improdutivo", afirma o editorial do *Jornal Sem Terra* (JST), sempre assinado pela direção nacional (DN) do MST. Amistosas reuniões de negociação empurram a promessa de Reforma Agrária para 2004. No final de 2004, as realizações continuam escassas e o governo Lula ainda comete a afronta de divulgar números distorcidos sobre famílias assentadas, exatamente como fazia FHC[1].

A frustração dessas ações e negociações provoca o próximo grande passo do MST em 2005. Esse é o terceiro ano de governo Lula, tempo mais que suficiente para esgotar esperanças de mudanças a partir do palácio presidencial. Em abril e maio desse ano acontece um marco na luta de classes no Brasil, um

---

[1] JST, novembro de 2003, p. 2 e 7-9; JST, dezembro de 2004/janeiro de 2005, p. 2; JST, dezembro de 2002/janeiro de 2003, p. 2. A página 2 do JST é ocupada pelo editorial, sempre assinado pela direção nacional (DN) do MST – a única exceção será apontada em outro ponto deste estudo.

evento desconcertante, por ser tão grandioso quanto inofensivo: a marcha nacional de 2005, com 12 mil pessoas caminhando de Goiânia a Brasília. Sim, 12 mil pessoas acordando, comendo, caminhando, tomando banho e ainda se reunindo em núcleos de base, ao longo de 200 quilômetros, por 15 dias. Foi um verdadeiro auge organizativo dessa tática de manifestação, que cumpre vários papéis. Considerando o bloqueio da mídia, a marcha é um meio de o Movimento dialogar diretamente com o povo. Demonstrando determinação e solidariedade, a marcha agrega apoio e simpatia, podendo criar uma pressão sobre o governo que ultrapassa em muito o número de participantes diretos. Com uma dimensão que não pode ser ignorada pela imprensa e com os marchantes muitas vezes usando camisetas brancas (e não vermelhas), o Movimento tenta amenizar a imagem de violência projetada pela mídia. O JST destaca que, em todo o caminho, "nenhuma ocorrência policial foi registrada" e um inspetor da polícia rodoviária comemora "a integração entre a coordenação da Marcha e o coletivo [sic] da polícia rodoviária". Até o presidente do Senado Federal, Renan Calheiros, elogia a "organização e serenidade" da marcha. Lula também se admira com sua organização, afirmando o direito de manifestação e dizendo que "teremos um problema de consciência" se a Reforma Agrária não for feita[2].

No ato final da marcha, no dia 17 de maio de 2005, em frente ao congresso nacional, um pequeno grupo de policiais infiltrados provoca uma briga que serve de pretexto para repressão policial. A polícia militar do Distrito Federal cria "um pequeno tumulto que durou cinco minutos", deixando 30 pessoas feridas. Foi uma pancadaria breve e localizada, mas suficiente para a mídia captar imagens que repõem o estigma da violência sobre o MST. Após tanta dedicação ao pacifismo e demonstração de autonomia por parte da marcha, a mídia e a polícia conseguem se impor e descaracterizar o Movimento com uma manobra grosseira e eficaz, em poucos minutos.

Finalmente, ocorre a reunião com Lula no dia 17 de maio. Um bispo registra suas observações no JST: ele lembra que a marcha de 1997 encurralou o governo FHC, que recebeu o MST a contragosto, sentindo o calor da pressão popular, ao passo que em 2005 "era evidente o clima de descontração, assegurando a disposição para o diálogo". O MST apresenta análises e reivindicações. Lula e ministros dão respostas genéricas. Os Sem Terra retomam a palavra, deixando "muito claro que não tinham feito a marcha para agora ouvir vagas promessas". O presidente então assegura que continuará reunido com seus ministros para definir suas ações. Sem que haja no dia 17 o anúncio de nenhuma medida concreta, "em 18 de maio, enquanto homens e mulheres

---
[2] JST, novembro de 2005, p. 2.

desmontavam suas barracas para voltarem aos seus estados, uma nova delegação do MST se encontrava novamente com o ministro [do Desenvolvimento Agrário]". Ou seja, a audiência decisiva ocorre sem pressão de marchantes, que começam a se desmobilizar antes de qualquer resposta efetiva por parte do governo. A DN do MST afirma: "Ambicionávamos mais, mas foi o possível construir e saímos satisfeitos". Na assembleia final da marcha, um dirigente nacional tenta injetar ânimo: "Mais importante do que as negociações foi a marcha em si, porque ajudou na conscientização" sobre a Reforma Agrária. O verdadeiro golpe de misericórdia sobre a marcha vem da autoridade financeira: enquanto Lula "reconheceu estar em dívida com os Sem Terra", no mesmo dia 17 de maio "o Banco Central aumentou os juros de 19,5% para 19,75%", ou seja, a política neoliberal segue indiferente aos Sem Terra.

Um fator, porém, é muito mais importante do que a alta capacidade organizativa do MST, a armadilha policial-midiática no ato final ou a farsa de Lula na negociação. Ocorre que a população não se mobiliza para receber os Sem Terra em Brasília. Lembremos que, em 1997, os 1300 marchantes Sem Terra conseguem arrastar o apoio de 100 mil pessoas para a Praça dos Três Poderes. Agora, a marcha dez vezes maior chega sozinha: "o povo de Brasília não largou seu trabalho para ver os Sem Terra passar", diz o bispo. Os marchantes nem chegam a trancar avenidas da cidade, ocupando apenas meia pista por onde passam[3].

"Não se fará outra marcha como esta. Agora é para fazer Reforma Agrária". Sem saber, com essas duas frases, o bispo assinala um retumbante esgotamento de método de luta. A primeira frase é a que prevalece. Lula consegue congelar a Reforma Agrária mais uma vez e o MST desmobiliza seus marchantes antes mesmo que a negociação termine, indicando a superioridade do poder de amortecimento do novo regime, diante desse método de luta. A marcha de 2005 foi uma enorme vitória para Lula, que demonstra ser imune a constrangimentos por parte de movimentos sociais. A partir daí, as táticas de pressão moderada sobre o governo, como marchas e ocupações de prédios públicos, servem apenas para obter conquistas laterais e a conta-gotas. As grandes reivindicações – assentamento massivo de famílias acampadas, atualização do índice de produtividade, crédito para assentamentos etc. – são sempre palavras vazias na mesa de negociação[4].

*＊＊

---

[3] JST, abril de 2005, p. 8-9.
[4] Duas edições do JST tratam da marcha: JST, abril de 2005, p. 8-9; e JST, maio de 2005, p. 2-3, 8-9, e 10-11.

Os lances da marcha de 2005 são indicações de forças maiores do que aquelas visíveis como Movimento e governo. Trata-se de uma nova etapa de luta de classes, que foi percebida de vários modos. Um deles gira em torno da consagração do termo "agronegócio", seguido do contraponto liderado pelo MST. Gradativamente, em meados da década de 2000, vai emergindo entre dirigentes Sem Terra o termo "agronegócio" como indicador de um novo inimigo a ser enfrentado no campo. Esse oponente vem se instalando desde os anos 1970 e ganha força nos anos 1990 com FHC[5]. O termo "agronegócio" surge no JST justamente nos anos 2004 e 2005[6]. São nesses anos que a DN alcança plena consciência sobre o problema.

Em junho de 2004, um editorial do JST afirma que existe, na agricultura, a disputa entre dois projetos: agronegócio de um lado; e agricultura camponesa de outro. "A luta pela Reforma Agrária quer destruir o latifúndio improdutivo", assim como se contrapor "à ilusão do agronegócio que, na verdade, é a recriação do modelo agrícola colonial, que só privilegia as exportações". Uma matéria de outubro de 2004 traz "agronegócio" no título e diversos dados, mas ainda não uma leitura política articulada. No início de 2005, um editorial traz o argumento de que o "agronegócio quer expandir [sic] economicamente sobre o latifúndio improdutivo e, para isso, precisa impedir a Reforma Agrária". Avaliando os resultados da marcha nacional em julho de 2005, um editorial afirma que, dos sete compromissos assumidos por Lula, "houve avanços na distribuição de cesta básica às famílias acampadas, nas novas linhas de crédito para assentados e assentadas e na contratação de servidores para o INCRA. Entretanto, no fundamental, a Reforma Agrária continua parada". Por quê? Não pela crise política (o "mensalão"), mas porque a Reforma Agrária "é incompatível com o modelo neoliberal. [...] Por isso, não basta mais apenas negociarmos metas de assentamento com o Incra, se depois o Ministério da Fazenda corta os recursos". Essa é a verdadeira avaliação da marcha nacional de 2005, que tem consequências políticas mais amplas. "A luta pela Reforma Agrária passa agora pela derrota do modelo neoliberal. Daí a necessidade de cada companheiro e companheira entender que precisamos também nos mobilizar contra a atual política econômica".

---

[5] PORTO-GONÇALVES, Carlos Walter; ALENTEJANO, Paulo Roberto Raposo. A violência do latifúndio moderno-colonial e do agronegócio nos últimos 25 anos. *In:* CPT. **Conflitos no campo Brasil 2009**. São Paulo: Expressão Popular, 2010. p. 115.

[6] A avaliação de que o termo "agronegócio" se projeta no JST nos anos 2004 e 2005 é confirmada por SILVA, Diógenes Luiz da. **Do latifúndio ao agronegócio**: os adversários do MST no *Jornal Sem Terra*. 2013. Dissertação (Mestrado em Ciências Sociais em Desenvolvimento, Agricultura e Sociedade) – Universidade Federal Rural do Rio de Janeiro, Rio de Janeiro, 2013. p. 129-138.

Em novembro, a DN escreve que o governo "não irá cumprir as metas" do Plano de Reforma Agrária. Apresentando um balanço de três anos de governo em março de 2006, a DN avalia que Lula realiza dez medidas favoráveis à agricultura familiar e 30 ao agronegócio. Em maio de 2006, passados dez anos do massacre de Eldorado dos Carajás, a DN defende a "intensificação da luta contra as transnacionais da agricultura", citando a Aracruz e a Syngenta, e declarando o agronegócio como o grande inimigo, pois "impede a descentralização das terras", uma vez que as "melhores áreas" são destinadas ao agronegócio. Lembremos que, na "Carta ao povo brasileiro e ao presidente Lula", de novembro de 2002, a DN acusa que o "latifúndio e o modelo neoliberal são a causa da fome". Vemos assim como, gradativamente, emerge o termo "agronegócio"[7].

Três textos mais elaborados publicados no JST levantam esse mesmo acúmulo intelectual e político. Em fevereiro de 2004, Horácio Martins de Carvalho publica "Em busca de um rumo estratégico", argumentando que o capital financeiro internacional se apodera de empresas agrícolas nos anos 1990 e que o "enfrentamento direto" de grandes empresas capitalistas do campo se torna exigência para romper a exploração econômica. Em agosto de 2004, Bernardo Mançano vai direto ao ponto com um texto intitulado "Agronegócio: a nova denominação do latifúndio". Segundo ele, a velha *plantation* ganha novo nome para ocultar a depredação sob o manto produtivista. Nessa etapa, o latifúndio é ultrapassado já que não se trata apenas de concentrar terra, mas também de controlar tecnologia e políticas de desenvolvimento. A ocupação de terras, por sua vez, é criminalizada por se tornar afronta de classe, já que está fora da lógica capitalista. "Esse é o novo conteúdo da questão agrária nesta primeira década do século 21". Em março de 2005, Frei Sérgio Antônio Görgen defende que a aprovação da Lei de Biossegurança, ou seja, a legalização dos transgênicos, inaugura uma nova fase da luta no campo[8].

* * *

Afirmei que a marcha de 2005 expõe os limites da capacidade de pressão do MST. Agora veremos como o Movimento vai forçar as fronteiras históricas. No final de 2005, terceiro ano do governo Lula, é perceptível que a marcha nacional não foi capaz de arrancar conquistas. A realização dos planos de

---

[7] JST, junho de 2004, p. 2; JST, outubro de 2004, p. 3; JST, dezembro de 2004/janeiro de 2005, p. 2; JST, julho de 2005, p. 2; JST, novembro de 2005, p. 8-9; JST, março de 2006, p. 2; JST, maio de 2006, p. 2 e 6; JST, julho de 2006, p. 8-9; JST, novembro de 2002, p. 10.

[8] JST, fevereiro de 2004, p. 5; JST, agosto de 2004, p. 3; JST, março de 2005, p. 3.

Reforma Agrária fica cada vez mais remota. Isso é expressão prática de que a força do agronegócio sobre o governo é largamente predominante. Esvazia-se a imagem de "governo em disputa", ou seja, a ideia de que o governo tem uma ala popular verdadeiramente ativa. Tudo isso coloca novas exigências para o MST, abrindo possibilidades que podem se somar ou se polarizar: acirramento de métodos de luta e ajuste ao novo modelo de gestão do neoliberalismo são duas trilhas com potencial para se combinar de maneiras variadas. Ainda que haja linhas políticas bem definidas, diversos caminhos são experimentados na prática de um movimento tão grande e internamente diferenciado quanto o MST. Vou sublinhar as ações e métodos que apostam no caráter pedagógico do confronto, como orientação e convite para todos os segmentos de trabalhadores aderirem abertamente à luta de classes.

Algumas ações de embate direto contra transnacionais são experimentadas nos dois primeiros anos do governo Lula. Ainda que não componham um conjunto articulado, elas demonstram que a linha pacifista da marcha de 2005 não era a única opção sendo experimentada. Em 9 de maio de 2003, ao final de um encontro de agroecologia em Ponta Grossa, no Paraná, os quatro mil participantes derrubam e queimam uma plantação de milho transgênico da Monsanto. Em junho de 2003, o JST registra: uma breve ocupação realizada em 28 de maio na área da Celulose Irani, ligada à multinacional Kablin, em Santa Catarina; uma ação contra a Sousa Cruz no Rio Grande do Sul; e uma denúncia contra a Aracruz Celulose. Foram ocupados "grandes latifúndios cujos proprietários não são apenas fazendeiros ou empresas agropecuárias, mas principalmente grandes grupos financeiros e multinacionais". Nesse mês de maio, além de Santa Catarina e Rio Grande do Sul, nenhum dos outros oito estados em luta faz ação contra multinacionais, ocupando em geral latifúndios improdutivos. Denunciando o avanço do capital financeiro, acontece em março de 2004 o Tribunal contra os Transgênicos, em Porto Alegre. A grande ação de confronto realizada antes da marcha nacional acontece em 5 de abril de 2004, quando três mil famílias ocupam a fazenda Água Fria, da multinacional Veracel, em Porto Seguro, na Bahia.

> Os trabalhadores rurais derrubaram milhares de pés de eucaliptos e começaram a plantar agricultura de subsistência. [...] A mobilização do MST nas terras da Veracel foi a maior já realizada no Estado e marcou uma nova fase de luta pela Reforma Agrária, ao questionar o conceito de propriedade produtiva, travando o debate socioecológico[9].

---

[9] JST, outubro de 2004, p. 6.

Esse ponto exige destaque: a identificação de um novo inimigo é acompanhada da decisão de realizar ocupações de latifúndios produtivos e isso é muito mais tenso do que avançar sobre latifúndios improdutivos. Amplia-se o questionamento da propriedade privada dos meios de produção, não apenas em favor da defesa da função social da terra, mas sobretudo contra transnacionais. É um novo grau de radicalidade, superior ao já grave enfrentamento que marcava as ocupações de latifúndios improdutivos nos anos 1980 e 1990[10].

Após a marcha nacional de 2005, ocorre uma nova sequência de ações de enfrentamento ao agronegócio. São as mulheres no 8 de março de 2006 a 2009 que colocam uma pequena, porém convicta, possibilidade de que essa linha de lutas ganhasse consistência interna. Em 8 de março de 2006, mais de mil mulheres da Via Campesina ocupam o horto florestal da empresa Aracruz Celulose no Rio Grande do Sul. As mulheres destroem as mudas de eucaliptos, numa "manifestação de impacto e repercussão internacional contra o deserto verde", que afeta diretamente a Conferência da FAO (Órgão das Nações Unidas para Alimentação e Agricultura) que acontece em Porto Alegre na mesma data. No Dia Internacional de Luta das Mulheres de 2007, 800 mulheres da Via Campesina ocupam uma usina da Cargill em São Paulo. Em Pernambuco, mulheres da Via arrancam cana no Engenho São Gregório. No Rio Grande do Sul, elas ocupam áreas da Aracruz, Votorantim, Stora Enso e Boise. Em Minas Gerais, elas trancam a entrada da mina Capão Xavier, da Vale do Rio Doce. Em março de 2008, mulheres cortam eucaliptos da Stora Enso no Rio Grande do Sul. Em Pernambuco, mulheres destroem a casa grande de um engenho de onde suas famílias foram despejadas para dar lugar à plantação de cana. Também em Pernambuco, mulheres ocupam a sede da Companhia de Desenvolvimento do Vale do São Francisco (Codevasf), protestando contra os grandes projetos de irrigação para o agronegócio. Em São Paulo, mulheres da Via destroem milho transgênico da Monsanto. Em Minas Gerais, a ferrovia da Vale é bloqueada pelas mulheres. Ações mais leves de mulheres contra multinacionais e a monocultura acontecem em vários outros estados. Em março de 2009, mulheres destroem parte de uma plantação de milho em São Paulo, cortam eucaliptos da Votorantim no Rio Grande do Sul, queimam toras de eucalipto da Vale no Maranhão e destroem cana na Paraíba. As

---

[10] JST, maio de 2003, p. 5; JST, junho de 2003, p. 6-9; JST, junho de 2004 p. 2; JST, abril de 2004, p. 8; JST, outubro de 2004, p. 6. A ideia e a prática da destruição de transgênicos ganha projeção no Brasil com a ação de janeiro de 2001, na qual plantações transgênicas da Monsanto foram destruídas no município de Não-Me-Toque, no Rio Grande do Sul. Cf. TERMINA invasão à plantação de transgênicos da Monsanto no RS. **Folha Online**, 26 jan. 2001.

mulheres do Espírito Santo se somam às mineiras, às cariocas e às paulistas para ocupar o Portocel (da Aracruz Celulose), gerando prejuízo de R$ 2,8 milhões para a empresa[11].

Além das mobilizações de mulheres, outras ações do MST vão na mesma linha de enfrentamento. No Paraná, em 14 de março de 2006, 600 pessoas fazem a primeira ocupação de área da transnacional Syngenta Seeds, logo após o Ibama ter multado a empresa em 1 milhão de reais por cultivo ilegal de transgênicos. Também em março de 2006, um engenho do grupo Votorantim é ocupado por 600 famílias em São Lourenço da Mata, Pernambuco. "Cerca de 900 famílias viviam e produziam na área, até serem despejadas em julho" de 2005. Em 30 de novembro de 2006, 6 mil pessoas do MST, MTL e MLST ocupam "o cais do Porto de Maceió, que pertence ao governo federal", para exigir desapropriação de usinas nos municípios de Flexeiras e Joaquim Gomes, em Alagoas. Em outubro de 2007, os Sem Terra reocupam a área da Syngenta no Paraná; e no Rio Grande do Sul uma marcha do MST faz protesto na frente da Bunge em Passo Fundo, enquanto 100 pessoas roçam área da Votorantim em Bagé e 200 pessoas roçam área da Stora Enso em Livramento. Na jornada de lutas de junho de 2008, os Sem Terra ocupam uma estação experimental de cana-de-açúcar e cortam dois hectares de plantação, na cidade de Carpina, Pernambuco. Essa é uma entre diversas manifestações, que acontecem em 17 estados: a Bunge é denunciada no Paraná e Rio Grande do Sul, assim como a monocultura da cana-de-açúcar na Paraíba, Espírito Santo e São Paulo, além de hidrelétricas, do Wal-Mart e dos eucaliptos em outros estados. Em 8 de abril de 2009, a fazenda Putumuju, da Veracel Celulose (de propriedade da Aracruz e da Stora Enso), na cidade de Mundo Novo, Bahia, é ocupada por 1.500 famílias Sem Terra. Finalmente, no dia 5 de outubro de 2009, acontece a última grande ação de enfrentamento do MST contra o agronegócio: famílias acampadas em Iaras, São Paulo, derrubam três mil pés de laranja, resistindo à monocultura e exigindo a retomada pela União de área de 2.700 hectares grilada pela Cutrale[12].

Essas lutas mais acirradas precisam ser situadas num conjunto variado de ações entrelaçadas. São embates muito diferenciados que reforçam uns aos outros. Além das ações contra multinacionais, há jornadas de lutas,

---

[11] JST, março de 2006, p. 8-9; JST, abril de 2007, p. 8-9; JST, novembro/dezembro de 2007, p. 8-9; JST, fevereiro/março de 2008, p. 6-7; JST, abril de 2008, p. 12; JST, junho de 2008, p. 8-9; JST, abril de 2009, p. 8-9.

[12] JST, março de 2006 p. 7; JST, junho de 2006, p. 8-9; JST, março de 2006, p. 6; JST, dezembro de 2006, p. 6; JST, outubro de 2007, p. 7; JST, janeiro de 2008, p. 7; JST, junho de 2008, p. 8-9; JST, junho de 2008, p. 2; JST, julho de 2009, p. 6; JST, maio 2010, p. 10. Cf. também SEM-TERRA destroem mais de mil pés de laranja no interior de SP. **G1**, 5 out. 2009. Acesso em: 10 jun. 2019.

englobando ocupações de latifúndios improdutivos e diversas táticas de pressão contra governo. De 2003 a 2009, os principais alvos das ações do MST são latifúndios e órgãos públicos, ocupados num tipo de luta nacionalmente articulada que se chama de jornada. São ações mais moderadas, em relação aos enfrentamentos com o agronegócio, porém capazes de criar importante repercussão em todo o Brasil. No período central aqui estudado, de 2003 a 2009, todos esses sete anos contam com o MST realizando as jornadas de abril (chamadas pelo MST de jornada nacional de luta pela Reforma Agrária; e pela mídia de "abril vermelho"). O JST não apresenta registro regular de número de ocupações e de famílias participantes para que se possa fazer um balanço mais preciso. Mesmo assim é possível afirmar que as jornadas acontecem em todos os anos, especialmente com marchas, ocupações de latifúndios e de prédios públicos, somadas a atos, distribuição de alimentos, liberação de pedágios, doação de sangue, encontros etc.[13]. O MST encontra fôlego para realizar outras jornadas num mesmo ano. De 2004 a 2008, acontece a Jornada de 25 de julho (dia do trabalhador e da trabalhadora rural), utilizando os mesmos métodos da jornada de abril. Em 2005, há empenho numa terceira jornada: tentando vencer a cortina de fumaça do mensalão, o MST conduz a Jornada Nacional de Lutas, de 26 a 30 de setembro, com 30 mil pessoas em 21 estados ocupando prédios do INCRA, bancos e latifúndios. Do mesmo modo, de 2006 a 2009 acontecem outras jornadas além das de abril e julho, sobretudo no segundo semestre[14]. Portanto, em 2003 o MST realiza uma jornada; em 2004 e em 2009 são duas jornadas; de 2005 a 2008 são três jornadas por ano. A moderação das ações é compensada por sua abrangência, persistência e visibilidade[15].

As grandes lutas são temperadas por um conjunto considerável de manifestações que tem papel complementar. Vou tomar apenas o ano de 2007 para detalhar essas ligações entre diferentes patamares de lutas. Abril é o mês da principal Jornada de Lutas do MST e em 2007 "ocupações de terra e prédios públicos, manifestações e marchas" ocorrem em todo o país. Em 23 de maio de 2007, sindicatos e movimentos sociais, agregando mui-

---

[13] JST, maio de 2003, p. 6-9; JST, abril de 2004, p. 8-9; JST, maio de 2007, p. 6-7; JST, maio de 2008, p. 8-9; JST, maio de 2009, p. 8-9; JST maio 2010, p. 8-9; JST maio 2011, p. 8-9.

[14] JST, agosto de 2004, p. 6-7; JST, agosto de 2005, p. 8-9; JST, outubro de 2005, p. 8-9; JST, agosto de 2006, p. 8-9; JST, dezembro de 2006, p. 6-7; JST, julho de 2007, p. 12; JST, outubro de 2007, p. 7; JST, agosto de 2008, p. 8-9; JST, outubro de 2008, p. 8-9; JST, setembro de 2009, p. 8-9.

[15] Outras lutas cruciais estavam se desenrolando no mesmo período: a resistência indígena, as ações contra a Vale, as lutas contra as barragens e, finalmente, um amplo subconjunto de lutas menores e complementares. Meu material empírico (as entrevistas e os documentos) só permite desenvolver análises sobre as lutas elencadas anteriormente.

tas outras entidades, organizam um dia nacional de luta: um protesto em escala nacional, demandando direitos trabalhistas e mudanças no modelo econômico, com o lema "nenhum direito a menos". Nessa mesma linha de manifestações de rua mais simples e pacíficas se encontram a Marcha dos Sem, o Grito dos Excluídos, o Plebiscito Popular contra a privatização da Vale, o Primeiro de Maio e a Romaria das Águas e da Terra: são iniciativas pontuais, interessantes para unificar pautas e treinar militantes para a agitação e propaganda, sempre contando com um número razoável de participantes, uma vez que os movimentos e os sindicatos estão sempre estruturados para enviar pessoas para caminhadas e atos. Isso não torna essas ações fortes, pois o número era em geral insuficiente para atingir algo além da mera manifestação, ou seja, não causa atrito com inimigos de classe. O mais importante é tentar criar um caldo para mobilizações maiores. Em agosto de 2007, ocorre a Jornada Nacional em Defesa da Educação Pública e em outubro acontece o encontro de Sem Terrinhas. Este funciona como espaço pedagógico para as filhas e filhos de famílias acampadas e assentadas pelo MST, segundo a ideia de que a luta e a organização são as maiores escolas. Em setembro de 2007, o MST ainda encontra fôlego para fazer, em 15 estados, "protestos em agências bancárias, trancamento de rodovias e ocupações em prédios do INCRA", exigindo avanços na Reforma Agrária. Em novembro de 2007, uma ação individual de grande repercussão contra o projeto da transposição do rio São Francisco é a greve de fome de dom Luiz Cappio, bispo de Barra, na Bahia, que polemiza com o modelo de desenvolvimento daquela construção[16]. Quero também mencionar a importância das lutas que repercutem mundialmente e que funcionam como injeção de ânimo no Brasil: 2007 é o ano em que circula entre a militância o documentário *Um Poquito de Tanta Verdad*, sobre as imensas manifestações que irrompem em Oaxaca, México, em maio de 2006. Com variações, esse leque de lutas pode ser encontrado nos anos de 2006, 2008 e 2009. Essa linha de mobilização apresenta grande vitalidade nesses anos de 2006 a 2009[17].

* * *

---

[16] Não houve pronunciamento oficial de Lula, do PT ou da CUT sobre a greve de fome de dom Luiz Cappio e antigos militantes das CEBs "condenaram o bispo por ser 'intransigente', 'fundamentalista'", segundo o militante Cesar Sanson (JST, janeiro de 2008, p. 3).

[17] JST, agosto de 2007, p. 6; JST, novembro/dezembro de 2007, p. 8-9; JST, janeiro de 2008, p. 3. Esses são alguns dos registros oferecidos pelo JST. Certamente muitas outras lutas não são relatadas pelo jornal, mas ele apresenta um quadro amplo de ações significativas, que dão testemunho de uma resistência hoje quase esquecida. Como se sabe, a maioria dessas lutas é ignorada pela mídia burguesa e as poucas ações fortes o suficiente para afetar os meios de comunicação da classe dominante são criminalizadas.

Em síntese, a curva das lutas nesse período corresponde à retomada de lutas massivas em 2003, ao acirramento a partir de 2006 e ao esgotamento a partir de outubro de 2009. Acontece um auge de massificação dos acampamentos do MST em 2003, que representa um último impulso de massificação (como veremos no capítulo 2). Daí até a marcha nacional em maio de 2005, fica evidente um desencaixe vital entre métodos e objetivos, especialmente explícito com a ineficácia da tentativa de pressão da marcha nacional, o que impõe a necessidade de radicalizar. As lutas mais acirradas, que afrontam a propriedade produtiva, são justamente aquelas que apontam um caminho para além das instituições e do Capital. A luta contra a Aracruz em 2006 é um ponto de coesão para o embate anticapitalista, que chega até a ação contra a Cutrale em outubro de 2009. Este é o último fôlego do enfrentamento direto contra o agronegócio. Depois disso, desaparece do cenário político no Brasil a ação direta massiva, continuada e coordenada em escala nacional com objetivos bem definidos – uma ausência devastadora que pode ser concebida como uma verdadeira dissolução de vínculos emancipatórios, como veremos.

A qualidade das lutas sociais foi redefinida a partir da marcha nacional de 2005, pois a partir dela a pressão pacífica sobre o governo se torna irremediavelmente neutralizada. Isso fica evidente tanto na desproporção entre esforço e resultado da marcha de 2005, quanto no contraste entre esta e a marcha de 1997 – muito menor e muito mais impactante. A marcha de 2005 é um marco porque representa uma virada fatal: a tendência predominante de esvaziamento da ação direta massiva.

A ocupação de latifúndios improdutivos continua acontecendo, desencadeada pela necessidade imediata de terra e garantindo alta visibilidade e enorme legitimidade ao MST – mas não enfrentando o grande novo inimigo. Essas ações se concentram nas jornadas de luta, que acontecem em abril desde 1997, e que depois acontecem também em julho e em outros meses do segundo semestre. Elas demonstram a tenacidade do MST, capaz de organizar em ações amenas as famílias que, por sua grave situação econômica, poderiam estar experimentando situações extremas de desespero e descrença. São permanentes as ações sobre o governo, com marchas e ocupações de prédios públicos ocorrendo várias vezes por ano em todo o país. Considere-se que a moderação também é expressão de habilidade política: a insistência e a cautela podem ter maior potencial de pressão do que a ação acirrada, a depender das circunstâncias locais e da conjuntura nacional. Seu grande mérito é resultar em pequenas conquistas que animam a continuidade da luta. Ao lado da ocupação de terra, a liberação de pedágios talvez seja o enfrentamento mais comum e direto ao Capital, ainda que focado num ramo empresarial mais fraco e numa área geográfica muito mais restrita (ou seja, o pequeno perímetro das cancelas de um pedágio), exigindo um número muito menor de pessoas, mas com grande impacto simbólico de desobediência civil sobre um alvo odiado pela população que possui carro. Em geral as ocupações de prédios públicos, as manifestações e as marchas são lutas moderadas, que ganham força no conjunto e preservam os participantes (ou seja, não provocam muita repressão policial) em cada localidade. Elas vão perdendo poder de pressão, mesmo que possam arrancar conquistas laterais. As manifestações mais elementares – povo se juntando numa praça, com data marcada publicamente e fazendo caminhada de poucas horas pelo centro da cidade – podem servir para repercutir e alimentar as linhas mais fortes de luta. As menores manifestações são fundamentais para capilarizar bandeiras, agitar a população e manter um clima de insatisfação organizada permanente. Nesse quadro, as ações contra a propriedade privada (sobretudo contra o latifúndio produtivo) possuem o potencial de irradiar radicalidade para as ações menores.

A relação entre a linha acirrada e a moderada se mantém politicamente construtiva, apesar da conjuntura adversa. São relativamente poucas ações contra multinacionais, em comparação com as muitas ações de ocupação de latifúndio improdutivo e de pressão sobre governos (marchas, atos, caminhadas, trancamento de estradas e pedágios, doação de sangue e alimentos, vigílias etc.). Mas aquelas poucas ações radicais são as mais decisivas politicamente. Note a desproporção entre os termos do editorial do JST e as ações que ele registra em outubro de 2007: "Nossa luta contra as transnacionais" é o título do editorial, ao passo que as matérias registram, em 15 estados, "protestos em órgãos ligados ao Ministério da Fazenda – principal responsável pelo incentivo à expansão do agronegócio", além de ocupações do Incra e de terras[18]. Ou seja, a linha política destaca o enfrentamento ao agronegócio, enquanto as lutas efetivas e diretas contra transnacionais são minoritárias (verifiquei isso nos registros do JST em todo o período 2006-2009). Entretanto, as ações contra transnacionais são mais coesas e persistentes do que antes, e assim se tornam altamente expressivas, compondo a direção política mais consistente apontada pelo MST para a classe trabalhadora. A combinação de lutas radicais e moderadas representa uma enorme vantagem, presente nesses anos e que nos anos 2010 desaparece do cenário político: qualquer grupo principiante

---

[18] JST, outubro de 2007, p. 7.

isolado em resistência espontânea poderia encontrar orientação prática e estruturada em escala nacional para a agoniante dúvida sobre o que fazer. Esse é o caráter pedagógico das lutas, que podem popularizar uma direção antissistêmica para as reivindicações mais imediatas.

Todas essas ações diretas são atravessadas por um longo trabalho de articulação política. Nesses anos, o MST emprega muitas forças na construção de uma ampla aliança proletária. "A impossibilidade da realização de uma Reforma Agrária massiva está colocada neste momento. Então, é hora da gente botar peso pra construir uma aliança com os trabalhadores". É nítida para o MST a percepção de que "Sozinhos não teremos forças para alterar a correlação de forças no campo brasileiro". E não basta mobilizar. É indispensável "recriar instrumentos de organização partidária e sindical". Essas linhas de aliança e de recriação organizativa são efetivamente experimentadas. O MST é um dos principais fundadores da Consulta Popular (CP), criada em 1997 como um partido político que rejeita o caminho eleitoral e aposta no trabalho de base e na nucleação de militantes. O MST e a CP foram diretamente responsáveis, junto a outras forças, pela criação de um movimento social urbano no Rio Grande do Sul, o Movimento de Trabalhadores Desempregados (fundado no ano de 2000). O jornal Brasil de Fato é lançado em janeiro de 2003 como instrumento de informação e de agitação. A Escola Nacional Florestan Fernandes é fundada em janeiro de 2005 e representa um salto na capacidade de formação de militantes, somada aos cursos de realidade brasileira que acontecem em todo o país, assim como inúmeros convênios com universidades. A CP e o MST, entre outras organizações, criam em 2005 um movimento social de jovens chamado Levante Popular da Juventude. É difícil hoje dimensionar as energias aplicadas em tantas e tão difíceis tarefas. São iniciativas que ultrapassam as bandeiras de um movimento social específico e possuem explícito caráter político-revolucionário. Essa tentativa deliberada de reativar as ações de massa e as organizações proletárias é declarada em quase todos os editoriais do JST nesse período de 2003 a 2009. É a busca pela unidade da classe proletária.

> Na tradição da esquerda, as eleições sempre foram um espaço para agitação e propaganda das bandeiras socialistas. Sem ilusões de que somente esta tática seria capaz de realizar transformações profundas na estrutura do sistema. Com o descenso do movimento de massas, o que era tático passou a ser estratégico. [...] E assim, a esquerda agora se oferece para administrar o Estado burguês que devia combater[19].

---

[19] JST, abril de 2008, p. 2.

O MST, defendendo sua autonomia e buscando a "libertação da classe trabalhadora", afirma: "não colocaremos nossas forças" em eleições municipais e vamos "buscar de todas as formas estimular o reascenso do movimento de massas".

> As mudanças sociais no país dependem de um arco muito plural de formas de organização do povo, desde pastorais da igreja até partidos revolucionários clandestinos. Na luta por transformações, há espaços e necessidade de se desenvolver todas as formas de organização possíveis. É besteira conjecturar se o MST será um movimento de massas ou organização política. No reascenso vamos precisar de todas essas formas. É besteira disputar qual delas é ou será mais importante. O mais importante é ter um projeto de sociedade[20].

As próprias ações do MST são parte dessa construção de aliança, pois elas sempre têm um sentido pedagógico dirigido ao conjunto da classe trabalhadora. As lutas concretas podem "envolver as massas para que façam o seu aprendizado, [...] descubram quem são os inimigos e os aliados [...] e por que devem lutar por mudanças mais profundas". Perfeitamente ciente da armadilha em que havia sido lançado desde 2003, o MST buscou se reinventar internamente (com os métodos que veremos no capítulo 2) e externamente, tanto incentivando a mobilização (como no plebiscito de 2007, seguido de ação direta) quanto promovendo a criação de instrumentos de organização de outras forças sociais (como desempregados e jovens)[21].

***

Vimos o predomínio da tendência à neutralização da ação direta massiva. Reconhecendo o limite histórico, o MST resiste a ele, com diversas iniciativas dirigidas a induzir uma contratendência. Daí o acirramento das ações, especialmente visível nas ocupações de latifúndios produtivos, ou seja, no embate frontal (ainda que cheio de cautelas necessárias) com o Capital associado ao latifúndio. Com marchas e ocupações em vias de esgotamento, as lutas de enfrentamento se tornam uma exigência política. Num texto de 2007, João Pedro Stédile, dirigente nacional, argumenta que, com a agricultura controlada pelo capital financeiro e pelas transnacionais, a agricultura familiar é "empurrada para áreas marginais da economia ou

---

[20] JST, janeiro/fevereiro de 2009, p. 4-5.
[21] JST, abril de 2009, p. 4-5; JST, maio de 2006, p. 2; JST, setembro/outubro de 2006, p. 3; JST, abril de 2008, p. 2; JST, setembro de 2004, p. 3.

para nichos com maior demanda de mão-de-obra". Agora, a Reforma Agrária "depende da superação do modelo econômico neoliberal. Portanto, será necessário derrotar os interesses das empresas transnacionais e mudar o modelo do agronegócio". As dificuldades são maiores e "não conseguiremos resolver os nossos problemas de falta de terra apenas acampando", o que implica que "a luta ficou mais politizada". Nas palavras de Kelli Malfort, dirigente do MST em São Paulo, para "alcançar a Reforma Agrária, temos que enfrentar e derrotar o capitalismo". Em entrevista de 2009, Stédile retoma o raciocínio: "agora a Reforma Agrária só tem viabilidade se nós derrotarmos o neoliberalismo", o que exige "grande aliança" de classe. O

> [...] inimigo agora é o sistema [...]. Uma coisa é trabalho de base para ocupar o latifúndio. Outra é explicar porque temos que ocupar uma área da Syngenta [...]. Temos que debater o que é uma semente transgênica, porque o preço do leite é controlado pela Nestlé, Parmalat, Danone, etc.[22]

Como afirma Ademar Bogo, "as mudanças na qualidade da repressão atingem a forma de construir as estruturas orgânicas [...]. De acordo como os inimigos agem, os movimentos reagem para se defender e, com isso, se qualificam"[23]. A consciência sobre o impasse é aguda, rejeitando a tendência à diluição que contagia a esquerda. Segundo Valdir Misnerovicz:

> Há um acirramento na disputa porque as áreas que interessam à Reforma Agrária também são áreas de interesse do agronegócio. Hoje não existe mais diferença entre áreas produtivas e improdutivas, pois as improdutivas são áreas de expansão do agronegócio [...]. Além do mais, há uma opção muito clara do governo por um desses projetos[24].

> A Reforma Agrária clássica está estagnada. A chance está se fechando. Ou fazemos ruptura ou fechamos a porta. Lula fechou a possibilidade. Foi nossa última chance de fazer Reforma Agrária dentro do capitalismo. Agora, só com revolução. [...] Estamos isolados. A sociedade não está preparada para tomar grandes decisões. Precisamos acumular forças. [...] Queremos recusar a legalização [ou seja, a institucionalização][25].

---

[22] JST, novembro/dezembro de 2007, p. 3; JST, janeiro/fevereiro de 2009, p. 3-5.
[23] BOGO, Ademar. **Arquitetos de Sonhos**. São Paulo: Expressão Popular, 2003. p. 439.
[24] JST, janeiro de 2008, p. 4-5.
[25] Caderno de anotações de militante, registrando estudo sobre método de trabalho de base conduzido por uma dirigente Sem Terra no curso de formação de frente de massas do Movimento dos Trabalhadores Desempregados (MTD), em janeiro de 2006.

Existe um potencial radicalizador nessa conjuntura desfavorável, feita de Reforma Agrária marginalizada, agronegócio vigoroso e governo federal imune à pressão dos movimentos. Ações contra transnacionais são o único modo restante para tentar manter viva a iniciativa efetivamente política numa situação de contenção das lutas pacíficas, como marchas, ocupações de prédios públicos e mesmo ocupações de terra. O estágio terminal dos vínculos emancipatórios cultivados pelo MST o impele a um último impulso de radicalização. Essa é a chave da radicalização dos métodos e das ações nos anos 2003-2009. A luta pela terra se torna mais exigente e o MST responde com o incremento organizativo e o acirramento das ações diretas. O senso do antagonismo é atualizado pelas análises e ações em torno do capital financeiro na agricultura. Além das elaborações teóricas, um forte impulso para as interpretações parte das próprias ações diretas massivas. Considerando a imensa capacidade de contenção da luta de classes demonstrada pelo governo Lula, é surpreendente que o MST tenha encontrado modos de radicalizar as lutas de 2006 a 2009. Confirmando sua coerência e espírito de sacrifício, o Movimento joga uma considerável energia na reorganização interna, na massificação e sobretudo na ação direta contra transnacionais e a monocultura para exportação. Um ponto forte desses esforços teóricos, práticos e de articulação política é justamente a ação direta massiva de enfrentamento ao Capital, que contribui como uma autêntica orientadora da unidade de classe.

Num texto como este, escrito dez anos depois, é possível eleger virtudes e limitações, entretanto no calor da luta as possibilidades precisam ser testadas na prática, com todos os riscos decorrentes. Da marcha de 1997, passando pela marcha de 2005 e até a ação contra a Cutrale em outubro de 2009, o MST se credencia como referência de luta justamente por forçar o limite histórico, num período em que as lutas massivas de todas as categorias de trabalhadores no Brasil se tornam francamente esvaziadas. A marcha de 2005 oferece a experiência prática que permite a passagem da ideia de governo em disputa para a nítida percepção de que o governo fez opção pelo Capital. Isso injeta uma energia diferenciada nas ações de enfrentamento às transnacionais, dispersas antes de 2006 e relativamente coesas de 2006 a 2009. Mas esse dínamo não é capaz de ultrapassar a tendência à neutralização. As lutas mantêm o caráter de denúncia, porém perdem o caráter de pressão. As ações acirradas são efetivamente experimentadas de 2006 a 2009, contudo são incapazes de acionar ruptura daquela tendência.

* * *

O triunfo da tática de amortecimento do governo Lula é muito mais que isso. A vitória conservadora gerenciada pelo PT é uma das chaves da pavimentação dos eventos impensáveis de maio de 2016 (chamado de golpe) e de outubro de 2018 (chamado de eleição). Com o esgotamento evidenciado em maio de 2005 e sacramentado em outubro de 2009, as grandes ações diretas tendem a ficar à margem da política – ou talvez seja melhor dizer que a própria política se transformou. O que significa política numa sociedade sem oposição organizada? O que significa esquerda? Para entender a gravidade da mudança, é preciso usar o patamar das ações diretas para alcançar outro nível, o da dissolução dos vínculos emancipatórios. Esse passo, por sua vez, só tem cabimento se alimentar percepções sobre os silêncios, que então podem levantar perguntas sobre a própria ideia de emancipação.

2

métodos proletários de resistência

O esquecimento das ações diretas massivas é inflamado pelo desconhecimento sobre os métodos de luta. Ações acirradas contra o agronegócio se somam a ferramentas organizativas refinadas. Como sabe a militância, não basta muita gente em luta. É preciso qualidade de organização. As transformações do capitalismo no campo e a emergência de um novo inimigo exigem ajustes de método. A direção nacional do MST compreende isso e propõe para todos os estados a Nova Organicidade, que é um grande rearranjo da relação entre território, base e estrutura orgânica. No Rio Grande do Sul, o Movimento põe em prática uma nova tática de ocupação, chamada de área-símbolo. O MST gaúcho também implementa os mutirões de massificação, além de criar uma equipe chamada de brigada de organicidade, para incentivar a formação de novas direções nos acampamentos que são abertos. São esses os tópicos que veremos a seguir, por meio de depoimentos de pessoas dirigentes, na intenção de conhecer as mudanças desses instrumentos da organização. Por trás dos humildes barracos de lona preta se move uma sofisticação invisível.

* * *

O MST possui uma série de instâncias e setores ligados entre si. As instâncias (direção, coordenação, núcleos de base etc.) são espaços de tomada de decisão. Os setores (frente de massas, produção, educação, saúde, formação etc.) executam as decisões tomadas nas instâncias, além de tomar suas próprias decisões especializadas[26]. O conjunto de instâncias e de setores, assim como suas ligações formais, recebe o nome de estrutura orgânica. É uma dimensão bem visível da organização, que pode ser capturada num organograma. Existe uma segunda dimensão vital, chamada de organicidade, que engloba a estrutura orgânica, mas funciona num patamar mais

---
[26] Essa definição entre instâncias como espaços de tomada de decisão e setores como espaços de execução de decisões é refutável: segundo Feix, setor é considerado instância. Variações de nomenclatura como essa não afetam o raciocínio construído neste capítulo. Cf. FEIX, Plínio José. **O Espaço da Democracia no Projeto Político dos Dirigentes do MST**. 2010. Tese (Doutorado em Ciência Política) – Instituto de Filosofia e Ciências Humanas, Universidade Estadual de Campinas, Campinas, 2010, p. 279.

profundo. A organicidade é a dinâmica da estrutura, ou, como disse uma das pessoas entrevistadas, a "organicidade é a estrutura do Movimento em movimento". É um dinamismo específico, que extrapola as ligações formais entre instâncias e setores. Existe organicidade sempre que a estrutura orgânica está dinamizada em sentido de desfazer amarras de hierarquia, de exploração, de conformismo etc. Por exemplo, pensemos a separação entre quem decide e quem executa – um pilar de organizações hierárquicas. Num movimento social com instâncias e setores, uma mesma pessoa pode participar da decisão e da sua execução, de modo que a ideia e a prática da participação podem ganhar teor substancial. Nesse caso, existe organicidade. Essa mesma estrutura, entretanto, pode distribuir poder de decisão de modo apenas formal, para legitimar uma autoridade central. Nesse caso, a estrutura orgânica não está em movimento, ou seja, não há organicidade. A estrutura orgânica não garante organicidade, que depende de uma busca intencional pela realização de princípios que ultrapassem interesses imediatos e que recusem a concentração de poder. A substância diferenciada que compõe a organicidade só é acionada quando as partes da organização estão colocadas em trajeto de desafio às amarras e aos desníveis de classe. Sem organicidade, a estrutura orgânica tende a reproduzir autoritarismo interno. A organicidade é um modo de vivenciar a política revolucionária no interior de um movimento específico. Sem organicidade, a estrutura orgânica não pode ter sentido político revolucionário. É evidente que, na prática, a organicidade segue um caminho tortuoso e é afetada pelas próprias amarras que ela pretende combater. Veremos isso ao longo do estudo[27].

Na primeira metade dos anos 2000[28], a DN começa a orientar os estados a realizar uma reorganização interna, chamada de Nova Organicidade. Em outubro de 2002, o JST publica um texto intitulado "Vem aí o mutirão do MST – ouvindo nossa base", no qual se lê:

> Há dois anos estamos discutindo a reestruturação do MST, com o objetivo de elevar o nível de consciência da base e a sua organicidade. Temos encontrado muitas dificuldades.

---

[27] Aqui seria perfeitamente válido resgatar os problemas implicados no centralismo democrático. A ênfase desse estudo é diferente: as amarras destacadas remetem a estruturas patriarcais e racistas.

[28] Os Sem Terra "passaram a usar esse termo para dar nome à organização interna dos assentamentos e acampamentos, a partir de 2001, 2002" (cf. LERRER, Débora Franco. **Trajetória de Militantes Sulistas**: nacionalização e modernidade do MST. 2008. Tese (Doutorado em Ciências Sociais em Desenvolvimento, Agricultura e Sociedade) – Instituto de Ciências Humanas e Sociais, Universidade Federal Rural do Rio de Janeiro, Rio de Janeiro, 2008, p. 29). A orientação de criar brigadas de 500 famílias – parte elementar da Nova Organicidade – é registrada em documentos internos de 2005 (MST. **Método de Trabalho e Organização Popular** (cartilha). Setor de Formação, 2005d, p. 80; MST. **Funcionamento das Brigadas do MST** (cartilha). Setor de Formação, 2005c).

> [...] Há muitos acomodamentos, muitos vícios, desvios. [...] Constatamos, há tempos, que nossas reflexões, nossas discussões encontram enorme dificuldade para chegar à base[29].

Em 2004, o texto "A nossa força vem da organicidade" registra a motivação conjuntural: "Mesmo o Brasil tendo um governo aparentemente mais popular, as táticas da burguesia se ampliaram. Para resistir, somente com uma sólida organização"[30]. O novo método pretende distinguir representação de participação:

> Foi estabelecido que a direção e organização do Movimento deveria ser feita de maneira horizontal. Isso significa que a base deve funcionar como instância de decisão. Desta forma, a democracia deixa de ser representativa e passa a ser participativa. [...] Nossa tarefa, enquanto Movimento, é fazer com que toda família esteja inserida em um núcleo de base. Pois é esse o espaço para avaliar, criticar, estudar e resolver os problemas que surgem no processo da luta[31].

Vamos acompanhar as percepções de quatro dirigentes sobre esse grande esforço de recomposição interna visando atingir a Nova Organicidade.

> *A organicidade é a estrutura do Movimento em movimento. A organicidade está além de um organograma, de um desenho de direção, coordenação e núcleo. A ideia central da Nova Organicidade é a seguinte. O movimento popular é muito espontâneo. Trancar uma rua e queimar pneu requer uma organização pouco complexa. Uma ocupação de terra simples só precisa de uma direção que negocie com o governo. Você pode resolver tudo por assembleia. O MST constatou que a sua estrutura estava muito espontaneísta e artesanal, deixando o movimento frágil para dar conta das novas tarefas ligadas à mudança da natureza da luta de classes no campo e da luta de classes em geral. No final dos anos 1990 e começo dos anos 2000, considerando a ofensiva do neoliberalismo, a resistência teria que ser num grau de organização maior. Mais organização, menos movimento popular. Complexificar a forma de organização. No Rio Grande do Sul, passamos de dez grandes regiões geográficas para vinte regiões organizativas, aumentando a participação e as suas estruturas. Essa é a ideia de Nova Organicidade.*
>
> *A proposta de Nova Organicidade era colocar todos os membros do MST tendo uma função no Movimento. Na medida em que as pessoas vão para o assentamento, elas vão para a produção e se*

---

[29] JST, outubro de 2002, p. 12.
[30] JST, maio de 2004, p. 2.
[31] JST, maio de 2004, p. 2.

desligam da organização. Nos acampamentos era muito mais fácil [manter a ligação das pessoas com a organização]. Já nos assentamentos, muitos trabalhavam fora e não tinham quase nenhum tempo para participar de processos organizativos. A organização do MST ia morrendo [nos assentamentos]. Com essa Nova Organicidade, cada pessoa, homem, mulher, jovem, criança se envolveria em alguma atividade do Movimento. Houve um certo empenho nisso.

A Nova Organicidade era ter toda a base organizada nos núcleos de base. A formação na base seria ampliada. A informação fluiria melhor para que pudesse existir uma participação de todo mundo. Era muito permeado por uma ideia mística de que as brigadas [de 500 famílias] participariam da vida do Movimento em todos os sentidos. Não funcionou muito assim. Mas teve o seu efeito prático, sim. Era muito visível que aumentou a participação das pessoas. Elas ficaram muito motivadas pelo aspecto místico da coisa, por estarem se sentindo úteis de alguma forma. Isso era bem visível em todos os espaços.

O grande pilar era aumentar a participação política. Eram poucos tomando decisões e o Movimento tinha crescido muito. A direção ia perdendo o vínculo com a base. Era preciso que mulheres e jovens participassem. Nossa coordenação nacional passou de 80 para 400 pessoas. Isso oxigenou o Movimento. Junto com a organicidade, vieram outras iniciativas, como a formação. As escolas e os cursos foram o grande espaço de inserir a juventude na luta política. Mais de cinco mil jovens passaram pelos nossos cursos. Mas a grande questão é método de direção. Pode ter mil pessoas ou dez pessoas na direção. Se você tem método de participação coletiva e de decisão, você, tendo dez na direção, pode ter mais participação do que se tiver mil. Não basta ter pessoas nas instâncias.

Houve regiões que avançaram mais. Mas os assentamentos tinham poucos militantes. Era difícil as pessoas dividirem mais o seu tempo com a organização. E a proposta acabava se diluindo na base. Nos acampamentos havia uma vida organizativa mais intensa. A presença de militantes era maior e [a proposta] funcionava relativamente bem. Mas aos poucos isso foi se perdendo.

O aumento do número de pessoas na coordenação e na direção foi visível. Isso deu uma reanimada em muitos militantes que estavam só no processo produtivo. Mas envolver mais gente depois trouxe problemas financeiros porque as pessoas não tinham condições de se deslocar e o Movimento não tinha condições de bancar [esse deslocamento].

O que aconteceu com essa proposta? A natureza de movimento popular falou mais alto e continuou se impondo: uma pauta de reivindicações econômicas que exige certo grau de organização.

> *Em alguns lugares, a nova estrutura se tornou um fardo e os núcleos achavam melhor fazer assembleia. Fracassou? Não. Onde avançou? Aumentou a participação das mulheres dentro do MST. Aumentaram as regiões e as instâncias. Mais pessoas passaram a participar. Isso permanece. Em 1997 a direção estadual do Rio Grande do Sul tinha 15 pessoas e hoje são 60 pessoas. A direção nacional tinha 24 pessoas nos anos 2000 e hoje são 60 pessoas. O Movimento [no Rio Grande do Sul] continua tendo vinte regiões. E teve igualdade de gênero em todas as instâncias. Isso efetivamente aumentou a participação feminina dentro do MST. Mas a natureza de movimento popular prevaleceu. Quem determinou isso? A luta. A luta não demandou outro tipo de organização. Quando o neoliberalismo foi interrompido por governos progressistas, o que prevaleceu foi a natureza de movimento popular.*

* * *

Uma nova tática de ocupação é pensada no Rio Grande do Sul para concentrar as forças do movimento, num período em que: o governo Lula já dá todas as demonstrações de que abandona a Reforma Agrária; a massificação se mostra cada vez mais difícil; e o agronegócio se torna cada vez mais forte e prestigiado. Os Sem Terra se referem a essa tática com o termo "áreas-símbolo". Trata-se de um processo persistente de ocupação, para tentar contornar o poderio do inimigo, animar famílias em luta e mobilizar apoio da sociedade, alcançando conquista num período desvantajoso.

> *A ideia das áreas-símbolo veio quase intuitivamente pela percepção de uma mudança da correlação de forças no campo. Tem um inimigo mais forte que o Movimento. Isso implica em duas manobras: concentrar força em determinados territórios e bater sistematicamente num inimigo até que ele ceda. Quase um cerco, um sítio. As áreas são simbólicas porque representam o atraso e isso pode ser explicado facilmente para a sociedade. E é uma ideia que também mobiliza as famílias.*
>
> *A ideia de áreas-símbolo veio de experiências práticas do Paraná. Era a ideia de ir se estabelecendo no território e ir formando assentamentos sem a área estar regularizada. Daí teve debate a nível nacional. E, no Rio Grande do Sul, a frente de massas puxou esse debate e foi garantindo nas instâncias do Movimento que era uma tática de luta viável naquele momento. Teve uma decisão do MST estadual de que a luta seria por aí.*
>
> *A decisão sobre áreas-símbolo visava estabelecer um processo de luta em áreas que moralmente não se justificavam para a sociedade, ou seja, áreas com baixa produtividade, sem pagamento de direitos*

trabalhistas, com baixa contratação de trabalhadores. Um assentamento ali melhoraria a qualidade de vida de muito mais gente. Esse debate era feito via imprensa e panfletos, para explicar para a população regional e estadual o quanto a Reforma Agrária ali poderia melhorar as condições das pessoas, do município, da região. Esse era o motivo da área-símbolo. O Movimento montava um acampamento, entrava na área e começava a plantar nela, mesmo que depois tivesse despejo. Era um processo de cerco e de pressão nessa área, para que o proprietário e o governo a desapropriassem.

No Rio Grande do Sul, a luta sempre se deu assim: você ocupa o latifúndio, mas não quer necessariamente aquela área. Você quer que terras sejam desapropriadas, mas não necessariamente aquela. Com as áreas-símbolo procura-se inverter isso. O MST queria desapropriar aquela área ocupada. As famílias vão se estabelecer em volta dela, vão ocupar e vão tentar permanecer dentro dela, já começando a produção, mesmo que num espaço pequeno. Depois as famílias iam tomando mais área da fazenda. Era mudar a lógica da luta. A ocupação não ia ser mais só para pressionar que outras áreas fossem liberadas. Por isso, não podia ser qualquer área. A fazenda Guerra foi uma luta bem maior. A intenção era inverter a lógica da luta pela terra.

Isso [a ideia de área-símbolo] se iniciou com o governo Lula. O MST nesse período foi forçado a estabelecer lutas nessas áreas porque a repressão era muito maior nas áreas do agronegócio com alta produtividade e próximas dos grandes centros. No governo Lula, a leitura do MST era de que o agronegócio era o inimigo maior mas que áreas de latifúndio atrasado eram o foco maior porque eram mais sensíveis a serem questionadas publicamente e isso permitia conseguir que essa área fosse desapropriada.

Área-símbolo foi uma tática de conduzir todas as forças políticas para áreas emblemáticas em ações que rompessem a paralisação da Reforma Agrária. No Rio Grande do Sul, são adotadas duas áreas-símbolo: a fazenda Guerra e a fazenda Southall. Perdemos a fazenda Guerra e conquistamos a Southall, com mais de mil famílias assentadas.

Concentramos força na [fazenda] Guerra porque era possível arrancar a desapropriação daquela área. Os acampamentos migraram todos para lá.

A fazenda Guerra era produtiva. A questão é que havia um certo questionamento na comunidade regional, em Carazinho e Passo Fundo, de que era uma área que o proprietário não havia adquirido dignamente. Ela foi grilada. Havia também uma disposição maior dos Sem Terra daquela região em permanecer na própria região.

> *Mas a repressão lá foi muito rápida. Isso inviabilizou completamente seguir lutando naquela área. A polícia estava permanentemente na área. Houve processo sobre lideranças e ameaças de prisão. A justiça ameaça a retenção dos mínimos bens que as lideranças tinham. A justiça retirou carro e conta no banco de alguns dirigentes assentados. Havia ameaça de condenação. O processo repressivo do Estado, do Ministério Público, obrigou o MST a desistir dessa área.*
>
> *A Southall foi conquistada porque as ações da celulose caíram no mundo todo [com a crise de 2008]. A fazenda estava sendo comprada pela Aracruz. A crise fez a empresa recuar. O MST vinha no embalo da luta e conseguiu o assentamento. Às vezes você luta, luta, e parece que não sai do lugar. É uma inércia. Se o Capital está em alta, você faz luta e não sai nada. Mas ele oscila na crise e você consegue avançar. Mas é a luta que faz avançar.*
>
> *Foi o último grande período de luta pela terra. Com a conquista da Southall, entramos num longo período de refluxo do Movimento, que se estende até hoje [final de 2018]. Perdemos a capacidade de mobilização.*

Sendo a fazenda Guerra produtiva, o plano de ocupá-la se torna especialmente desafiador. Porém, as forças mais conservadoras se impõem. A área produtiva (a Guerra) é perdida. O latifúndio efetivamente conquistado (a Southall) é improdutivo, previamente desapropriado pelo governo federal e abandonado de investidas do agronegócio não tanto pela força do MST, mas sobretudo em decorrência da crise financeira de 2008[32]. E, justamente, sem o planejamento arrojado e a ação arriscada, esse resultado parcial não seria atingido.

***

Massificação é o trabalho de convidar as pessoas para se unir à luta pela terra num acampamento. É levar uma proposta de organização e montar uma estrutura que permita o vínculo inicial, a entrada no Movimento. Nos termos mais elementares, massificar é juntar povo, que então passa a se organizar, inserindo-se na estrutura orgânica e se movimentando com a organicidade.

> *Mutirão é um método de trabalho de base. Não só para massificação. Por exemplo, logo depois da eleição do Lula, foi feito um grande mutirão chamado 'vamos escutar a nossa base'. Mutirão de massificação é você colocar toda a força e estrutura da organização para trabalhar em torno da massificação, ou seja, aumentar o número*

---

[32] MST derruba última fronteira do latifúndio no Rio Grande do Sul. **Brasil de Fato**, n. 305, ano 6, 1-7 jan. 2009, p. 7; PREJUÍZO da Aracruz chega a R$ 2,9 bi no 4º trimestre. **Folha de São Paulo**, 28 mar. 2009.

> *de famílias que pertencem a essa organização. Pessoas que tinham outras tarefas no Movimento passam a ter como tarefa atuar no trabalho de base para formação de acampamentos.*
>
> *O mutirão de massificação era um momento em que o MST estabelecia como prioridade organizar um grupo de militantes acampados e assentados e sair fazendo trabalho de base, de casa em casa, convidando as pessoas para acampar no MST. Primeiro a militância mapeava a cidade, junto com lideranças de sindicatos, igrejas e universidades, que conheciam mais a cidade. Às vezes a militância ficava dois ou três dias numa cidade. Era uma espécie de arrastão, conversando e convidando as pessoas casa por casa. Onde se sentia que tinha mais possibilidade, a militância voltava no dia seguinte para conversar mais, deixar materiais. Era buscar gente para levar para os acampamentos.*

No Rio Grande do Sul, desde o final dos anos 1990 e início dos anos 2000, a massificação apresenta sinais de estar refluindo.

> *Em 1999, num determinado acampamento, saíram 150 pessoas para montar outro acampamento. Era uma dupla fazendo o trabalho de base em cada cidade. O resultado foi um acampamento com 1100 pessoas. Existia uma objetividade: tinha uma crise, o pessoal queria acampar. As condições objetivas permitiam massificar.*
>
> *No final da década de 90, deixam de surgir grandes acampamentos. No início do governo do PT [em 2003], os acampamentos se encheram de gente. Mas depois foi diminuindo enormemente.*
>
> *A ocupação da fazenda Annoni [em 1985] foi um evento, lá no início do MST. Os acampamentos começaram a ter algumas conquistas. As pessoas viam que dava certo. O interesse era meio que espontâneo. O MST tinha lideranças que organizavam como ir para o acampamento, mas não precisava ter todo aquele trabalho de convencimento. Nos mutirões de massificação [dos anos 2000], isso se inverteu. A militância ia atrás das pessoas tentar convencer de que a luta pela terra era uma saída. E as pessoas tinham resistência, até porque muitas delas estavam nas periferias, onde elas tinham moradia. Precária, mas tinham. Tinham um bico. Tinham energia elétrica. Tinham água. E elas sabiam que o assentamento seria muito distante, com difícil acesso, e que ia levar muito tempo para ter casa, água, luz.*

Em 2003 aconteceu um pico de massificação no MST em escala nacional. A eleição de Lula foi a motivação evidente, indicando a capacidade efetiva de renovação do capitalismo brasileiro em canalizar esperanças para a autoridade federal. Segundo o editorial do JST, no início de 2003 "havia cerca de 90 mil famílias acampadas. Hoje [outubro de 2003], quase 200 mil famílias estão nessa condição e o governo praticamente não fez novos assentamentos". O editorial de novembro de 2003 registra o mesmo número de 200 mil famílias. No início de 2004, o JST aponta um declínio para "o número de 119.590 famílias sem terra acampadas pelo país, nos 664 acampamentos". A partir da edição de dezembro de 2004 e janeiro de 2005, o número passa a oscilar em torno de 150 mil famílias. Nas edições de novembro e dezembro de 2008 até a de setembro de 2010, o número fica em 100 mil. Em agosto, setembro e outubro de 2011, são 60 mil famílias acampadas, segundo o JST. Mesmo considerando que os números possam estar inflados para fins de propaganda e negociação, o que interessa são as proporções registradas pelo JST no Brasil como um todo: atesta-se tanto o súbito crescimento provocado pela eleição de Lula quanto a contínua diminuição nos oito anos seguintes[33]. Segundo um depoimento:

> O Movimento colocava muita energia [nos mutirões de massificação] e os resultados eram baixos. Em 2011, o MST no Rio Grande do Sul toma a decisão de não abrir acampamentos por um período. Depois começamos a ensaiar acampamentos rotativos. Em 2015, acontece um surto de massificação espontânea no Rio Grande do Sul. Depois estagnou de novo.

O fundamental é constatar que existiu um processo de desmobilização generalizada, levando o MST a tentar dirigir uma massificação que perde o ímpeto espontâneo das famílias. O auge de 2003 e a queda subsequente são confirmados pelos relatórios da Comissão Pastoral da Terra (CPT), segundo os quais 10.750 famílias entram em acampamentos de todo o Brasil em 2002; ocorre um enorme crescimento em 2003, com 59.082 famílias acampando; observa-se uma forte queda em 2006, com 10.259 famílias entrando em acampamentos; e o declínio se mantém com 4.176 famílias acampando em 2009[34].

Considerando o pico de massificação de 2003 e a decisão do MST do Rio Grande do Sul de suspender a abertura de novos acampamentos em 2011, vou considerar que os mutirões de massificação foram um método executado

---

[33] JST, outubro de 2003, p. 2; JST, dezembro de 2003/janeiro de 2004, p. 8-9.
[34] CPT. **Conflitos no Campo – Brasil 2002**. Goiânia: CPT Nacional, 2003, p. 87; CPT. **Conflitos no Campo – Brasil 2003**. Goiânia: CPT Nacional, 2004, p. 135; CPT. **Conflitos no Campo Brasil 2006**. Goiânia: CPT Nacional, 2007, p. 108; CPT. **Conflitos no campo Brasil 2009**. São Paulo: Expressão Popular, 2010, p. 9. Como os relatórios sempre destacam em sua metodologia, o número de famílias acampadas "registra apenas o ato de acampar do respectivo ano. Não se faz o acompanhamento do número [total] de famílias acampadas no País" (*Ibidem*, p. 12). Além disso, os números são de acampamentos de todos os movimentos rurais e não só do MST. Mesmo assim, insisto: o que interessa são as proporções, que apontam a forte queda de modo inequívoco. O dado sobre famílias acampadas em 2009 não se encontra em tabela, mas sim na página 9 do relatório publicado em 2010.

naquele estado especialmente de 2004 a 2010. Apesar de representar um gesto de resistência, esses mutirões de massificação do MST gaúcho da década de 2000 acabam se tornando um meio de verificar uma desmobilização incontornável. Dez anos depois, as pessoas entrevistadas destacam o seguinte.

> *Dependendo da região, o mutirão não surtia quase efeito nenhum. Na região sul [do Rio Grande do Sul], o resultado foi muito pequeno. Eram dez ou quinze militantes que ficavam dois ou três dias numa cidade e conseguiam levar para o acampamento cinco ou seis pessoas no máximo. Na verdade, era um descenso da luta pela terra. As pessoas não tinham mais interesse em ir para os acampamentos.*
>
> *Era deslocada toda uma militância para um determinado município e fazia arrastões de visitas, convidando as pessoas, explicando como funcionava o Movimento, quanto tempo demoraria para conquistar um pedaço de terra. Eram deslocados 20 ou 30 militantes para uma região e faziam arrastões nas periferias, onde tinha maior concentração de pessoas, e convidavam as pessoas para ir acampar. Os mutirões ajudaram, massificaram, mas não foi um número suficiente para fazer o enfrentamento necessário. Por isso tinha que juntar os acampamentos para fazer luta e não ser despejado no primeiro dia.*
>
> *Existia um debate de que a massificação não acontecia nos acampamentos por um problema de método ou de direção. O mutirão revelou que não. Era um problema real. O povo gostava da proposta mas não ia para o acampamento. O mutirão foi um grande momento de formação de militantes mas o resultado foi revelador.*
>
> *O resultado foi pífio. Por quê? Tinham casas na periferia com banheiros piores do que os dos acampamentos. Mas tinham micro-ondas. Aquilo para as pessoas representava uma ascensão social. Nos anos 80, com a crise econômica, voltar para o campo era uma possibilidade concreta de melhorar de vida. No lulismo, surgem alternativas ao sacrifício de cinco anos de acampamento. No Vale do Sol [cidade da região de Santa Cruz do Sul, no RS], a solução sazonal das fumageiras [ou seja, a contratação temporária de empresas de fumo] parecia mais satisfatória para as pessoas do que a ideia de ser agricultor.*

Em três documentos do MST gaúcho há detalhes de uma dessas experiências[35]. De 9 a 19 de fevereiro de 2005 acontece o mutirão de massificação na região de Santa Cruz do Sul. Em que pesem os entraves internos, esse mutirão representa um passo na organização da agitação e propaganda, usando

---

[35] MST. **Avaliação do Mutirão em Santa Cruz**: avaliação dos núcleos de base participantes do mutirão (documento interno). Santa Cruz do Sul, 2005a. MST. **Síntese do Mutirão em Santa Cruz** (documento interno). Santa Cruz do Sul, 2005e. MST. **Comunicação no Mutirão de Propaganda e Massificação** (documento interno). Santa Cruz do Sul, 2005b.

> [...] a divisão de militantes em dupla, a visita anterior às mídias, a produção de faixas, o uso do carro de som combinado com reuniões, o uso dos vídeos nas reuniões e visitas, a panfletagem etc. Na verdade, o Mutirão funcionou como uma convergência dos métodos que o MST já acumulava ao longo dos anos, utilizados conjuntamente de uma só vez[36].

Mesmo assim, o problema da desmobilização se impõe e uma das avaliações desse mutirão coloca como questão central: "se a crise e a pobreza aumentaram, por que está mais difícil massificar?". Segundo os debates, existem obstáculos locais, como a ação das empresas fumageiras e de prefeituras que, além de oferecer contratos sazonais e bolsas variadas, chegam ao ponto de prometer casas e empregos logo após a visita dos Sem Terra. Outros fatores elencados na avaliação são mais abrangentes. As famílias se mostram acomodadas com a miséria e com programas assistencialistas. As famílias se urbanizam e a agricultura não aparece como alternativa para elas. Paralelamente, o MST não apresenta grandes conquistas em 2003 e 2004. O trabalho de base sempre dependeu de referências já organizadas nos locais de moradia e trabalho, mas agora a igreja católica, os sindicatos, os partidos e outras entidades perdem a ligação com a base, ao passo que o tráfico de drogas e as igrejas pentecostais se enraízam. Além do medo da polícia, existe uma forte rejeição aos movimentos sociais promovida pela mídia. No caso de Santa Cruz do Sul, houve o seguinte registro: "Muita despesa financeira para pouco resultado. Na média, tínhamos 4 militantes para cada família que veio acampar". Em termos um pouco menos causais e mais processuais, uma das avaliações coloca:

> O aumento da pobreza não só dificulta os meios de luta (o povo é levado ao imediatismo e se apega ao pouco que tem) como leva a rejeitar o autorreconhecimento como pobre e explorado (a pessoa se sente ofendida diante do discurso sobre pobre lutando contra rico)[37].

Num certo sentido, o refinamento do método é indicador de sua própria fraqueza. Nos anos 2000, a massificação avança na sofisticação dos instrumentos e na ampliação da divisão de tarefas. Esse avanço, porém,

---

[36] *Ibidem.*
[37] MST. **Síntese do Mutirão em Santa Cruz** (documento interno). Santa Cruz do Sul, 2005e. MST. **Avaliação do Mutirão em Santa Cruz**: avaliação dos núcleos de base participantes do mutirão (documento interno). Santa Cruz do Sul, 2005a. O coordenador nacional Vanderlei Martini afirma que o MST está consolidado em 82 municípios de Minas Gerais e acrescenta: "Temos duas mil famílias assentadas, 3,5 mil acampadas. É muito pouco. Faz um ano e meio que a gente não consegue desapropriar latifúndio nenhum no estado, nem fazer nenhuma grande ocupação" (JST, outubro de 2008, p. 4).

implica uma fragilidade fatal: a massificação perde a espontaneidade que teve nos anos 1990. A massificação espontânea implica uma disposição encarnada nas famílias. Uma massificação sofisticada é sinal de que as famílias perderam esse ânimo, que jamais pode ser compensado pelos recursos da organização. Nesse sentido específico, o espontaneísmo tem uma potência que a organização não consegue substituir. E, ainda assim, todo o esforço foi empregado para experimentar na prática os mínimos potenciais dessa conjuntura adversa.

* * *

Brigada de organicidade é uma equipe dedicada a qualificar e socializar o método de direção dos acampamentos. Um documento de 2008 do setor de frente de massas caracteriza a brigada de organicidade (B.O.): "É formada por militantes acampados. Na abertura de um acampamento novo, é convocada uma B.O. de fora do acampamento para contribuir na sua formação". Essa B.O. externa indica pessoas acampadas para compor essa equipe, enquanto a coordenação e os núcleos do acampamento "constroem os critérios para definir quem pode participar da B.O.". Esses critérios depois servem para avaliar a atuação das pessoas escolhidas. Essa equipe deve "dar o acompanhamento político ao acampamento, garantindo que a organicidade funcione", assim como "trazer os elementos para que o conjunto do acampamento tome as decisões"[38].

> Em 2001 o acampamento tinha um grupo chamado grupo de apoio. A frente de massas escolhia acampados que se destacavam [no processo organizativo, para então compor esse grupo]. De grupo de apoio passou a grupo de estudos, e depois passou a brigada de organicidade. Foi uma evolução, não só no nome, mas também no aprimoramento das táticas. O grupo de apoio era criado para resolver problemas imediatos. Faltou lenha no acampamento: é um problema imediato. É para resolver o hoje. O grupo de estudo já passou a enxergar mais o amanhã, para se antecipar aos problemas. E a brigada de organicidade era para organizar povo e direcionar o acampamento nas engrenagens setoriais.
>
> O papel das brigadas de organicidade era passar o processo de direção e de decisão para as famílias novas. As brigadas tinham o papel de apoio, de levar o conhecimento do processo organizativo e permitir que aquelas novas famílias pudessem ir pegando seu pro-

---

[38] MST. **Companheiros e Companheiras das Brigadas de Organicidade** (documento interno). 2008, p. 17.

cesso na mão e elas mesmas dirigirem, resolvendo as contradições, os problemas internos, garantindo a sustentação do acampamento, gerindo frentes de trabalho. A brigada de organicidade deveria atuar muito no processo de formação e de organicidade, nucleando, mantendo equipes em funcionamento, reunindo coordenação, com informes, análise de conjuntura.

Foi um método criado muito mais pela frente de massas da região de Porto Alegre. Na região norte [do Rio Grande do Sul], havia muita resistência a essa ideia. A diferença era a forma de fazer a direção do processo de luta. Esse era o debate. Com a brigada de organicidade, a proposta era envolver mais gente na direção, nas decisões. Na região norte, havia a coordenação tradicional, com uma ou duas pessoas, mais ou menos sempre as mesmas, que decidiam e depois faziam relatos para a base, sem muita discussão. A brigada tinha a missão de atuar em vários acampamentos, não para dirigir o processo, mas para instrumentalizar as famílias para que elas tomassem as decisões das coisas. Isso não foi feito no estado todo.

A gente vem de uma sociedade em que existem líderes que decidem por todo o grupo. E já no governo Olívio [Dutra, do PT, de 1999 a 2002] teve um processo interno de muita centralização da liderança, porque havia um grau de repressão menor e a conquista da terra era mais fácil. O governo distribuiu várias áreas. Isso trouxe um certo relaxamento, na segurança por exemplo. Diminuíram os despejos violentos no campo. Havia pessoas do Movimento dentro do próprio governo. E isso acabou centralizando a frente de massas, porque se a conquista é fácil não é preciso manter organização firme. Os acampamentos ficavam esperando que poucas lideranças trouxessem notícias de terra. As lutas eram bem esporádicas e menos tensas, com menos exigência de processos organizativos. Depois [do governo Olívio], foi avaliado que era necessário produzir novas lideranças locais para que elas mesmas tocassem esse processo.

A brigada de organicidade seria um grupo orgânico com habilidade política para organizar o acampamento sem necessariamente permanecer nele. A brigada de organicidade transcendia a necessidade de dirigir o acampamento. Ela daria as ferramentas organizativas para que as famílias acampadas aprendessem o método de direção. Isso nem sempre aconteceu.

É o pessoal que tem a tarefa de guiar as pessoas que ingressam no Movimento para que elas tenham condições de se apropriar do método de organização do acampamento. Nos acampamentos mais antigos, a brigada tinha a tarefa de implementar as mudanças que vinham ocorrendo na estrutura organizativa do Movimento. Tinha um grupo de militantes que se deslocava para ajudar a criar essa dinâmica política.

> *Porque fazer as famílias se organizarem para resolver seus próprios problemas? Tem a ver com uma concepção e com um objetivo. Se o objetivo fosse só conquistar terra, seria mais eficiente que um grupo centralizado decidisse tudo. O método tem a ver com o objetivo. O objetivo da frente de massas naquele período e naquele lugar – que era o objetivo do Movimento ou pelo menos se acreditava que fosse – era que a luta pela terra fosse um acúmulo para uma luta maior, pela Reforma Agrária e pelo socialismo. Não era? Socialismo entendido como os trabalhadores tomarem as rédeas das suas vidas, das decisões, enfim, controle da produção. Então, se há preparação para os trabalhadores tomarem o controle da produção, eles precisam saber resolver os seus próprios problemas. Isso pensando na terra, numa fábrica, num bairro. Por isso que justificava esse trabalho maior de fazer todos esses debates com os núcleos, dividir tarefas. Você quer tomar o poder com um grupo centralizado e só depois convocar o povo a ser sujeito? O objetivo determina o método mas o método te coloca mais perto do teu objetivo.*

Obviamente, essa proposta organizativa foi diretamente minada pelo obstáculo anterior e irremediável de esvaziamento dos acampamentos. Mesmo assim, ela demonstra que a inclinação de dividir o poder de decisão que se manifesta em escala nacional com a Nova Organicidade pode encontrar confirmação e reforço no patamar regional.

* * *

Esses são apenas alguns entre vários instrumentos de método criados, recompostos e remanejados nesses anos de 2003 a 2009. Muitas outras ferramentas eram inventadas e adaptadas nos setores de produção, educação, formação, comunicação etc. O Movimento dos Sem Terra demonstra sua capacidade de interpretar e reagir a amplas mudanças. A Nova Organicidade, as grandes marchas nacionais, a diversificação de jornadas de luta e as ações contra o Capital respondem aos inimigos e aos ambíguos aliados, enquanto a brigada de organicidade e o mutirão de massificação atualizam o trabalho de base. Os instrumentos organizativos procuram assumir uma abrangência compatível com as necessidades percebidas de uma atuação revolucionária consequente. Difícil de mensurar para quem está fora do Movimento, o horizonte de libertação de todo o proletariado e mesmo de toda a humanidade é uma peça-chave muito palpável no cotidiano, energizando e agregando o gigantesco esforço individual e coletivo que vimos até aqui. No capítulo 3, veremos a vivacidade desse horizonte de libertação, que chamarei de vínculos emancipatórios. Antes, vou passar dos métodos à prática específica de uma ação direta massiva.

Concretamente, que tipo de ação direta massiva era possível realizar na combinação de todos esses fatores sociais e organizativos? Pretendo me concentrar nos depoimentos de duas pessoas integrantes do MST para evidenciar a capacidade dos Sem Terra de realizar ação direta aproveitando condições externas e internas, sedimentadas na divisão de tarefas, na logística e na resistência massiva. É a prova de fogo de todos os instrumentos conjugados. As entrevistas resgatam uma série de grandes ocupações de uma "área-símbolo": o latifúndio produtivo chamado de fazenda Guerra. A ocupação iniciada em 28 de fevereiro de 2006 foi qualificada no JST como "a maior ação dos últimos cinco anos" no Rio Grande do Sul[39].

Essas ações de 2006 se situam num conjunto local e estadual de lutas dos Sem Terra, cobrindo o período de 2004 a 2009. Antes disso, duas marcantes lutas aconteceram nessa região, dando uma injeção de força simbólica à retomada em 2004. Os célebres antecedentes foram o acampamento na Encruzilhada Natalino (1981-1982) e as lutas pela fazenda Annoni (1985-1989). As ações sobre a fazenda Guerra podem ser consideradas como uma terceira forte etapa de confrontos entre Sem Terra e latifundiários na região de Carazinho, marcada pela existência de imensos latifúndios e pela mobilização de grandes acampamentos de Sem Terra[40].

Em 2 de abril de 2004, setecentos Sem Terra ocupam a fazenda Guerra[41] a partir de um acampamento instalado próximo à cidade de Sarandi. No mesmo mês, o MST monta mais dois acampamentos na região. Três mil pequenos agricultores protestam na cidade de Sarandi, obrigando agências bancárias a fechar suas portas. No final de abril, um quarto grupo, composto pelo MST e pelo Movimento de Pequenos Agricultores (MPA), faz uma marcha de Cruz Alta a Carazinho. A polícia militar é mobilizada e os ruralistas montam postos de monitoramento. Não é cumprida a ordem da justiça (com prazo marcado para início de maio) para que o Incra ofereça

---

[39] JST, março de 2006, p. 6.
[40] TEDESCO, João Carlos. Fazenda Coqueiros: norte do RS. Entre a justiça, o poder público e o latifúndio. *In:* CONGRESSO BRASILEIRO DE SOCIOLOGIA, 14, 2009, Rio de Janeiro. **Anais [...]** Rio de Janeiro: Sociedade Brasileira de Sociologia, 2009, p. 3.
[41] *Ibidem*, p. 4. A fazenda Guerra, como é chamada pelo MST (sendo chamada de fazenda Coqueiros pelos proprietários), é um latifúndio que absorve quase 30% das terras do município de Coqueiros do Sul, totalizando aproximadamente 9 mil hectares. "A Fazenda Guerra é um dos maiores latifúndios do estado" (JST, março de 2006, p. 6).

um novo assentamento ao MST. Com ordem de despejo e ameaça de violência policial, o MST desocupa a fazenda Guerra em 14 de maio de 2004. Os oponentes se manifestam: em maio a entidade dos grandes fazendeiros, a Farsul (Federação da Agricultura do Estado do Rio Grande do Sul), organiza uma carreata em Carazinho e em junho o MST realiza greve de fome e marcha. Os Sem Terra voltam a ocupar a fazenda Guerra em 26 de julho e em 1.º de setembro de 2004[42].

Em 28 de fevereiro de 2006, dois mil Sem Terra de 14 acampamentos gaúchos voltam a ocupar a fazenda, abrindo uma segunda rodada de ações diretas. Ao longo de 2006 e 2007, os Sem Terra sustentam uma mobilização contínua, ocupando a área, recuando diante de despejos e voltando a ocupar a fazenda, enquanto a polícia militar faz a guarda permanente da propriedade, numa operação de altos gastos, expondo a tomada de posição da polícia como segurança dos latifundiários que, juntamente ao governo estadual, estão determinados a impedir a Reforma Agrária na região[43].

Em 11 de setembro de 2007, uma marcha com três colunas (que partem das regiões metropolitana, norte e sul do RS) começa a rumar para a Fazenda Guerra. No caminho, os Sem Terra ocupam o Incra, liberam pedágio e protestam no horto florestal da Votorantim. Uma ação na justiça proíbe crianças de caminharem a pé na marcha e outra impede que crianças saiam do acampamento, sob pretexto de proteger as crianças de um possível confronto[44]. A juíza da Comarca de Carazinho decretou essa área como judicialmente protegida, ou seja, as três colunas ficam proibidas de entrar na Comarca, onde fica a Fazenda Guerra. Dois mil Sem Terra estacionam na entrada da Comarca, tentando desbloquear tanto a barreira jurídica quanto a policial, que nesse caso chega a usar balas de borracha para deter um dos

---

[42] TEDESCO, João Carlos. O conflito social pela terra na Fazenda Coqueiros: um acerto de contas do latifúndio. **Ciências Sociais Unisinos**, São Leopoldo, v. 46, n. 1, p. 80-92, jan./abr. 2010, p. 81-83; SCHU, Debora Hahn. **"Vem tecemos a nossa liberdade"**: etnografia em meio ao contexto de solidariedade e conflito vivido por integrantes do MST no norte do RS. 2009. Dissertação (Mestrado em Ciências Sociais) – Centro de Ciências Sociais e Humanas, Universidade Federal de Santa Maria, Santa Maria, 2009, p. 57-59.

[43] TEDESCO, 2010, p. 84-85.

[44] Como essa falsa preocupação com as crianças é um recurso recorrente, vale resgatar o seguinte. Durante a marcha a São Gabriel, em 2003, um representante dos latifundiários acusa o sofrimento das crianças na marcha. Um dirigente Sem Terra responde: "dispensamos sua preocupação com nossas crianças [...]. Vocês que sempre patrocinaram a injustiça neste país e negaram o pão aos nossos filhos não têm moral para falar em protegê-los" (GÖRGEN, Frei Sérgio Antônio. **Marcha ao Coração do Latifúndio**. Petrópolis: Vozes, 2004. p. 88). Enquanto as imagens de crianças nas escolas do movimento são suprimidas, as imagens de crianças molhadas na chuva durante a marcha se multiplicam, com o objetivo de "usar as criança para frear a marcha" (*Ibidem*, p. 90). A questão das crianças é levantada exclusivamente quando elas "servem de argumento para tirar a legitimidade da luta de seus pais" (*Ibidem*, p. 90).

flancos da marcha. O bloqueio da marcha é monitorado por centenas de policiais militares, e os custos da repressão estatal (do começo de 2006 a fins de 2007) chegam a quase um milhão de reais, segundo dados da própria polícia. O MST encerra a marcha em 12 de novembro de 2007, com a promessa do Incra de assentamento de duas mil famílias no ano seguinte[45].

Com o fim da marcha, o ano de 2008 é marcado por um ataque cerrado ao MST, com vistorias frequentes em acampamentos, sob pretexto de busca e apreensão de objetos roubados, mas efetivamente visando amedrontar e desestabilizar os Sem Terra. Em outras palavras, as autoridades exigem que o MST recue e, quando isso acontece, elas atacam. São ações repressivas altamente desgastantes para as famílias Sem Terra. A organização como um todo também é alvo. Em dezembro de 2007, o Conselho Superior do Ministério Público registra em ata a necessidade de dissolver o MST e em março de 2008 o Movimento é enquadrado na lei de segurança nacional. Em junho de 2008, a justiça federal concede reintegração de posse daquele acampamento próximo à cidade de Sarandi que foi ponto de partida para as ocupações de 2004. O MST consegue reverter essa decisão no início de 2009, mantendo o acampamento. De 2004 a 2009, o MST realiza 12 ocupações sobre a fazenda Guerra, somadas a marchas, ocupações de prédios públicos, bloqueios de estradas e sensibilização de aliados[46].

* * *

Exposta a sequência básica de ações e reações, vamos às nuances da resistência. Os depoimentos editados a seguir foram retirados de entrevistas com duas pessoas que observaram de perto a ocupação da fazenda Guerra. Meu objetivo é apresentar a importância da organização de base, com as famílias garantindo uma ação de repercussão nacional por meio de uma divisão de tarefas cuidadosa e de uma logística bem planejada. O grande número de pessoas numa ocupação e a sua organização interna tornam especialmente difícil para o Estado executar um despejo. A tensão permanente consegue obrigar a imprensa a noticiar e, mesmo criminalizando ostensivamente a ação, as notícias contribuem com um caldo de debates sobre a Reforma Agrária e sobre a propriedade privada, que de outro modo

---

[45] TEDESCO, 2010, p. 85-89. Cf. também "MST decide pôr fim às marchas". **Jornal Zero Hora**, Porto Alegre, 13 nov. 2007 *apud* TEDESCO, 2010, p. 89.
[46] TEDESCO, 2009, p. 14-15; TEDESCO, 2010, p. 83 e 89. Cf. também "Acampados foram surpreendidos". **Jornal Zero Hora**, Porto Alegre, 18 jun. 2008, p. 5 *apud* TEDESCO, 2009, p. 14.

não seriam discutidas. São noções e manobras que exprimem a inteligência da luta social, uma sabedoria acumulada ao longo de anos por pessoas comuns, agregadas em coletivo e qualificadas pelo calor da ação direta.

Aquela ação [iniciada em 28 de fevereiro de 2006] ficou conhecida como 'a ocupação das casinhas'. Ficou essa referência. [...] As casas foram montadas em questão de horas. Começou às seis da manhã. Às dez horas já estavam cobrindo as casas de lona. Foi uma festa ver tudo construído tão rápido. [...] As casas eram construídas por delegação, formando corredores. Foi construída uma cidade. [...] [O corredor entre as casas] foi pensado para se proteger. Se um cavalo entra num beco daqueles, não consegue manobrar lá dentro.

Para dar um impacto maior de resistência, em vez de construir barracos [de lona] foram construídas casinhas [de madeira]. Casas simples, de tábua. De um dia para o outro, foram feitas mais de mil casas. Isso foi marcante. Era tipo três mil pessoas.

Eram 42 ônibus mais alguns carros [usados para levar as pessoas para a ocupação]. Eram mais de duas mil pessoas. Quando a polícia chegou para fazer a desocupação, ela enxergou de longe e já parou. Eles viram que não era bem assim [ou seja, não era tão fácil nos atacar]. Tanto que, para fazer o despejo, eles reuniram contingente policial de todo o estado.

Só algumas pessoas construíam as casas. Era a equipe de infra [infraestrutura]. Outros cuidavam da segurança. Outros da comida. Outros da comunicação. Quem estava na infra era qualificado para isso. As casas são por família. E uma cozinha por delegação. Deviam ser umas 40 cozinhas. [...] Uns vão cuidar da saúde, outros vão cuidar da alimentação, outros da segurança. É uma divisão de tarefas. Não fica ninguém sem se envolver num setor. Quem está cozinhando tem que estar tranquilo, sabendo que tem uma equipe cuidando da segurança. Não é todo mundo fazendo de tudo. Quando a pessoa sai do acampamento, ela já sabe qual tarefa vai fazer. A preparação começa nos setores, já nos acampamentos.

A resistência está na logística[47].

O MST conseguiu obrigar governo a reunir contingente policial de várias regiões do estado inteiro e criar um fato político para a imprensa.

---

[47] Aqui, a pessoa entrevistada está se referindo ao grande estoque de comida e de lona, suficiente para permanecer muito tempo na ocupação, e que não pode chegar depois, devido ao cerco policial. O mais importante é a ideia de que o ânimo das pessoas em luta depende da infraestrutura para manter esse ânimo aceso.

Como os Sem Terra não foram retirados imediatamente, começaram a preparar as hortas. Não se sabia quanto tempo iam ficar. Acabou não dando proveito. Quando se mudaram para a área do lado, foi plantado abóbora, melancia, pepino, mandioca. Tinha horta de 30 por 30 [metros].

O governo achou que todas as forças do MST estavam na fazenda Guerra. Dias depois, as mulheres fizeram a ação na Aracruz. Eles viram que o Movimento tinha mais força ainda. Isso bagunçou a inteligência deles. [...] Quando chegou a notícia da ação da Aracruz, foi um festão. Só faltou banda para fazer o carnaval. Foi um griteiro. Foi muito comemorada essa ação. E deu mais força ainda para a ocupação. Ali foi uma sacudida geral na luta pela terra. [...] As mulheres acampadas estavam na Guerra. E isso [ou seja, saber da ação da Aracruz] deu muito ânimo para as mulheres.

Foi feito um alarme. No caso, foi um disco de arado. Quando tocava o alarme, é porque vai ter luta. Teve várias investidas da polícia, mas não entravam. Eram dez cavaleiros que se aproximavam. O povo todo ia para frente da área. Isso era diariamente. Na verdade, eles estavam mapeando. Tirando uma temperatura para ver como os Sem Terra estavam. [...] Tensão permanente. A rotina era essa. Era a normalidade. Isso dá desgaste mas as pessoas não sentem. Elas estão com a adrenalina alta.

Ninguém mais entrava na área [devido ao cerco policial]. Tinham as equipes externas – advogada e apoiadores que acompanhavam tudo do lado de fora. As rádios boicotaram. [...] Teve a ideia de colocar um transmissor de FM direto da ocupação. Depois foi avaliado que tinha muito radialista amigo e que não precisava de transmissor. Foi um erro. No primeiro dia, todas as emissoras ligavam para a ocupação para saber das informações. No segundo dia, os ocupantes ligavam para as emissoras e elas atendiam. No terceiro dia, elas já não atendiam mais. Isolaram o Movimento.

Na preparação da resistência [contra o despejo], era pensado como eles poderiam atacar a ocupação e como o povo poderia agir também. Tinha muito estudo desenhando campo de futebol: quem joga de um lado, quem joga do outro. O latifúndio, as empresas, a justiça, a imprensa. Na prática, a preparação do despejo era o mais rico. Tinha decisão de atrasar um despejo, por exemplo. Isso poderia dar tempo para a imprensa chegar, para forçar negociação. Não falar com polícia, com oficial de justiça. Construir escudos, trincheiras. O objetivo dessas ações de resistência era ter impacto psicológico na polícia, demonstrar força, fazer defesa de fato (vinagre, escudo, trincheira) e atrasar a ação da polícia. Nada disso serve para impedir o despejo. Mas, quanto mais atraso, mais pressão.

Um dos objetivos [da preparação da resistência] era desmistificar a atuação da polícia. Conhecer melhor para não ficar paralisado quando a tropa chega. Para poder enfrentar. Estudar. O Leandro Scalabrin fez um estudo sobre a Kavala, por exemplo[48]. Entender uma polícia mais repressiva, bruta, e uma polícia mais refinada, que age preventivamente, cirurgicamente, com dados. Entender a bala de borracha, a bomba de gás, o estilhaço.

Todo mundo que está na ocupação tem noção de que as tropas [da polícia] estão sendo mobilizadas. Tem que pensar rápido. Enfrentar [diretamente] a polícia é suicídio. Tem que ter valentia inteligente.

Era preciso evitar que o medo levasse as pessoas a fazer alguma coisa diferente do que foi planejado. Não tomar atitude por impulso. Tem gente que acha que vai morrer. Tem outro que está com foice e quer fazer o que não deve. Assim como tinha gente que se apavorava, tinha gente mais agitadinha. As pessoas eram preparadas tanto para não correr, quanto para não fazer ação individual.

Era necessário ficar vários dias discutindo essas coisas. O acampamento dá condições de fazer esse processo organizativo. As pessoas estão juntas num local, e o trabalho que tem é de manutenção, de sobrevivência naquele local. Não tem trabalhador com jornada de oito ou dez horas. Nos acampamentos fixos, as pessoas ficam o tempo inteiro [se organizando]. Diferente de outros acampamentos onde as pessoas só vêm para fazer assembleia. Nos acampamentos do MST, era reunião todo dia. Reunião de um turno. Quatrocentas pessoas reunidas ao mesmo tempo, todas em núcleos pequenos. Isso é uma riqueza de possibilidade de formação e de preparação. E foi importante para fazer aquele grau de enfrentamento.

Um oficial de justiça chega na ocupação com policiais a cavalo. Foi rasgada a ordem de despejo. Eles correram de volta. Depois eles voltaram [para a área da ocupação] bem brabos, já para despejar. Tinha trincheira e o povo foi saindo aos poucos. Ninguém se machucou. As pessoas foram para uma área do lado que um apoiador cedeu. Elas fizeram um acampamento na frente da fazenda. E passaram noites inteiras sem dormir, numa tortura psicológica que a polícia fazia. Era infernal. E bem machista.

A polícia enxergava a ocupação. E a ocupação, a polícia. Quando começou a juntar policial do estado inteiro e helicóptero, deu pra ver que eles vão tirar. Não tem escapatória. [...] Quando a polícia vem, ela vem para tirar mesmo. Vem com helicóptero, cavalo, cachorro. [...] A repressão foi cruel. A primeira ação da polícia foi

---

[48] SCALABRIN, Leandro Gaspar. Estado de exceção no Rio Grande do Sul e a criminalização do MST. **Filosofazer**, Passo Fundo, n. 33, jul./dez. 2008, p. 161-182.

> *botar fogo na escola itinerante, que era uma escola estadual. A merenda foi distribuída para os cachorros da polícia. [...] Não deu tempo de tirar os livros e a merenda da escola. Eles botaram fogo na escola. Isso tem uma simbologia. É queimar o conhecimento. Você está proibido de aprender. Se é pobre, se é Sem Terra, tem que ser ignorante. O Estado não pode deixar o pobre estudar. Não pode ser inteligente. Isso ficou bem claro. E o Estado é um capacho do Capital. É um pau mandado do Capital.*
>
> *É uma grande ação feita por pessoas anônimas. Cada pessoa está ali para resolver o seu problema. A sua necessidade. Ao mesmo tempo, ela está lutando para outros.*

* * *

Seguindo as duas pessoas entrevistadas, é preciso compreender as relações entre as instâncias e setores na construção da ação direta. Frente de massas (FM) é o termo usado no dia a dia do MST para se referir ao setor estadual de frente de massas, responsável por organizar as mobilizações. Como qualquer setor estadual do MST, a FM deve implementar decisões tomadas na coordenação estadual e na direção estadual. Para atingir os objetivos estipulados nessas instâncias, são desenvolvidos métodos específicos, sob responsabilidade da FM, que para isso promove estudos e encontros estaduais. Na preparação da ocupação de 2006 da fazenda Guerra, as pessoas da FM vão aos acampamentos e levam a discussão para a brigada de organicidade (responsável direta pela organização de acampamentos), que daí debate a pauta estadual na coordenação do acampamento, que por sua vez conduz as discussões nos núcleos de base (a instância mais básica – literalmente – da estrutura orgânica do MST). Como se vê, é um processo complexo de organização, que gera seus próprios obstáculos, como a intrincada relação entre hierarquia e autonomia nos vínculos entre as instâncias. Seguem outros trechos das mesmas duas entrevistas que acompanhamos antes. Quero destacar agora alguns aspectos de um ponto-chave da organização popular: a tomada de decisão.

> *A ocupação da [fazenda] Guerra estava dentro de uma estratégia maior que foi debatida num encontro estadual da frente de massas. [...] E daí tinha táticas: fazer uma ação massiva, prolongada e de resistência. As pequenas ações não estavam dando resultado. Então tinha que juntar força, juntar vários acampamentos. Isso era o massivo. Prolongado era não parar as ações enquanto não saísse a terra. Depois do despejo, não desmobiliza; ocupa*

de novo; faz marcha; vai para prédio público; faz jejum. Era combinar várias formas de luta para ir desgastando [o alvo] até sair [a desapropriação].

Preparar esse processo nos acampamentos podia levar meses. Um acampamento mais novo podia levar mais tempo discutindo. Um mais calejado levava menos. [...] No diálogo com os núcleos, tem partes que estão dadas, como a escolha da área ou questões mais amplas que exigem experiência. E tem decisões que a palavra final é dos núcleos, como até onde ir na resistência. Não tem decisão de resistir se os núcleos não tem acordo.

Questões de até onde ir, no sentido da resistência, era uma decisão propriamente dos núcleos. A frente de massas não pode dizer que o acampamento vai até as últimas consequências se as famílias não quiserem. E não pode dizer que nada vai ser feito se as famílias estão querendo lutar. Era bem vivo esse diálogo. A frente de massas tinha uma decisão de que era preciso intensificar a luta de resistência. Por exemplo, não sair com uma ordem judicial. Esperar a polícia vir e causar um desgaste pelo enfrentamento. Isso era decisão da frente de massas. Mas isso tinha que ir para a coordenação do acampamento e para os núcleos de base para ver se tinha acordo.

Até certo ponto, é um processo pedagógico. As propostas não vêm só da vontade ou da necessidade [da frente de massas]. O diálogo começa antes [da reunião concreta com os núcleos], quando um grupo menor faz a análise de como está a disposição e a força das famílias. A proposta vai para as famílias e, se elas discordam, tem condições de adaptar a decisão. Até porque conflito não se faz sem decisão das famílias. Esse diálogo é condição da luta. Não tem como forçar. Mas, se as famílias querem lutas leves e elas são feitas e não dão resultado, então a paciência é menor, a necessidade é maior e as famílias estão mais calejadas. Daí pode ser que as famílias vão entender que a condição para ter conquista é fazer enfrentamento maior. A própria luta é formativa e pedagógica. Teve uma altura que foi decidido que não ia mais ter negociação com a polícia sobre prazo para sair da área. O Movimento não ia mais conversar com a polícia nem com oficial de justiça. O Movimento só ia falar com o governo sobre terra. Entende a diferença? Uma coisa é negociar terra. Outra coisa é negociar prazo para sair [de uma área ocupada]. Para as famílias decidirem isso [que não iriam negociar com a polícia o prazo para sair], não era de primeira. Tinha que ter noção sobre justiça. Tinha que ter passado por alguns despejos. Teve um ponto da ocupação da Guerra que as famílias colocaram o oficial de justiça para correr, sem nem pegar o papel. Uma vez rasgaram o papel. É uma consciência bem avançada das famílias sobre a função da justiça. Que não serve para nada negociar com oficial de justiça. Mas, se você perguntar para um acampamento que começou ontem, as famílias tendem a querer respeitar o oficial de justiça. Pela experiência e pelos estudos, as pessoas vão aprendendo.

Eu pergunto qual é o verdadeiro poder de decisão das famílias, se a frente de massas já tinha decidido que a luta seria prolongada e de resistência, e se a direção estadual já tinha decidido a tática de áreas-símbolo. Com tantas definições já firmadas, qual o sentido do diálogo com a base?

Num acampamento bem experiente, a conversa sobre o massivo podia ser feita numa reunião só. Num grupo mais novo, não. Daí tinha que tentar trazer experiência de outros acampamentos pela formação, pela conversa. Por exemplo, explicar porque uma luta com três mil pessoas tem mais força do que fazer luta sozinho. Isso acontecia bastante. Um acampamento novo queria fazer a luta sozinho e perto de casa. Daí tinha que trazer argumentos de porque ações locais tinham menos força do que ações centralizadas. E, para fazer uma ação massiva, tinha que se deslocar, tinha que juntar [vários acampamentos]. Combinar a experiência de quem está há muito tempo na luta e de quem acabou de entrar é justamente o papel da direção, não só no MST mas na luta de classes em geral. Se não, todas as lutas teriam que fazer todo o processo que toda a humanidade e toda a classe já fizeram. É tarefa da direção, da militância, da coordenação trazer os acúmulos históricos. Por exemplo, entender que a luta institucional não resolve. Entender que uma ação totalmente pacífica provavelmente não resolve. Se a direção não carrega esses acúmulos, todos os acampamentos teriam que aprender tudo por experiência própria. Não. A direção tem que trazer acúmulos. É uma combinação da experiência prática com o resgate de experiência via formação.

3

estrutura orgânica, organicidade e vínculos emancipatórios

Quais os critérios pertinentes para avaliar a luta social e política? A resposta seria o número de pessoas que se manifestam? Seriam as grandes desapropriações? As mudanças na lei? A promulgação de uma nova Constituição? A eleição de um líder? A tomada de um palácio? A derrota de um exército? A coletivização das fábricas? Como interpretar o sentido revolucionário de um conjunto de ações, organizações, ideias e conquistas? Se considerarmos a revolução como um processo e não como um dado ou como uma ação, a questão dos parâmetros de interpretação se torna especialmente exigente. Vou optar por uma linha de raciocínio que busca atender essa exigência. O estudo de ações de massa e de métodos organizativos é insuficiente sem a consideração por uma dimensão mais ampla de vínculos. Lutas, análises, táticas, territórios e objetivos são constituídos por mediações organizativas, que precisam ser explicitadas. Usando termos mais específicos, que serão desenvolvidos a seguir, o estudo da estrutura orgânica e da organicidade exige a interpretação dos vínculos emancipatórios que se ligam a elas. Com a ideia de vínculos emancipatórios, procuro exprimir uma mediação mais profunda que atravessa lutas e métodos. A partir das lutas dos Sem Terra, as qualidades dos vínculos emancipatórios se colocam como critério crucial para avaliar a ação direta, entendida como parte de um possível processo de libertação.

* * *

Esse critério precisa ser identificado no âmago das ações concretas. Passo a analisar a marcha que o MST gaúcho inicia em 10 de junho de 2003, com o objetivo de garantir a desapropriação da fazenda Southall – gigantesca, improdutiva e endividada – situada na cidade de São Gabriel. Uma semana depois da largada, circula localmente e logo nacionalmente um panfleto de incitação ao ódio contra o MST. No final de junho, os latifundiários lançam uma contramarcha, enquanto a Rede Brasil Sul (a RBS, cuja emissora de TV é afiliada à Globo) inflaciona a atmosfera de conflito, cuja causa é atribuída aos Sem Terra[49]. A partir daí os latifundiários vão gradativamente mobilizando apoio de diversos poderes de Estado por meio da montagem de uma série de obstáculos ao longo da estrada, contornados firme e pacificamente pelo MST até que a marcha chega a São Gabriel em 16 de agosto de 2003[50]. Os passos dessa ação direta são narrados no livro *Marcha ao Coração do Latifúndio*, do Frei Sérgio Görgen, que tomo como fonte para extrair quatro dinâmicas gerais que constituem a ação direta massiva: o desafio aos limites da institucionalização; a exposição do caráter burguês do Estado; a alteração das pautas que conduzem a opinião pública; e as redefinições das alianças.

A luta concreta forja o caráter da organização e das pessoas que dela participam, pondo à prova a disposição para lutar, que sai do terreno da boa-vontade e passa a enfrentar chuva, lama, ameaças e violência. "Entrar ou não em Cachoeira do Sul foi o primeiro grande dilema político da marcha. O MST nunca havia entrado nesta cidade, com fama de conservadora e antirreforma agrária. [...] [Os] grandes proprietários têm muita força política no local"[51]. Trata-se de sair do perímetro oficial das manifestações populares – voto, boicote, reclamações em serviços de atendimento, processos judiciais, abaixo-assinados ou qualquer tipo de protesto autorizado. Por enfiar o dedo na ferida na propriedade privada, as ocupações massivas de terra dos anos 1980 até a primeira década de 2000 representam um dos mais emblemáticos passos além da permissão institucional, ainda que sob guarida constitucional. A marcha é uma ação relativamente morna, porém ela foi, nesse caso, reaquecida pela agressividade dos proprietários. Suas ameaças exigem a reafirmação da vontade dos Sem Terra, que então despertará maior animosidade dos fazendeiros. Ações e reações obrigam a tomada de decisões dos dois lados, que podem aprofundar ou diluir posições de classe. Lutas desse tipo exigem "organização forte e decidida, experimentada na perseverança dos barracos de lona, na angústia dos conflitos, na dor da repressão"[52]. A relação entre intenções e ações pode ser revolvida e afiada em meio à ação direta, transformando o caráter de seus participantes.

A movimentação proletária provoca uma unificação de diferentes segmentos da burguesia. O andar da marcha desmente qualquer alegação de imparcialidade dos agentes ditos públicos, que vão assumindo a defesa

---

[49] GÖRGEN, Frei Sérgio Antônio. **Marcha ao Coração do Latifúndio**. Petrópolis: Vozes, 2004. p. 68; 79; 92.
[50] *Ibidem*, p. 209; 222.
[51] *Ibidem*, p. 72-74.
[52] *Ibidem*, p. 50.

cada vez mais explícita dos latifundiários, exibindo o caráter burguês do Estado – para quem ainda tivesse dúvidas. Inicialmente, a ideia de confronto iminente é alimentada por latifundiários e pela RBS. Aos poucos, essa imagem de perigo é inflacionada para o discurso de situação fora de controle, que vai sendo assumido pelo governo estadual (do PMDB), pelo governo federal (do PT) e pelo judiciário[53]. Todas as autoridades, em diferentes poderes, partidos e instâncias, passam a insistir na necessidade de congelar a marcha em nome da segurança pública, o que apenas beneficia o latifúndio. Um representante de determinado órgão pode oscilar, às vezes defendendo a lei impessoalmente ou apoiando os Sem Terra: no caso do desbloqueio da ponte pelos fazendeiros, governador e polícia rodoviária federal forçam a liberação da passagem dos Sem Terra[54]. Mas a curva geral das posições é inequívoca: o latifúndio é o centro de gravidade das posições dos governantes, para quem os Sem Terra são uma fonte de transtorno. A percepção da lei implacável com os trabalhadores e conivente com os grandes proprietários é coroada quando a injustiça é ratificada pelo Supremo Tribunal Federal (STF)[55]. Fora do Movimento, a vivência rarefeita da injustiça tende a se dissipar. Quando provocada pela mobilização organizada, ela se condensa, deixando o inimigo mais palpável. Racha a frágil máscara do Estado Democrático de Direito[56].

A ação direta pode mudar a programação. Propriedade privada dos meios de produção não é problema para a chamada grande mídia, ela própria oligopólica. Ao desencadear a ação violenta do latifúndio, a marcha obriga a imprensa a reescrever a pauta de notícias. Incitados a defender a propriedade, jornais inevitavelmente passam a noticiar e debater o conflito em torno do latifúndio, que assim atinge um público amplo. É claro que as propostas de Reforma Agrária são grosseiramente distorcidas.

> O grupo RBS apostará na manutenção do 'clima de guerra no campo' como forma de descaracterizar uma das manifestações mais pacifistas da história do MST no estado. Por quê? Porque este era o melhor cenário para construir uma vitória política do latifúndio[57].

---

[53] *Ibidem*, p. 186-188; 195-196; 209.

[54] *Ibidem*, p. 135.

[55] *Ibidem*, p. 204; 214.

[56] Como se sabe, o MST não está imune à institucionalização e também contribui com a difusão da ideia de Estado de direito quando se escora na Constituição. Entretanto, o foco na ação direta pode colocar esses fatores num sentido de enfrentamento, que é a dinâmica que procuro destacar na primeira parte deste estudo.

[57] *Ibidem*, p. 89.

Mesmo assim, a nova pauta facilita a montagem de um circuito alternativo de debates, que cabe ao Movimento e a seus apoiadores organizar, alcançando pessoas que de outro modo continuariam ignorando a necessidade de transformação social.

A luta concreta funciona como um filtro de aliados, afastando aqueles indispostos a romper com a rotina institucional e confirmando ou mesmo recriando laços de confiança com as organizações que assumem tarefas efetivas e arriscadas, com dispêndio de tempo e energia, encarando as consequências da luta de classes aberta. De modo similar, a luta estremece a acomodação de muita gente no proletariado e na pequeno-burguesia, distante de qualquer tipo de organização, mas sensibilizada pelas polêmicas, sentindo-se então arrastada a tomar posição ou pelo menos sair da zona de conforto para matar a curiosidade. No ato público de recepção ao MST na cidade de Santa Maria, um pequeno agricultor, proprietário de terra, sobe no caminhão de som e oferece espaço para o Movimento acampar em sua fazenda: "Lá tem lugar para vocês"[58]. O latifúndio é desobedecido pelo homem simples que sofre pressão por sua decisão, e que, por outro lado, recebe apoio dos pequenos agricultores vizinhos, que criaram "uma cultura de independência em relação aos grandes fazendeiros"[59]. Em São Gabriel, outro pequeno agricultor, que também é mecânico, oferece guarida ao MST: "Não é fácil tomar uma decisão destas, porque a gente fica marcado. Mas eu estou feliz"[60]. Noutra cidade, uma família se junta a outras que estão na beira da estrada vendo a marcha passar por sua cidade. Essa família se comove, começa a aplaudir o MST e recebe uma bandeira do Movimento das mãos de uma pessoa marchante. Um grupo de apoiadores do latifúndio cerca a família para tomar e rasgar a bandeira, enquanto gritam insultos. O pai da família diz que não pretendia aplaudir a marcha, contudo sentiu "um aperto no peito" ao vê-la. Ele é bancário e, mais tarde, a direção do banco é pressionada a transferi-lo para outra cidade[61]. "O medo dos fazendeiros é que [...] o povo nos receba em festa e isto desmonte [...] o mar de mentiras", diz um dirigente Sem Terra[62].

Essas quatro dinâmicas se apresentam ao longo da marcha como lições elementares da luta de classes, que precisam ser confirmadas no calor do enfrentamento. Essas dinâmicas funcionam num patamar específico:

---

[58] *Ibidem*, p. 107.
[59] *Ibidem*, p. 109.
[60] *Ibidem*, p. 200.
[61] *Ibidem*, p. 147-149.
[62] *Ibidem*, p. 89.

o dos interesses de classe. Nesse mesmo patamar, está embutido um conjunto de relações mais fundamentais – um patamar dentro do patamar. A partir dos deslocamentos de segmentos da burguesia, do proletariado e da pequeno-burguesia (autoridades de Estado, mídia, proletários dispersos e pequeno-burgueses progressistas), a ação direta massiva coloca em ebulição vínculos mais profundos. A partir da marcha de 2003, vou eleger três vínculos em transformação: as percepções, a tomada de decisão e os afetos. Essas três transformações são parte de um conjunto mais abrangente de relações que vou chamar de vínculos emancipatórios.

Vejamos um episódio da marcha. O procurador-geral vem até os marchantes para mais uma vez pedir que a marcha seja interrompida até o julgamento do STF. Sua justificativa é a de que isso evitaria conflitos com os fazendeiros que mobilizam gente para impedir a passagem da marcha – como se a fonte do conflito fosse a marcha e não o latifúndio. Os núcleos de base (NBs) se reúnem para deliberar. Nas vozes de diferentes pessoas coordenadoras de NBs, a decisão é a de que o "direito de lutar pela terra é sagrado e não vamos desistir dele". Os núcleos ainda questionam: "Porque é sempre nós que temos que recuar?"[63]. Temos aqui que o andar da marcha: provoca a percepção sobre a parcialidade do Estado; deixa a autoridade esperando pela decisão dos núcleos de base; e coloca trabalhadores questionando com altivez e sem constrangimento (de cabeça erguida) um procurador-geral. Assim como nesse caso, em todos os demais mencionados anteriormente já estavam atuantes essas alterações de percepção, tomada de decisão e afeto. Vou agora colocá-las em primeiro plano.

A marcha expõe o inimigo e escancara contradições até então escondidas sob o véu da normalidade. A imagem de ordem social vigora justamente enquanto o proletariado obedece ordens. A autonomia da organização popular pode romper o véu. Com uma base Sem Terra em movimento, o latifúndio interrompe o gerenciamento rotineiro de sua violência e mobiliza seus defensores: uma contramarcha segue pela estrada em sentido contrário ao dos Sem Terra; o prefeito de São Gabriel oferece aval político aos fazendeiros; e a RBS começa a amplificar o clima de conflito, atribuído ao MST[64]. Em outros momentos, a estrada é tomada por dezenas de homens a cavalo ou em caminhonetes, que acompanham, provocam e entravam a marcha. Em dois meses de caminhada, uma ponte é bloqueada pelos latifundiários, que também trancam a entrada de uma cidade e lançam

---

[63] *Ibidem*, p. 129-131.

[64] *Ibidem*, p. 75-77.

foguetes sobre os barracos dos Sem Terra de madrugada. Dez dias após o início da marcha, circula um panfleto que orienta como eliminar os Sem Terra, chamados de ratos:

> Se tu, gabrielense amigo, possuis um avião agrícola, pulveriza a noite cem litros de gasolina em vôo rasante sobre o acampamento de lona dos ratos. Sempre haverá uma vela acesa para terminar o serviço e liquidar com todos eles. Se tu, gabrielense amigo, és proprietário de terra ao lado do acampamento, usa qualquer remédio de banhar gado na água que eles usam para beber, rato envenenado bebe mais água ainda. [...] Fim aos ratos. Viva o povo gabrielense[65].

A violência estrutural fundiária é uma abstração, real, porém invisível. Ela se torna flagrante nas táticas de bloqueio, provocação e intimidação dos burgueses do campo. Não é apenas a teoria que torna perceptível uma força abstrata. Com as ações dos latifundiários, a violência estrutural se torna visível a olho nu. A ação direta massiva possibilita uma reconexão entre teoria e senso comum.

A ação direta também acena para um rearranjo das posições entre as duas classes – burguesia e proletariado – no seguinte sentido: enquanto vigora a estabilidade dos meios de dominação, é a iniciativa dos dominadores que predomina, produzindo a imagem de que as autoridades são as condutoras das mudanças sociais. Aqueles meios são desestabilizados pela ação direta, pois os dominados demonstram que apenas eles podem conduzir transformações profundas em sentido igualitário, inclusive apropriando-se de termos como "liberdade", "felicidade" e "igualdade", que até aí legitimavam o domínio burguês. Quando um grupo de centenas de pessoas trabalhadoras toma a decisão de agir e – pior – planeja cada passo dessa ação, imediatamente se acende a possibilidade de que milhões de pessoas empregadas e desempregadas façam o mesmo. Logo, todo gesto de autonomia proletária desperta um ódio aparentemente desproporcional na burguesia, que é a primeira a perceber, de modo muito razoável, o enorme potencial de uma pequena ação localizada. A singela ideia de que somente a pressão popular traz conquistas carrega sementes de uma verdadeira mudança de eixo político: a subversão da via de mão única do poder de decisão. A sensibilidade da burguesia para esse aspecto se manifesta no ódio desencadeado pelo menor aceno de autonomia proletária.

---

[65] *Ibidem*, p. 82.

A capacidade de resgatar a dignidade é uma noção que emana frequentemente dos movimentos sociais.

> O panfleto apócrifo de São Gabriel, a contramarcha dos latifundiários, o destaque da mídia e a interferência do Procurador-geral de Justiça [...] deram à marcha uma nova dimensão, uma importância que ela não tinha até então. Internamente, a marcha passa por um momento de afirmação. Os que participam se sentem importantes. Percebem que ela adquiriu um significado político muito maior que o imaginado e planejado. A ameaça dos latifundiários de impedir o trajeto da marcha cria em todo o estado um clima de suspense. Marchantes que estavam cansados e pediam para serem substituídos mudam de ideia; querem ir até o fim. Querem chegar a São Gabriel. Não admitem ser intimidados pelos fazendeiros[66].

Essa conquista de dignidade é contagiante. O trajeto da marcha é todo marcado pelo impacto causado sobre a população pela presença dos Sem Terra. "Aquela longa fila de gente pobre, andando de cabeça erguida, portando bandeiras e cantando, impressiona a gente simples" que vê a marcha passando. "Ver aquelas pessoas simples, falando com firmeza e conhecimento de causa, por si só, já impressionava"[67]. A marcha estaciona numa pequena área cedida por um casal de professores que desde os anos 1970 participa de movimentos sociais. O casal comenta: "Não é o discurso político que comove as pessoas. É o humano, é a luta pelo direito de viver, é o sacrifício, é a vontade de dar vida digna aos filhos, é a convivência"[68]. Quando o judiciário e o prefeito de São Gabriel impedem que a marcha entre nessa cidade e os Sem Terra não têm para onde ir, um pequeno proprietário cede sua terra para que a marcha se acampe. O livro acompanha o desenrolar de sua tomada de posição: um mecânico, filiado ao PT nos seus primeiros anos, não queria oferecer a terra e se expor à retaliação dos latifundiários, contudo ele fica indignado com o panfleto e ainda mais "quando ouviu na cidade um fazendeiro comentando que sentia prazer em ouvir o choro das crianças nos acampamentos quando soltavam os rojões nas madrugadas". Ele vai "se comovendo com o heroísmo daquela gente, enfrentando a chuva e o frio". Mais tarde, ele escuta o prefeito dizer que "ninguém vai oferecer um lugar a estes desclassificados". O mecânico reflete: "Eu participo da igreja e falo em ajudar os outros, em ser solidário nas horas difíceis". Então

---

[66] *Ibidem*, p. 97.
[67] *Ibidem*, p. 76; 80.
[68] *Ibidem*, p. 96.

um juiz federal ordena o congelamento da marcha e ali "foi a gota d'água. Não me contive mais". Ele então coloca sua terra à disposição da marcha[69]. Dentro e fora do Movimento, a tentativa de injetar medo se torna motor de indignação, que encontra oportunidade concreta de se transformar em solidariedade de classe.

Vejamos agora todas essas relações em conjunto. Numa experiência de marcha, explicitei dois patamares de relações. No primeiro, diferentes grupos de interesse são afetados pela luta. No segundo, conexões mais profundas (envolvendo percepção, decisão e afeto) são remexidas pelo Movimento. São dois níveis de relações, um embutido no outro. Eles estão bem discerníveis a partir do relato de frei Sérgio. O vínculo entre pessoas andando no asfalto e defendendo interesses imediatos (um pedaço de terra) é capaz de transcender seu perímetro. O Movimento vai além de si mesmo. O caso concreto tem a virtude de tornar visível essa capacidade de transcendência. Uma vez identificado, esse potencial de transbordamento precisa ser sistematizado, para responder à delicada questão: como nós, pessoas tão frágeis e breves, poderíamos transformar uma realidade tão ampla, enraizada e antiga?

A resposta estava bem diante de nossos olhos. Para fins de argumentação, tomemos como referência o capitalismo[70]. A luta de classes é uma dimensão distinta do (porém articulada ao) patamar mais amplo do fetichismo da mercadoria. Impactar interesses de classe pode ou não lançar um abalo contra a coisificação do processo social. A ação direta massiva tem o potencial de incidir nesses dois níveis. As diferentes características da percepção, da decisão e do afeto possuem um denominador comum na reificação que envolve o antagonismo entre burgueses e proletários. A coisificação se desdobra na dissociação entre senso comum e teoria (embaçando a percepção); na separação entre trabalho manual e trabalho intelectual (implicando o sequestro do poder de decisão); e no medo como mecanismo básico de sobrevivência (um afeto traduzido na máxima "obedece quem tem juízo"). Assim, percepção, decisão e afeto podem ser entendidos como atuantes numa camada fundamental em que funciona também o fetichismo da mercadoria. Fazer mobilização leva a deslocar relações entre grupos de interesses, o que por sua vez pode acarretar um tremor sobre os fundamentos sociais. Eis então que pessoas frágeis são capazes de atingir realidade ampla.

---

[69] *Ibidem*, p. 199.

[70] No capítulo 11 serão sugeridos os limites de se tomar um eixo único para refletir sobre a dominação. Por ora, cabe isolar o capitalismo para delinear o argumento.

Não estou afirmando que algumas ações diretas são capazes de acabar com a reificação, como se criassem uma zona liberada. A organização permanece atravessada pelos desejos de consumo que se propagam a partir do núcleo coisificado do capitalismo. O conflito interno é longo. Quero apenas sublinhar que as ações diretas têm capacidade de interferir sobre dimensões profundas da existência, ensinando que a reificação não é uma fatalidade. Também não estou defendendo que todas as pessoas inseridas num movimento social têm suas percepções, decisões e afetos definitivamente transformados, pois o grupo é muito heterogêneo e as mudanças são sempre reversíveis. Tudo bem pesado, existe um potencial de transformação e interferência materializado em mediações organizativas. Gente comum organizada adquire meios para incidir sobre pilares da estruturação social, que não são imutáveis.

As pontes entre necessidades imediatas e transformações profundas não se constroem espontaneamente. A chave reside na construção de mediações internas que permitam a um Movimento ir além de si mesmo. Por exemplo, quando a marcha passa por um pequeno povoado, vários moradores pedem para seguir junto com ela. Decide-se que ninguém deve se juntar à marcha no meio do caminho, o que não impede que as pessoas possam ser organizadas "para participar dos próximos acampamentos"[71]. Em outras palavras, organizar-se não é meramente entrar numa organização, mas num processo organizativo, que começa pelo acampamento. Quem se compromete com a lona preta e não abandona o acampamento se credencia para acompanhar a marcha. Quem quer entrar no meio da marcha deve esperar. Ao mesmo tempo, o acampamento é aberto para qualquer pessoa. A solidariedade não está no gesto impulsivo e sim no método. O imediatismo que a miséria alimenta pode ser regulado pelas mediações organizativas.

No caso do MST, a construção de mediações organizativas se consolida em torno de duas categorias vitais da teoria da organização política remodelada pelos Sem Terra: a estrutura orgânica e a organicidade. A articulação entre as duas funciona como uma plataforma para a possível irradiação de vínculos emancipatórios. Esse é o núcleo conceitual do potencial de transcendência da luta social e política que encontramos numa experiência concreta de marcha.

* * *

---

[71] *Ibidem*, p. 76.

No capítulo anterior, no tópico sobre Nova Organicidade, foi exposta a diferença entre estrutura orgânica e organicidade. Argumentei que a estrutura orgânica é uma dimensão visível da organização, feita de instâncias, de setores e de suas relações formais. Apontei também que a organicidade é o dinamismo da estrutura orgânica, contrapondo-se a amarras autoritárias. Agora, é preciso aprofundar essas definições e para isso vou retomar estudos de Ademar Bogo.

Segundo ele, algumas das principais concepções organizativas do MST pretendem englobar e ultrapassar as fragilidades da mobilização espontânea. As decisões em assembleia, a projeção de lideranças carismáticas, o simplismo das interpretações e a força momentânea são alguns dos inúmeros problemas que se desdobram a partir da espontaneidade da ação e da ingenuidade da consciência[72]. Uma das chaves do método organizativo para a superação dessas deficiências está na combinação entre movimento e organização. No interior do movimento de massas é construída uma estrutura que dá sustentação ao movimento e assim este passa a ser internamente articulado à organização de massas[73]:

> [...] para que o MST evolua como movimento e também como organização de massa, precisa desenvolver-se através da combinação destes elementos: massa, mobilização, agitação, formação, objetivos. [...] Mas, por outro lado, se o MST quiser crescer como organização de massas, deverá manter esses aspectos de movimento de massas, mas acrescentar para cada elemento destacado o seu par, de caráter mais político, com a seguinte lógica: grupo de base, círculos orgânicos, propaganda ideológica, programa de formação e definição estratégica[74].
>
> O número elevado de famílias assentadas resolve o problema da quantidade no acúmulo de forças. Mas somente a quantidade não sustenta a força organizada. Para manter esta força organizada, precisamos de uma estrutura orgânica que dê forma e identidade ao movimento de massas. A isto estamos chamando de organização de massas. [...] descobrir a importância de sair da espontaneidade do movimento de massas para evitar a desintegração é uma grande virtude[75].

---

[72] BOGO, Ademar. **Lições da Luta pela Terra.** Salvador: Memorial das Letras, 1999. p. 134.
[73] BOGO, Ademar. **Arquitetos de Sonhos.** São Paulo: Expressão Popular, 2003. p. 78.
[74] *Ibidem*, p. 86.
[75] *Ibidem*, p. 404.

Por meio da estrutura orgânica, as massas rapidamente se tornam base organizada, ou seja, inserida numa divisão de tarefas com objetivos compreensíveis. A mobilização pode ser cada vez maior e a base vai se manter coesa, por meio dessa estrutura que aglutina pessoas, divide tarefas e distribui poder[76].

> É fundamental envolver as pessoas em uma estrutura orgânica socialmente compatível com seu nível de compreensão, para que esta lhe sirva de referência e condicione sua participação, e aos poucos vá modificando as relações sociais e de trabalho. Desta forma, inicialmente o indivíduo não saberá como funciona a sociedade, o Estado, a exploração etc., mas saberá como funciona seu grupo e porque deve mantê-lo organizado. [...] [Mais tarde, adquire] consciência política, fazendo com que se empenhe, agora não mais para transformar os aspectos da realidade que o cerca, mas de toda a realidade que concentra injustiças e opressões dos seres humanos[77].

Segundo a experiência Sem Terra, não tem cabimento projetar uma estrutura orgânica fixa, já que ela fatalmente vai se confrontar com diferentes necessidades locais, regionais, culturais, conjunturais, entre tantas outras. Para trabalhar "infinitas variantes orgânicas", a estrutura precisa ser permanente, mas também flexível, sofrendo ajustes ao longo do tempo, para evitar "formalidades que limitem a participação". A maleabilidade da estrutura é um recurso contrário ao enrijecimento da organização – muitas vezes chamado de burocratização[78].

A constituição articulada de movimento e organização depende de outro fator: a organicidade. Esta é o fator dinâmico que atravessa a estrutura orgânica, para além de suas relações formais, previstas em normas e tocadas na rotina. A organicidade pode ser definida como "a relação que deve ter uma área de atuação do movimento de massas com todas as outras", sendo preciso considerar que a construção do movimento "atinge várias dimensões da vida humana"[79]. A estrutura orgânica dá sustentação ao movimento e a organicidade oferece a dinamização dessa estrutura.

Alcançar o patamar de organização não significa eliminar a espontaneidade. A permanência propiciada pela ligação entre estrutura orgânica e organicidade visa se contrapor à desintegração do movimento espontâneo.

---

[76] Idem, 1999, p. 47-48; 59; 113; 152.

[77] Ibidem, p. 137-138.

[78] Ibidem, p. 120; 135; 147; 151-152.

[79] Ibidem, p. 131.

Mesmo assim, a organização inevitavelmente mantém "elementos espontâneos, dado que entra permanentemente uma grande quantidade de pessoas, sem experiência e com interesses específicos". Dentro de uma organização, isso pode se tornar uma vantagem, pois "é através da luta espontânea e desqualificada que as pessoas entram para o Movimento". Além disso, interessa conservar as virtudes da espontaneidade, como o "entusiasmo da massa". Daí a ideia de que "movimento e organização de massas nada mais são do que uma combinação de continuidade estabelecida entre a mobilização e a preocupação de organizar a massa, para que permaneça mobilizada"[80].

* * *

Temos então duas mediações organizativas: estrutura orgânica e organicidade. Para torná-las mais perceptíveis, vou me aproximar dos detalhes do andamento de uma tomada de decisão, segundo registros da pesquisa de campo de uma antropóloga[81]. Num acampamento Sem Terra da região metropolitana de Porto Alegre, no final de 2004 e começo de 2005, as pessoas percebem a "falta de perspectivas" e estão acampadas, mas sem ânimo. Um sinal disso é o número de cômodos dos barracos e a quantidade de objetos que ele abriga – que as pessoas chamam de "tralhas", indo desde utensílios de cozinha até camas e sofás. Acampamento é meio de chegar ao assentamento, logo os barracos são provisórios. Entretanto, alguns barracos começam a crescer e acolher cada vez mais tralhas, tornando-se moradia permanente, ligada à percepção de que a terra não vai sair tão cedo. Um barraco "tem até quarto de despensa, é uma casa", reclama um coordenador. Acontece uma reunião extraordinária dos núcleos de base para avaliar o acampamento, cheio de brigas de vizinhança e ausências em reuniões.

Dois dias depois, chegam ao acampamento dois dirigentes estaduais – sinal de que vai ter luta. Na reunião de coordenação, dirigentes e coordenadores começam o debate sobre o tipo de ação. Uma polêmica é que, se a área for conquistada, não são os Sem Terra desse acampamento os que seriam assentados, ou seja, essa ação beneficiaria diretamente as pessoas de outro acampamento. Isso porque existe um sorteio que ordena a distribuição de lotes de assentamentos e as pessoas deste acampamento não foram

---

[80] *Ibidem*, p. 120; 131; 134.
[81] O registro dessa tomada de decisão se encontra nas páginas 42-51 de LIMA, Graziele Cristina Dainese de. **A Experiência Sem Terra**: Uma abordagem antropológica sobre a vida no acampamento. 2006. Dissertação (Mestrado em Antropologia Social) – Instituto de Filosofia e Ciências Humanas, Universidade Federal do Rio Grande do Sul, Porto Alegre, 2006.

sorteadas. Montam-se as "brigadas do cochicho" – rápida reunião, só de coordenadores, para debater as propostas da direção. Os coordenadores decidem participar da ação para ajudar os outros, pois depois precisariam deles também. Como observa a pesquisadora, a ação interessa para a direção estadual por ser do MST e para a coordenação do acampamento o que conta é a "reciprocidade futura".

Tomada a decisão geral, vêm as definições sobre os detalhes da ação. É preciso decidir se todas as pessoas acampadas sairiam daquele terreno para fazer a ação e depois iriam acampar em outro lugar. Isso porque havia uma ordem de despejo cujo prazo se encerrava em breve. Mas também seria possível resistir naquele terreno para adiar o despejo, como já aconteceu antes. Se todos saíssem, poderiam se mudar para a área da fazenda a ser ocupada e logo depois – havendo despejo da ocupação – passar para uma nova área de acampamento. Essa itinerância é comum no MST. Ocorre que, dada a conjuntura e a consequente desmotivação, muitas pessoas não querem se desfazer das suas tralhas, que se perderiam com tantas mudanças. A coordenação fica dividida. Alguns defendem que sair da área seria saudável, para reverter o desânimo. Outros querem ficar e acusam os primeiros de serem mais jovens e não pensarem como quem tem família, ainda que a primeira proposta também fosse defendida por pais de família. Alguém propõe que algumas pessoas fiquem cuidando dos barracos, para que as tralhas não se percam. Outros veem que isso favorece os "sabonetes" (aquelas pessoas que sempre encontram um jeito de não ir para a luta) e propõem então que quem ficasse cuidando dos barracos não entraria no próximo sorteio (meio de escolher quem será o próximo grupo a receber lotes de assentamentos). A coordenação decide levar duas propostas para os núcleos de base: fica mantido o acampamento-base ou tudo vira acampamento itinerante.

Num dos núcleos, o debate sobre a luta é rápido, e a maioria dos maridos é a favor da luta, sem consultar as esposas. Em plena preparação de luta, a discussão predominante nesse núcleo foi sobre expulsar ou não do acampamento os cachorros, adorados por uns e cheios de pulgas para outros. Foi debatido também o problema das tralhas. Algumas pessoas lembram que, numa ocupação recente, as lideranças haviam prometido que haveria um novo local para acampar, mas o despejo foi rápido e as pessoas deixaram tudo para trás, tendo que voltar para o mesmo lugar de onde saíram.

A polêmica sobre as tralhas não é vencida nos núcleos e retorna à reunião de coordenação, no dia seguinte. Um coordenador comenta com a antropóloga que ele gosta muito de assuntos políticos e se irrita com temas cotidianos (como as tralhas). O tema cotidiano é visto por ele como entrave, podendo mesmo impedir a luta. Na reunião, uma dirigente assume posição diferente. Ela afirma que, se o problema é da base, também é das lideranças. Finalmente, decide-se que cada núcleo escolherá uma família para cuidar dos barracos das demais.

* * *

Política agrária desfavorável, pulgas, ordem de despejo, tralhas, ocupação de terra iminente: esse emaranhado de fatores externos, condições internas, linhas políticas etc. é a matéria-prima da organicidade, feita também das diversas expectativas e avaliações feitas por segmentos diferenciados (base, coordenação, militância, direção) e heterogêneos. Cada um dos incontáveis fatores externos e internos pode ser interpretado de inúmeros modos, dada a heterogeneidade do grupo, tornando qualquer tomada de decisão ainda mais complexa.

O desânimo decorrente da conjuntura política é um tipo de desmobilização dentro da mobilização. A estrutura orgânica está de pé, contudo a organicidade está em desaceleração, que fica muito palpável na multiplicação de pequenas brigas internas. O desânimo coletivo também tem caráter íntimo, levando a mudanças individuais na dimensão dos barracos e dos utensílios, dificultando novas lutas, o que reforça a conjuntura desfavorável. Esta é desafiada pela decisão de acomodar as tralhas e não recuar da luta. As brigas de vizinhança congestionam uma reunião que deveria priorizar a mobilização, que mesmo assim é ratificada, diminuindo as desavenças, pelo menos momentaneamente. Dirigentes advogam a luta e a base concorda, em nome da troca de favores. A decisão grave demanda o artifício da "brigada do cochicho", uma adaptação da estrutura orgânica. Lideranças de base se alinham com a luta e se dividem sobre as tralhas.

Vemos assim que cada momento é feito de tendências e contratendências que se esbarram constantemente. A deliberação geral sobre a luta só tem consequência se forem acomodados os fatores de convivência. O cotidiano pode ser visto como desligado do político, mas um só se viabiliza em articulação com o outro. A organicidade é composta por esse fluxo de ideias, ações, planos e sentimentos que perpassa a estrutura orgânica e que pode assumir diversos sentidos. Trabalhar conscientemente a organicidade é infinitamente mais difícil do que conduzir os complicados trâmites da estrutura orgânica. Esta pode ter suas tarefas formalmente bem executadas sem que o potencial da organicidade seja liberado. A mesma estrutura orgânica pode propiciar incontáveis caminhos potenciais, sempre abertos a avaliações e dependentes do jogo de cintura.

＊＊

Além de estrutura orgânica e organicidade, uma terceira mediação pode ser encontrada na prática e na teoria dos Sem Terra. Na primeira definição de Bogo sobre organicidade, vimos que as relações organizativas internas tomam em consideração a "vida humana". Em outra definição, a relação reaparece, com ênfase invertida: segundo Bogo, organicidade é "a relação das diferentes dimensões da vida humana com as diferentes áreas de atuação da organização, da convivência social e política". Aqui, a vida humana se sobrepõe à organização como uma dimensão mais elevada, qualitativamente distinta de estrutura orgânica e organicidade. Emanando da organização, a edificação de novos seres humanos se coloca como um vínculo especial entre as pessoas. É aqui que a organização política vai além de si mesma.

> É para o bem-estar do ser humano, em sintonia com o universo, que a sociedade deve ser transformada e não simplesmente para derrotar a classe dominante. De nada valerá derrotar uma classe e repetir todos os seus erros na organização da nova sociedade[82].

Essa mediação não é um tempero ou um bônus. É uma necessidade. A consideração pela "superação da luta meramente econômica" está no mesmo nível da preocupação com a espontaneidade da luta e com a ingenuidade da consciência. "Mais do que conquistar um pedaço de terra, precisamos saber que tipo de função social daremos a esta propriedade, e que tipo de seres humanos gerararemos sobre ela". O referencial da dignidade humana é nada menos que a medida da qualidade das conquistas: "o caminho a percorrer deve contribuir para a formação de novos seres humanos; talvez esta seja a maior conquista da reforma agrária que devemos perseguir"[83].

Vimos que a organicidade incorpora a espontaneidade. Do mesmo modo, a terceira mediação, mais ampla que as demais, incorpora o imediatismo: a edificação de novos seres humanos se impõe como uma questão

---

[82] BOGO, 1999, p. 111; 146; 152. É justamente essa terceira mediação que a mística procura traduzir em símbolos, para que não esqueçamos a força maior pulsante na organização política. Não à toa, quando essa força deixa de pulsar, a mística se torna lamentavelmente artificial.

[83] *Ibidem*, p. 44; 46; 107.

de sobrevivência e deve ser encaminhada já. Assim, superar a luta meramente econômica é "uma obrigação para aqueles que desejam sobreviver enquanto organização social e política". Sem isso, as "lutas serão asfixiadas pelas próprias deficiências e limitações internas". Trata-se de articular luta econômica, luta política e reconstrução humana. "Preocupar-se com um aspecto e esquecer os demais é declarar incapacidade antecipada de conduzir lutas vitoriosas"[84].

* * *

A terceira mediação organizativa pode ser identificada na própria vivência das pessoas Sem Terra. Mesmo sendo tão abstrata, essa terceira mediação está muito viva nas lembranças de quem se soma ao MST. Quando uma pessoa se junta à organização, sua modesta capacidade individual é energizada por uma série de conexões já acumuladas e incorporadas por essa organização. A sensação de impotência individual incitada pelo capitalismo se inverte e pessoas comuns se deparam com uma força pessoal inesperada, como diz uma das pessoas entrevistadas:

> *O ser humano é meio elástico. Eu fiz coisas que agora eu não tenho a mínima coragem de fazer. Eu entrava nas universidades, nas rádios. Fazia milhões de coisas. Subia naqueles caminhões de som e falava com 20 mil pessoas. No MST o processo te impulsiona num grau... Te desafia. É muito interessante esse forjar-se. É um desafio que vai te tensionando e você vai rompendo todas as fronteiras. Depois você pensa: "Nossa, eu fiz isso? Eu?"*

Eis aí, mais uma vez, a noção de ir além de si mesmo. A articulação entre as três mediações permite uma conexão íntima entre superação individual e coletiva. Revira-se a dinâmica capitalista em que o desenvolvimento pessoal serve apenas para deixar os concorrentes para trás.

Vários outros exemplos se encontram em depoimentos de lideranças do MST sobre suas andanças e seus jeitos de se encontrar com o Movimento[85]. Os sacrifícios da lona preta se entrelaçam com um senso de integridade e uma maneira diferente de ver o mundo, abrindo distanciamento das percepções anteriores. Antes de acampar "eu não tinha muita perspectiva de

---

[84] *Ibidem*, p. 43-44.
[85] Esse parágrafo resgata breves entrevistas de militantes e dirigentes do MST gravadas por militantes do setor de comunicação num encontro nacional em 2004. As entrevistas seriam reproduzidas nas rádios dos acampamentos, como incentivo aos recém-chegados. As pessoas entrevistadas estavam assentadas em dez estados (PA, PE, GO, RJ, SP, SC, MT, RN, RS, ES) tornando esse material bastante representativo.

fazer algo e me sentir importante no sentido de estar contribuindo com alguma coisa. [...] No Movimento você começa a perceber que é possível mudar as injustiças que existem nesse país". Sonhos e compreensões se ampliam em pessoas que agora sabem por que sofrem e encontram condições de enfrentar os problemas. "Eu vivia uma realidade todos os dias e não conseguia enxergar". A impressão de que "eu não vivia antes" ou de que "eu não era sujeito, pois só vivia da ideia dos outros" emerge com o novo hábito de intervir nas reuniões e participar das formações. "Fui para o acampamento por curiosidade. Depois o sonho começou a criar formas. A partir das formações eu fui percebendo que era muito mais que acampar. Era um sonho possível e que eu podia resgatar a minha pessoa como ser". Outra pessoa percebe que é possível "ter uma sociedade digna, onde meu filho, meu neto possa se alimentar sem ter que tirar de ninguém. É isso que me alimenta. Essa certeza de que a gente em breve vai poder se olhar como ser humano e não como bicho disputando um pequeno espaço". Uma das fontes de força para não desistir está na consideração pelas famílias que não têm alternativa além do acampamento. Uma pessoa diz que ela permanece acampada por não querer incentivar outras famílias a abandonar o acampamento com ela. A ligação do destino individual com o destino coletivo ultrapassa largamente o círculo de centenas de famílias de um acampamento. "Hoje me sinto uma pessoa não totalmente livre. Vou ser livre quando todos os Sem Terra conseguirem ter a sua terra". Uma mulher conta que "não aguentava injustiça" nas firmas onde ela trabalhava; ela perde três empregos por brigar com os patrões. Um deles lhe diz que, "dentro da empresa dele, ele não queria uma revolucionária", e essa frase "parece que abriu alguma coisa na minha mente". Uma amiga a convida para visitar um acampamento do MST e lá um dirigente está fazendo formação sobre a luta pela terra, que vai das 8 da manhã até às 5 da tarde. "Eu me achei. É aqui que eu vou conseguir botar a minha indignação pra fora".

***

Este capítulo começa com a pergunta pelos critérios. São vários os parâmetros para se avaliar as lutas sociais e políticas. Por exemplo, são muito usadas as ideias de estratégia e acúmulo de forças. Elas são categorias eficazes de interpretação e planejamento, porém restritas ao âmbito da conjuntura. Faço a opção de encaminhar o raciocínio em torno da ideia de vínculos emancipatórios, devido ao seu caráter transcendente, que permite incidir sobre fundamentos sociais, que são mais amplos que as classes em luta. Esses vínculos podem ser extraídos das relações que as próprias pessoas estabelecem entre si ao travarem enfrentamentos organizados. Desse ângulo, os parâmetros não são estipulados a partir de fora. Eles emanam da própria luta ou, mais especificamente, das mediações organizativas que se forjam ao longo de décadas de embates entre as classes.

Duas mediações recebem nomes bem definidos, utilizados em análises e compartilhados no dia a dia do MST: estrutura orgânica e organicidade. A terceira mediação aparece em relatos de luta, nas místicas do MST e nos textos de Bogo, sem ganhar nomenclatura explícita. Ela é bem perceptível, mas fica sem nome. Na falta de categoria definida, sou obrigado a nomear: chamo essa terceira mediação organizativa de vínculos emancipatórios, entendidos como o conjunto de relações sociais que emanam de organizações políticas estruturadas e dinamizadas, que possuem sentido politicamente emancipador e transcendem os termos organizativos dos quais emergem. Estrutura orgânica e organicidade são mediações organizativas internas ao MST. Os vínculos emancipatórios são internos e externos ao mesmo tempo. É ir além, estando dentro do aqui e agora. É um nível que transcende a organicidade e que transborda os termos de um movimento específico. A organicidade pode ser dirigida, até certo ponto. A construção de relações humanas também pode, mas extrapola largamente a vontade e os meios de direção e de controle de qualquer grupo de lideranças. Esse transbordamento só é possível por meio da ligação entre vínculos emancipatórios e as mediações internas às organizações. Respondendo à pergunta inicial: a experiência Sem Terra ensina que a luta social e política pode ser avaliada considerando até que ponto a relação entre estrutura orgânica e organicidade propicia a irradiação de uma terceira mediação, ligada à edificação de novos seres humanos e que poderia oferecer um sentido de superação das barreiras desumanizadoras impostas pelo Capital.

As mediações organizativas são meios de transformação e ao mesmo tempo desafiam o cálculo das lideranças. Consideremos os métodos estudados no capítulo 2. O mutirão de massificação e a construção do acampamento podem juntar gente e dividir tarefas sem formar politicamente a militância e sem deslocar o interesse individualista da base pela propriedade da terra. A brigada de organicidade pode criar uma nova direção autônoma de acampamento sem anular o autoritarismo. A Nova Organicidade pode ampliar a participação sem socializar a direção. A ação em torno de áreas-símbolos pode concentrar forças localizadas sem impactar a conjuntura. Em todas essas possíveis situações, a estrutura orgânica está montada e em avanço, enquanto a organicidade pode estar congelada. A organicidade é uma mediação organizativa que pode ou não dinamizar potenciais políticos embutidos na estrutura orgânica. Quando o sentido de oposição se congela, então a estrutura orgânica realmente não passa de um organograma. Do mesmo modo, a organicidade pode ser enérgica sem que isso assegure a irradiação de vínculos emancipatórios. O interesse individualista pode se tornar cooperativista; a direção pode ser socializada; e a conjuntura pode ser abalada. Nada disso garante a edificação de relações superadoras da desumanização. Mesmo assim, em todos os métodos organizativos, essas três mediações podem ser encontradas, em diferentes graus de realização e de possibilidade. As palavras da militância ecoavam constantemente a necessidade de perseguir os vínculos emancipatórios: "Não basta organizar o povo. Precisamos humanizar as pessoas", dizia um dirigente em 2004[86]. Também nas ações diretas massivas, essas três dimensões estão presentes. Nas marchas do MST, desde os anos 1980, Moisés e Ghandi são lembrados e considera-se que as "marchas são, acima de tudo, atos de solidariedade"[87]. A ação direta é protesto e pedagogia ao mesmo tempo. Por fim, a ligação entre o massivo e a utopia (uma vertente dos vínculos emancipatórios) se expressa por meio da famosa ideia de que sonho sonhado sozinho é só sonho, mas sonho sonhado com muita gente vira realidade.

* * *

O estudo dos critérios e mediações organizativas é indispensável para alcançar o significado profundo daquilo que em um grau mais superficial aparece como a derrota dos movimentos sociais. Trata-se do congelamento do potencial de relações sociais irem além de si mesmas. A repressão, a institucionalização, as perdas e conquistas materiais e territoriais etc. são tópicos importantes, porém secundários de avaliação. O fundamental é a neutralização das relações organizativas com potencial de superação. O que aconteceu com os movimentos sociais nos anos 2000 pode ser entendido como a dissolução dos vínculos emancipatórios. Esta representa um agravamento na estreiteza da imaginação e da ação políticas. Entramos em novo patamar de embrutecimento. Outubro de 2009 pode ser entendido como a completude da curva iniciada na contrarrevolução de 1964. Uma vez estabelecida a baliza dos vínculos emancipatórios, podemos compreender o significado maior da derrota, que vai muito além de correlação de forças e de divergências internas.

---

[86] Caderno de anotações de militante.
[87] JST, abril de 2005, p. 8-9. Cf. também a marcha ligada ao "sonho da fraternidade" em GÖRGEN, 2004, p. 62.

E mesmo isso não é o mais importante. Todo estudo sobre revoluções será insuficiente se não percebermos que os vínculos emancipatórios não devem ser exaltados e sim questionados – afinal, os potenciais revolucionários estão marcados por dissociações entre classe, raça, gênero, sexualidade etc. Faça um teste: volte algumas páginas e perceba como este capítulo é escrito de modo a escamotear o problema da frase "o debate sobre a luta é rápido, e a maioria dos maridos é a favor da luta, sem consultar as esposas". Emancipação tende a normalizar seus silêncios. A construção de vínculos emancipatórios foi um ponto alto da esquerda, que precisa ser pensado como apenas um ponto em meio a novas interrogações. A ideia e a prática revolucionárias são compatíveis com as violências mais abrangentes do patriarcado, do racismo estrutural, do capitalismo, da heteronormatividade, entre outras dimensões. A reflexão sobre essas alianças e dissociações de fundo foi categoricamente negligenciada pelas organizações hegemônicas da esquerda brasileira.

4

métodos burgueses de neutralização

De 2003 a 2009, a direção nacional (DN) do MST mantém e aprofunda a leitura política de que o Capital se encontra em etapa financeira e ofensiva, enquanto regride a organização proletária. O predomínio do capital financeiro e o refluxo das lutas de massas são os dois grandes limites para a luta revolucionária: "não se avista mudanças nem conquistas", escreve a DN em 2007. Nesses anos, a crise financeira de 2008 é percebida por dirigentes como a maior brecha para romper essas barreiras. Como uma janela que parece se abrir, esse tremor global se torna palpável no Brasil com o aumento do preço dos alimentos, com os cortes que o governo impõe no orçamento do Incra e com demissões em larga escala[88]. Esses fatores colocam a possibilidade de que se restabeleça uma ligação perceptível e revoltante entre o cotidiano das massas e as estruturas profundas do capitalismo. As condições organizativas estão aquecidas, na teoria e na prática: já está disseminada entre a militância a interpretação sobre o caráter neoliberal do governo Lula; e já estão em andamento as lutas contra as transnacionais. Foi aí, no final de 2008 e início de 2009, que o fator subjetivo (as condições organizativas) mais se aproximou do fator objetivo (as condições históricas) no sentido de abrir uma etapa de reascenso de lutas de massas. A crise financeira somada a uma árdua preparação organizativa oferece um súbito alargamento de possibilidades políticas. Nos anos 2003-2009, essa foi a grande luta que jamais aconteceu.

Nos meses seguintes à crise de 2008, o JST publica análises que exprimem uma renovação de ânimo. Um editorial sobre os 25 anos do MST enquadra o período completo de descenso, que poderia estar se encerrando em 2009:

---

[88] JST, setembro de 2007, p. 2. Em 17 de abril de 2009, no site do MST, é publicada a nota "MST denuncia cortes no orçamento com ações em 7 estados", segundo a qual os recursos para desapropriação foram reduzidos em 41%, caindo de R$ 957 milhões para R$ 561 milhões, derrubando a meta de assentamento de 75 mil famílias para 17 mil em 2009. Cf. OPPA (Observatório de Políticas Públicas para a Agricultura). **Relatório com as Principais Notícias Divulgadas pela Mídia Relacionadas com a Agricultura**. UFRRJ, abr. 2009. Em julho de 2009, Marcio Pochmann escreve que o número de pessoas que foram desempregadas entre janeiro e maio de 2009 nas regiões metropolitanas é de 466 mil, enquanto no ano anterior tinha sido de 92 mil pessoas (POCHMANN, Marcio. **Crise e Trabalho nas Metrópoles** (nota técnica). IPEA, jul. 2009, p. 3). Dados como esses são considerados pelos dirigentes nas avaliações que destaco agora. O que fica fora do seu cálculo são os massivos investimentos do governo projetados para atenuar os efeitos da crise, mantendo a eficácia amortecedora do governo Lula.

> [...] o fim da União Soviética e a derrota de revoluções na Nicarágua e em El Salvador deram início a um período de refluxo das lutas de massas e de retrocesso programático da esquerda em todo o mundo. Era o começo da era neoliberal [...]. No campo, estas mudanças deram origem ao que chamamos hoje de agronegócio. [...] Porém, os próximos anos poderão abrir um novo cenário na luta de massas dos trabalhadores. Nos últimos meses temos visto a velocidade com que o projeto neoliberal tem implorado o apoio do Estado[89].

Soraia Soriano, da Coordenação Nacional do MST, observa uma "possibilidade de [a] esquerda ter uma abertura para a politização dos processos, pois todos vão sentir a crise", ponderando que os patrões podem abafar a revolta com acordos que se apoiem no medo das pessoas de perder o emprego. Um texto de João Pedro Stédile considera a crise como "estimulador da luta de classes". A Reforma Agrária "foi derrotada pelo neoliberalismo. [...] Mas com a crise e com a retomada das lutas" ela pode se juntar a mudanças no modelo econômico, uma vez que "provavelmente vai haver luta social nas cidades"[90].

Os atos contra o desemprego e contra os cortes de gastos públicos são liderados por movimentos e sindicatos em março e agosto de 2009, e não contam com adesão em massa da população. No editorial de junho de 2009, a DN avalia que a crise "já seria motivo mais que suficiente para uma reação contundente da classe trabalhadora em nosso país. Entretanto, o que vemos ainda é um país em estado de dormência". No editorial de julho de 2009, a DN avisa que "vamos a Brasília em agosto cobrar as promessas do governo". Em agosto, reafirmando o "total abandono da Reforma Agrária por parte do governo Lula", o editorial convoca: "caminhemos até as cidades. Queremos cobrar os compromissos [...] de 2005". A ocupação do Ministério da Fazenda em 11 de agosto de 2009 foi uma tentativa derradeira de empregar métodos cujo esvaziamento acaba se confirmando. As massas não comparecem. Permanece a miséria das famílias acampadas e a inadimplência das assentadas, segundo o JST[91]. Os editoriais da DN de setembro a dezembro de 2009 não esboçam novas iniciativas de luta. A janela de 2008-2009 se fecha. A revolta massiva ligada à crise de 2008 veio depois, em junho de 2013, quando os vínculos emancipatórios já estavam dissolvidos.

* * *

---

[89] JST, novembro e dezembro de 2008, p. 2.
[90] JST, janeiro/fevereiro de 2009, p. 4-5; JST, abr. 2009, p. 4-5.
[91] JST, junho de 2009, p. 2; JST, julho de 2009, p. 2; JST, agosto de 2009, p. 2; JST, setembro de 2009, p. 2.

A ação da Cutrale, em outubro de 2009, foi um marco, inversamente semelhante à ação da Aracruz de 2006: ambas atacam alvos do agronegócio, sendo que a ação de 2006 consegue arranhar a imagem positiva da produção de celulose (agora percebida como "deserto verde"), enquanto a ação de 2009 teve uma repercussão amplamente negativa para o MST. Isso é uma pequena indicação de uma mudança mais abrangente.

Os registros de lutas oferecidos pelo JST nos dois anos posteriores à ação contra a Cutrale (de novembro de 2009 a outubro de 2011) não exibem grandes enfrentamentos contra o agronegócio, como houve em 2003 e 2004, e sobretudo de 2006 a 2009. É verdade que as jornadas de abril continuam acontecendo. As ocupações de terra não cessam. Por exemplo, em abril de 2010 o JST registra manifestações em 21 estados, com ocupação de 71 latifúndios e 15 prédios públicos, e marchas em quatro estados. Mas a tendência geral de queda no número de ocupações é incontornável, como se vê no Gráfico 1. Mais grave é o quadro qualitativo: as ocupações já perderam poder de pressão e agora, sem o impulso das ações de enfrentamento ao Capital, tornam-se ainda mais inexpressivas. Em 2010 e 2011, os editoriais da DN seguem lembrando as promessas não cumpridas do governo, sem indicar nenhuma possibilidade de ofensiva do Movimento. Segundo um editorial de meados de 2010, "na disputa presidencial não há interesse em pautar a Reforma Agrária ou em enfrentar o poder do agronegócio" e na esquerda "não foi possível superar a fragmentação", de modo que "não há força e organização acumulada que transborde para uma disputa entre classes". A capa da edição de abril de 2011 traz o desenho de uma pauta de reivindicações amarelada e carcomida, e de acordo com a matéria principal "os principais pontos da pauta [da marcha de 2005] não saíram do papel", ao passo que os dois únicos policiais julgados pelo massacre de Eldorado dos Carajás de 1996 "aguardam o julgamento do recurso em liberdade", 15 anos depois. O próprio texto do MST já nem toca mais na reivindicação de mudar o índice de produtividade[92]. A linha política de apontar o agronegócio e o modelo econômico como inimigos principais perde consequência prática.

Surge no início dos anos 2000 e ganha corpo a partir de 2006 um tipo específico de ação direta massiva: ela toma como alvo uma área considerada produtiva, de propriedade de multinacional ou de grande empresa, e ela expõe o gesto pedagógico da destruição de meios de pro-

---

[92] JST, maio de 2010, p. 8-9; JST, julho/agosto de 2010, p. 2; JST, abril de 2011, p. 8-9.

dução socialmente nocivos. Esses fatores, que podem variar de ação para ação, tinham dado a consistência de uma linha de lutas que servia como eixo para as ações mais moderadas. Nesse sentido bem específico, a ação da Cutrale de 2009 pode ser considerada como o último combate. Encerra-se uma etapa de lutas em que o enfrentamento explicitamente anticapitalista com base massiva foi experimentado no Brasil. O que se abre não é apenas um longo período de recuo dos movimentos sociais, que parece se estender nitidamente ao longo de toda a década de 2010[93]. Um recuo pode ser revertido mais adiante. Fundamentalmente, trata-se da dissolução dos vínculos emancipatórios que vinham se constituindo no Brasil desde 1978 (ou mesmo desde os anos 1960). Isso não se reverte em poucos anos.

Gráfico 1 – Número de ocupações de terra no Brasil – 1988-2018

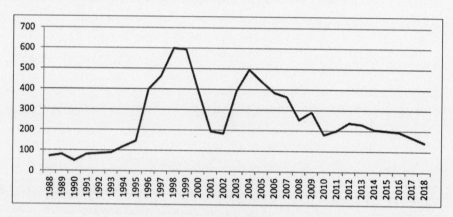

Fonte: dados da CPT e gráfico elaborado pelo autor

* * *

---

[93] Isso é confirmado pelo Gráfico 1, cujas fontes foram: CPT. **Conflitos no Campo Brasil 2006**. Goiânia: CPT Nacional, 2007, p. 94 (para dados de 1988 a 1997); CPT. **Conflitos no Campo – Brasil 2007**. Goiânia: CPT Nacional, 2008, p. 14 (para dados de 1998 a 2007); CPT. **Conflitos no Campo – Brasil 2008**. Goiânia: CPT Nacional, 2009, p. 16 (para dados de 2008); CPT. **Conflitos no Campo Brasil 2018**. Goiânia: CPT Nacional, 2019, p. 25 (para dados de 2009 a 2018). O número de ocupações de terra aqui apresentado envolve todos os movimentos do campo. As ocupações de terra são registradas a partir do relatório da Comissão Pastoral da Terra (CPT) de 1989 e, desde então, os diversos gráficos e tabelas sobre ocupações apresentam dados divergentes. Contudo, essas divergências são pequenas e não alteram a interpretação geral dos dados.

Nos capítulos anteriores, foram estudados os meios proletários. Agora é preciso avaliar os métodos burgueses. Pretendo analisar as ações concretas dos grupos dominantes, que estão ligadas ao declínio das ocupações de terra e à imobilização dos movimentos sociais. Essa ligação existe, embora não seja causal ou imediata. Veremos a seguir como as polícias militares, os grupos armados privados, o legislativo e o judiciário lançam ataques cerrados aos movimentos sociais[94]. Paralelamente, outro poder assume uma postura aparentemente inversa: o governo federal, encabeçado por Lula, concede compensações por dentro e por fora dos movimentos – programas sociais para as massas e financiamento para projetos dos movimentos. Compõe-se um eficaz mecanismo combinando várias linhas de ataques e uma válvula de escape. A articulação geral e descentralizada desses instrumentos precisa ser considerada não como causa, mas certamente como fator vital do congelamento das lutas populares, que fica visível na diminuição das ocupações de terra.

Gráfico 2 – Número de famílias expulsas em conflitos pela terra no Brasil – 1987-2018

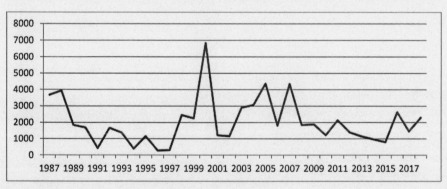

Fonte: dados da CPT e gráfico elaborado pelo autor

Esses dados podem ser agrupados em três períodos distintos de expulsões[95].

---

[94] A mídia obviamente está na linha de frente dos ataques, mas deixarei isso para um possível estudo futuro separado.

[95] Segundo a metodologia dos relatórios da CPT, despejo é a retirada das famílias com mandado judicial e a expulsão é a retirada das famílias por ação privada, sem mediação do Estado (CPT. **Conflitos no Campo Brasil 2010**. Goiânia: CPT, 2011, p. 11).

Quadro 1 – Média de famílias expulsas em conflitos pela terra no Brasil – 1989-2015

período	média de famílias expulsas
1989-1997	1008,5
1998-2007	3040,9
2008-2015	1421

Fonte: o autor

O período de 1998 a 2007 é três vezes mais violento do que o de 1989-1997. No período 2008-2015, a violência cai pela metade em relação a 1998-2007, mas ainda assim é um período bem mais violento do que 1989-1997. Assim, a pacificação de 2008-2015 pode ser compreendida como uma estabilização altamente violenta. E mesmo que o nível de 2008-2015 fosse o mais baixo em relação a todos os outros períodos, o número de 1421 famílias expulsas por ano é perturbador.

Gráfico 3 – Número de famílias despejadas em conflitos pela terra no Brasil – 1987-2018

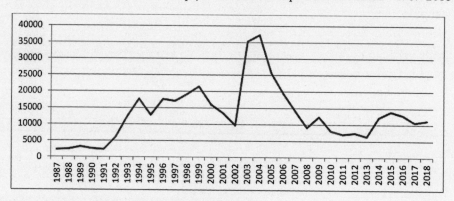

Fonte: dados da CPT e gráfico elaborado pelo autor

Os dados sobre despejo expõem dois grandes períodos, de 1992 a 2002 e de 2003 a 2013. O primeiro tem uma fase de crescimento e estabilização (1992-1999) e depois uma fase de queda (2000-2002). O segundo tem um salto que dura dois anos (2003-2004), seguido de queda e estabilização (2005-2013).

Quadro 2 – Média de famílias despejadas em conflitos pela terra no Brasil – 1992-2013

período	média de famílias despejadas
1992-1999	15.530,1
2000-2002	13.063,3
2003-2004	36.256
2005-2013	12.185,5

Fonte: o autor

No primeiro período, a alta é longa e a queda é breve, enquanto no segundo essa relação se inverte: breve alta e longa queda. Essa brevidade não implica amenização, pois o número de despejos é altíssimo em 2003 e 2004. E a média de despejos da longa queda de 2005-2013 (12 mil) não fica tão distante da média da fase alta 1992-1999 (15 mil).

Cada um dos dois grandes períodos tem uma fase de estabilização. Se isolamos a estabilização em alta de 1994-1999 e a estabilização em baixa de 2008-2013, encontramos uma diferença substancial. A média de despejos cai pela metade, de 17 mil para 8 mil.

Assim, a pacificação de 2008-2013 é expressiva. Entretanto, a média mais baixa só pode ser comemorada se for naturalizada a violência sofrida por oito mil famílias despejadas por ano. Encontramos mais uma vez uma espécie de pacificação feroz.

Gráfico 4 – Número de pessoas torturadas em conflitos no campo no Brasil – 1990-2018

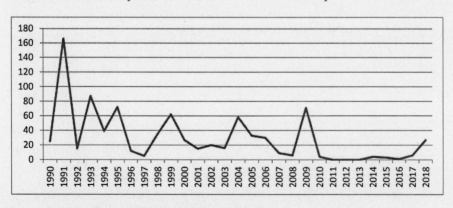

Fonte: dados da CPT e gráfico elaborado pelo autor

O gráfico[96] pode ser dividido em três etapas: alto nível de 1991 a 1995; nível médio de 1996 a 2009; e nível baixo de 2010 a 2016.

Quadro 3 – Média de pessoas torturadas em conflitos no campo no Brasil – 1991-2016

período	média de torturas
1991-1995	75,8
1996-2009	28,5
2010-2016	1,7

Fonte: o autor

O gráfico apresenta muitos picos. Em 1991-1995 temos picos frequentes, com intervalos de dois anos; em 1999-2009 temos picos menos frequentes, com intervalos de cinco anos. Isso demonstra uma tendência permanente à arbitrariedade, porém levemente amenizada em 1999-2009. A amenização fica ainda mais destacada se isolamos o período 2004-2016, que traz uma longa queda e estabilização, fazendo com que o pico de 2009 possa aparecer como excepcional. O nível reduzido de torturas em 2010-2016 realmente é capaz de projetar uma forte sensação de apaziguamento, para o olhar despolitizado.

Gráfico 5 – Número de pessoas presas em conflitos no campo no Brasil – 1990-2018

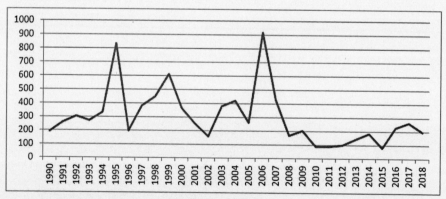

Fonte: dados da CPT e gráfico elaborado pelo autor

---

[96] O Gráfico 4 apresenta dados dos conflitos no campo em geral e não só na luta pela terra em específico. Essa observação vale também para os Gráficos 5 e 6.

Vou organizar os dados em função dos picos de 1995 e de 2006. Há muitas oscilações de 1996 a 2005. Já após o pico de 2006, excepcionalmente alto, segue um período relativamente longo de queda e estabilização em nível relativamente baixo, de 2007 a 2015. Esses nove anos apresentam um relativo apaziguamento da prisão como meio de repressão, que não significa o atingimento de um nível aceitável.

Quadro 4 – Média de pessoas presas em conflitos no campo no Brasil – 1995-2015

período	média de prisões
1995	833
1996-2005	347,8
2006	917
2007-2015	164,7

Fonte: o autor

Gráfico 6 – Número de pessoas assassinadas em conflitos pela terra no Brasil – 1985-2018

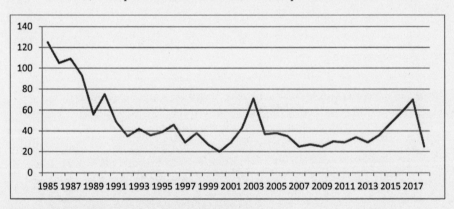

Fonte: dados da CPT e gráfico elaborado pelo autor

O gráfico[97] pode ser dividido três períodos: queda e estabilização de 1985 a 2000; forte elevação de 2001 a 2003; e nova queda e estabilização de 2004 a 2013.

[97] As fontes do gráfico 6 foram: CPT. **Conflitos no Campo Brasil 90**. Goiânia: CPT Nacional, 1991, p. 44 (para dados de 1985 a 1990); CPT. **Conflitos no Campo Brasil 1996**. Goiânia: CPT Nacional, 1997, p. 29 (para dados de 1991 a 1994); CPT. **Conflitos no Campo – Brasil 2004**. Goiânia: CPT Nacional, 2005, p. 12 (para dados de 1995 a 2004); CPT. **Conflitos no campo Brasil 2009**. São Paulo: Expressão Popular, 2010, p. 16 (para dados de 2005 a 2008); CPT. **Conflitos no Campo Brasil 2018**. Goiânia: CPT Nacional, 2019, p. 25 (para dados de 2009 a 2018).

Quadro 5 – Média de pessoas assassinadas em conflitos pela terra no Brasil – 1985-2013

Período	média de assassinatos
1985-2000	57,7
2001-2003	47,6
2004-2013	30,9

Fonte: o autor

Mais uma vez encontramos uma relativa moderação da violência no último período. Além disso, destaca-se a estreiteza da variação: se tomarmos o primeiro período apenas em seus anos de estabilização, de 1992 a 2000, temos uma média de 34,6 assassinatos por ano. Isso não se distingue fortemente da média de 2004-2013. Se o pico de 2003 for abstraído, o período de 1992 a 2014 traz os assassinatos numa mesma faixa, de modo que a estabilização em baixo nível de 2004 a 2014 não representa uma queda destacada. Em outras palavras, o nível de assassinatos é basicamente o mesmo de 1992 a 2014. Portanto, quando se considera os dados sobre assassinatos, a ênfase é a constância do número de ocorrências.

Cada indicador (assassinatos, ocupações, despejos etc.) possui ritmo próprio, que procurei apresentar em suas especificidades. Vou agora cruzar esses dados com o período recortado por esta pesquisa em função das ações diretas massivas (2003-2009). Temos assim o seguinte quadro:

- alto número de expulsões no período 2003-2007, antecedido por breve queda em 2001 e 2002, e sucedido por queda relativamente longa de 2008 a 2015, fazendo do período 2003-2007 de uma violência alta e relativamente duradoura;
- alto número de despejos no período 2003-2004, antecedido por breve queda em 2000-2002, e sucedido por queda relativamente longa de 2005 a 2013;
- número elevado de torturas no período 2004-2009, antecedido por uma curva similar de 1996 a 2003, e sucedido por uma estabilização em nível expressivamente baixo de 2010 a 2016;
- alto número de prisões no período 2003-2006, antecedido por queda de 2000 a 2002, e sucedido por queda e estabilização em nível baixo de 2007 a 2015;

- estabilização em nível levemente mais baixo no número de assassinatos de 2004 a 2014, mas isso não passa de uma pequena variação dentro da faixa que se mantém inalterada de 1992 a 2014.

Portanto, existe um padrão geral seguido pelos números de expulsões, despejos, torturas e prisões: ocorre um aumento da violência no campo em 2003 e 2004, em comparação com números mais baixos de 2000 a 2002; após esse aumento, todos os índices voltam a cair a partir de 2007 ou 2008. O número de torturas se desvia um pouco, diminuindo apenas a partir de 2010. O número de assassinatos se diferencia desse padrão, mantendo-se relativamente constante de 1992 a 2014.

Os dados exigem uma leitura política. Isso será feito gradativamente ao longo do capítulo. Porém é bom adiantar o seguinte. Analisando os quadros um a um, tivemos uma queda de todos os índices, exceto o de assassinatos. Essa imagem de moderação é altamente enganadora. O denominador comum de todas as linhas de violência política é uma espécie de pacificação brutal: a violência se ameniza, mas essa queda aparece como tal apenas em função do alto nível de violência anterior, de modo que o nível apaziguado que se instala permanece sendo uma atrocidade. Somados à melhoria dos índices sociais (saúde, renda, educação etc.)[98], esses índices de violência aparecem como avanço social, o oposto da paz de cemitério facilmente atribuída ao período de ditadura militar. Muda o senso comum, que antes lançava uma moldura de denúncia sobre a ditadura e que agora projeta sobre o governo Lula um tom de harmonia e legitimidade. É uma originalidade do arranjo de meios de controle social desse período. Os dados de violência tendem a aparecer como um melhoramento nacional. Isso diz muito sobre o Brasil: brutalidade impune se confunde com progresso. Trata-se de um território tão violento que alterações superficiais funcionam como legitimação do domínio desse território.

* * *

Segundo Porto-Gonçalves e Alentejano, de 2004 a 2009 o número de ações de repressão executadas por grupos privados é sempre maior do que o de ações do poder público. O ano de 2003 apresenta uma exceção, com as ações de Estado bem superiores às ações privadas[99]. A repressão estatal

---

[98] SINGER, André. Raízes sociais e ideológicas do lulismo. **Novos Estudos CEBRAP**, São Paulo, v. 85, p. 83-99, 2009.

[99] PORTO-GONÇALVES, Carlos Walter; ALENTEJANO, Paulo Roberto Raposo. A contrarreforma agrária na lei e na marra – a expansão do agronegócio e a reconfiguração da questão agrária no Brasil. *In:* CPT. **Conflitos no Campo Brasil 2010**. Goiânia: CPT, 2011, p. 110 – conferir o Gráfico 4.

"aumenta ou diminui acompanhando o aumento ou queda da ação dos movimentos sociais"[100]. Isso é uma explicação plausível para o crescimento de despejos e prisões em 2003 e 2004: o aumento de ocupações em 2003 e 2004 (Gráfico 1) provoca a repressão estatal[101].

Os anos de 2007 e 2008 apresentam uma ampliação da diferença entre ação privada e estatal, com a repressão privada ganhando muito mais força. De acordo com Porto-Gonçalves e Chuva, o número de conflitos diminui em 2007, mas ele exprime "uma significativa mudança na qualidade desses conflitos pela importância que passa a ter a ação violenta direta dos grandes proprietários e grileiros expulsando famílias" e isso pode ser explicado pelo apoio do governo federal ao agronegócio e pela conjuntura internacional favorável à exportação de *commodities* que estimulam demanda por terra e, consequentemente, aumentam a violência do poder privado[102].

Portanto, em 2003 cresce a repressão do Estado, que reage à ameaça de acirramento das ações dos movimentos sociais. Em seguida, a repressão estatal diminui, enquanto a repressão privada toma a iniciativa, seguindo o ritmo da demanda do agronegócio por terra.

* * *

A Câmara Federal e o Senado participam da perseguição aos Sem Terra com o recurso da Comissão Parlamentar de Inquérito (CPI) ou da Comissão Parlamentar Mista de Inquérito (CPMI). A chamada "CPMI da Terra" é a primeira (de 2003 a 2005)[103], seguida da chamada "CPI das ONGs" (de 2007 a 2010)[104], havendo ainda uma terceira, chamada de "CPMI do MST" (de 2009 a 2010)[105]. A despeito dos nomes, a primeira e a última são focadas no MST, enquanto a segunda aborda muitas organizações, sem deixar de dar destaque especial às entidades ligadas ao Movimento. Cada inquérito segue

---

[100] PORTO-GONÇALVES, Carlos Walter; SANTOS, Luís Henrique Ribeiro. A Violência que se esconde atrás de êxito do modelo agro-exportador: geografia dos conflitos e da violência no campo brasileiro em 2011. *In:* CPT. **Conflitos no Campo Brasil 2011**. Goiânia: CPT Nacional, 2012, p. 79.

[101] São conflitos protagonizados pelo poder privado a expulsão da terra e as tentativas e ameaças de expulsão, assim como as ações de pistolagem. O poder público se encarrega de despejos, ameaças de despejo e prisões. Cf. PORTO-GONÇALVES, Carlos Walter; ALENTEJANO, Paulo Roberto Raposo, 2011, p. 109.

[102] PORTO-GONÇALVES, Carlos Walter; CHUVA, Luiza. A oligarquia fazendo justiça com as próprias mãos (a geografia da violência no campo brasileiro 2007). *In:* CPT. **Conflitos no Campo – Brasil 2007**. Goiânia: CPT Nacional, 2008. p. 143.

[103] LUPION, Abelardo. **Relatório dos Trabalhos da CPMI "da Terra"**. Brasília: Senado Federal, 2005.

[104] ARRUDA, Inácio. **Relatório Final da CPI "das ONGs"**. Brasília: Senado Federal, 2010.

[105] TATTO, Jilmar. **Relatório**. Brasília: Senado Federal, 2010.

caminhos diferentes. O primeiro ataca abertamente os Sem Terra. O segundo não se concentra em questões agrárias e seu ataque é mais sutil. O terceiro apresenta relatório final que congela a hostilidade do requerimento inicial, mas afinal se exime de favorecer efetivamente a Reforma Agrária. Assim, de 2003 a 2010, o MST tem que dispender energia com os trâmites de três investigações parlamentares, que são acompanhadas de intensos ataques midiáticos, além de gerar processos judiciais. É um período em que a elite aperta o cerco ao MST por meio do poder legislativo, altamente equipado para expor, difamar e entravar o Movimento[106].

O relatório da primeira CPMI evoca *Os Sertões* para tratar das causas da violência "perpetrada contra agricultores e pecuaristas que se dedicam a trabalhar sua terra, expostos sem a defesa apropriada pelo aparato policial" às invasões de terra "financiadas em grande parte pelos próprios cofres públicos", representando "grave ameaça à paz no campo e à ordem jurídica vigente"[107]. A posição de classe é nítida. Sem escrúpulos, o verniz ideológico se apoia em Canudos e a manobra legitimadora central é o foco no desvio de dinheiro público, cinicamente denunciado por partidos que agora lideram a CPMI e que antes conduziram as privatizações nos anos 1990. Buscando se contrapor à imagem favorável do MST junto à sociedade, o relatório quer expor o "verdadeiro MST" como um movimento revolucionário contrário a "toda e qualquer grande propriedade, produtiva ou não" e disposto a "desviar recursos, públicos ou privados" para fortalecer sua organização antidemocrática, hierarquizada e fechada, cujo objetivo é tomar o poder[108]. Aí estão as duas linhas principais do relatório: o desvio de dinheiro público e a ameaça à ordem democrática. A primeira tem como objetivo o estrangulamento das finanças do MST. Os focos principais são as maiores entidades jurídicas do MST (ANCA, CONCRAB, ITERRA[109], entre outras), capacitadas para realizar convênios com órgãos do Estado e angariar doações internacionais. Segundo o relator, a "aprovação da transferência dos sigilos bancário e fiscal da ANCA e da CONCRAB foi o passo mais importante dado pela CPMI"[110].

---

[106] O relatório da CPMI da Terra está disponível em: http://www2.senado.leg.br/bdsf/bitstream/handle/id/84969/CPMITERRA.pdf?sequence=7. Acesso em: 30 maio 2019. O relatório da CPI das OnGs está disponível em: http://www2.senado.leg.br/bdsf/bitstream/handle/id/194594/CPIongs.pdf?sequence=6. Acesso em: 30 maio 2019. O relatório da CPMI do MST está disponível em: www.senado.leg.br/atividade/materia/getTexto.asp?t=80504. Acesso em: 30 maio 2019.

[107] LUPION, 2005, p. 6-8.

[108] *Ibidem*, p. 162.

[109] Associação Nacional de Cooperação Agrícola (Anca), Confederação das Cooperativas de Reforma Agrária do Brasil (Concrab) e Instituto Técnico de Capacitação e Pesquisa da Reforma Agrária (Iterra).

[110] *Ibidem*, p. 200.

A segunda linha leva ao endurecimento jurídico, enquadrando a ocupação de terra como terrorismo ou crime hediondo. O relatório se encerra com dois projetos de lei (PL), que dão encaminhamento a esses argumentos. O primeiro visa enquadrar o "esbulho possessório com fins políticos" como crime hediondo, com a seguinte justificativa: o "Judiciário não vem aceitando ações penais do Ministério Público contra o MST com base no crime de esbulho possessório", pois o MST alega, com êxito, que "o fim de seus atos não é o esbulho possessório em si, mas manifestar inconformismo político e pressionar o governo a executar políticas sociais", o que coloca uma "lacuna legal" que o projeto quer corrigir, dando ao judiciário "força para punir" as ocupações de terra. O PL também prevê a "extinção de pessoa jurídica legalmente instituída e utilizada para prática de crime por iniciativa ou consentimento de seus dirigentes". O segundo PL propõe "prever o ato terrorista de quem invade propriedade alheia com o fim de pressionar o governo", considerando que as ações do MST "são inaceitáveis perante o nosso ordenamento constitucional. Aterrorizam por meio de invasões as propriedades legalmente adquiridas por cidadãos brasileiros", o que exigiria "o mesmo rigor que as outras formas de atos terroristas previstas em nossa Lei de Segurança Nacional", tudo em nome do Estado de Direito[111].

O segundo inquérito parlamentar se debruça sobre repasses de recursos federais para ONGs de 1999 a 2009, com muitas entidades investigadas e expostas no relatório, classificadas em 6 categorias e 30 subcategorias[112]. Os Projetos de Lei propostos pela CPI são voltados à relação entre Administração Pública e entidades privadas sem fins lucrativos, sem perseguição ao MST ou inclinação ao entrave da Reforma Agrária. O relatório também traz um total de 62 recomendações ao Poder Legislativo, ao Poder Executivo e a vários órgãos como o Tribunal de Contas da União e o Ministério Público[113]. Juntamente aos Projetos de Lei, essas recomendações têm a importância de compor o capítulo conclusivo do relatório. Há 51 recomendações que possuem caráter geral, ou seja, não discriminam entidades, sendo apenas dirigidas a aprimorar instrumentos estatais de seleção, transparência e de controle de execução dos recursos, prestações de contas etc. Há também 11 recomendações com teor específico, isto é, que citam nominalmente entidades acusadas de irregularidades[114]. A Anca é citada quatro vezes; o

---
[111] Ibidem, p. 381-385.
[112] ARRUDA, Inácio. **Relatório Final da CPI "das ONGs"**. Brasília: Senado Federal, 2010. p. 154-155.
[113] Os outros órgãos são Controladoria-Geral da União, Conselho de Desenvolvimento Econômico e Social e Receita Federal.
[114] Ibidem, p. 1406-1478; 1396-1405.

Cepatec[115] e a Concrab são citados três vezes; a Fubra[116] é citada duas vezes; outras cinco entidades[117] são citadas uma vez. Portanto, ainda que a CPI realmente não seja centrada no MST, é evidente que os Sem Terra foram um alvo preferencial. Se a prevenção de desvio de dinheiro público é uma preocupação enfática da CPI (que se expressa nos Projetos de Lei), a coação sobre a luta popular é sua prioridade política focalizada (que se expressa nas recomendações)[118].

Como a primeira CPMI já cumprira o papel de revelar as articulações de várias entidades com o MST, o requerimento da terceira Comissão já conta com o terreno aberto, podendo assim citar diretamente a Anca, a Concrab, o Cepatec, entre outras, para investigar irregularidades em convênios e desvio de recursos para ocupação de terras[119]. Diferentemente do requerimento, o relatório – sob responsabilidade de um deputado petista – está inclinado ao apaziguamento. O texto coloca em primeiro plano a denúncia convicta da concentração fundiária e a legitimação dos movimentos sociais, afirmando inclusive a "inexistência de qualquer irregularidade no fato de as entidades manterem relações e atenderem público vinculado a movimentos sociais". Isso desmonta uma das revelações da CPMI de 2003-2005, que apresentava como trunfo a descoberta de que o MST possui entidades com pessoa jurídica. Rapidamente o relatório se concilia com as instituições e acrescenta que a legitimidade dos movimentos sociais não exime as entidades que os apoiam do "cumprimento da legislação que rege a aplicação de recursos públicos". Reafirmada a lei, o texto apresenta a conclusão de que "as investigações não evidenciaram a existência de irregularidades", não havendo provas de crime contra a administração pública, dano ao erário ou benefícios inde-

---

[115] Centro de Formação e Pesquisa Contestado (Cepatec).

[116] Fundação Universitária de Brasília.

[117] Instituto Brasileiro de Desenvolvimento Social (IBDS), Agência Nacional de Recursos para a Hiléia Amazônica (Angrhamazônica), Instituto Nacional de Formação e Assessoria Sindical da Agricultura Familiar Sebastião Rosa Paz (Ifas), Fundação Vingt Rosado e Associação de Assistência e Proteção a Maternidade e a Infância de Mossoró (Apamim).

[118] Isso é confirmado pelo seguinte trecho do relatório, no qual se afirma que casos já investigados por outras CPIs não serão investigadas agora, com exceção das entidades ligadas ao MST. "De acordo com o Plano de Trabalho apresentado e votado em 23 de outubro de 2007, as denúncias ou suspeitas de irregularidades a serem investigadas pela CPI seriam aquelas objeto de requerimentos aprovados pelo Plenário da Comissão. Referido Plano de Trabalho excluiu a análise de casos já investigados por outras CPIs. A despeito disso, foram aprovados os Requerimentos nºs 257 e 258, em 7 de abril de 2009, para a transferência do sigilo bancário da Confederação das Cooperativas de Reforma Agrária do Brasil (CONCRAB) e da Associação Nacional de Cooperação Agrícola (ANCA). Na mesma ocasião, foram aprovados os requerimentos 255 e 256 determinando idênticas providências em relação ao Instituto Técnico de Estudos Agrários e Cooperativismo (ITAC) e ao Centro de Formação e Pesquisa Contestado (CEPATEC)" (*Ibidem*, p. 1377).

[119] TATTO, 2010, p. 7-13.

vidos[120]. O relatório se encerra com Projeto de Lei meramente voltado à normatização dos convênios entre Estado e as entidades privadas sem fins lucrativos, silenciando sobre a urgência da Reforma Agrária. Em síntese, o relatório defende a justiça social, preserva as entidades ligadas ao MST e mantém estacionada qualquer transformação no campo.

Como observa Sauer, o Congresso Nacional ultrapassa as medidas reativas, como discursos e votações, e toma iniciativas mais enérgicas, como a instalação de CPIs. O aumento do rigor na fiscalização de todos os convênios celebrados entre Ministérios e entidades agrárias, por parte do Tribunal de Contas da União (TCU), ou mesmo da Controladoria Geral da União (CGU), é parte desse processo. O foco nos convênios explicita a disputa por recursos públicos como o interesse fundamental por trás da criminalização: para manter a apropriação exclusiva de elite sobre os bens públicos, as "investigações visam impedir que os mesmos sejam acessados por setores das classes populares". Esse é o sentido político imediato das Comissões Parlamentares de Inquérito e de outras ferramentas, como Projetos de Lei, Projetos de Emenda Constitucional, Propostas de Fiscalização e Controle, requerimentos de fiscalização ao TCU e Decretos Legislativos (para cancelar decisões do Executivo), que buscam criminalizar movimentos, travar o avanço da política fundiária, anular direitos conquistados, adiar a atualização dos índices de produtividade, legalizar milícias privadas ou transferir competências do governo federal para o Congresso ou para oligarquias locais[121].

Cabe registrar a motivação direta da "CPMI do MST". Em agosto de 2009, a Via Campesina organiza um acampamento em Brasília e obtém do governo federal o anúncio de que seria feita a atualização dos índices de produtividade, o que gera uma campanha contrária da bancada ruralista no Congresso, com apoio da grande mídia. Uma CPMI foi proposta, mas não se consegue reunir um número suficiente de assinaturas para ser instalada. No mês seguinte, setembro de 2009, o MST ocupa a Cutrale. A ação é usada pela mídia para criminalizar fortemente o MST e então a proposta de CPMI consegue as assinaturas[122]. Após anos de cerrado ataque midiático, perde o vigor a imagem positiva do MST, registrada na virulenta CPMI de 2003-2005 e ainda potente na ação da Aracruz de 2006.

* * *

---

[120] *Ibidem*, p. 144.

[121] SAUER, Sérgio. O Parlamento e a criminalização dos movimentos sociais agrários. *In:* CPT. **Conflitos no campo Brasil 2009**. São Paulo: Expressão Popular, 2010. p. 150-153.

[122] CANUTO, Antônio. Os movimentos sociais em ação no campo. *In:* CPT. **Conflitos no campo Brasil 2009**. São Paulo: Expressão Popular, 2010. p. 146-147.

Segundo Antonio Escrivão Filho, Antônio Canuto e outros autores, com o PT no governo federal, os ruralistas optam por avançar do Congresso para o judiciário em 2009, por meio da Confederação Nacional da Agricultura (CNA), numa gradual aliança com o Conselho Nacional de Justiça (CNJ) e com o presidente do STF, ministro Gilmar Mendes. Este "assume lado na conjuntura agrária brasileira, atrelando a política institucional da justiça agrária ao modelo de desenvolvimento capitaneado pelo agronegócio". Daí o "comportamento engajado de setores do poder judiciário, ao posicionarem-se publicamente atacando os movimentos sociais na mídia". O "agronegócio está disputando o Judiciário ferrenhamente", orientando e motivando que outros grupos combatam processos de luta por direitos. O esforço pela não atualização dos índices de produtividade "pode ser creditado à mesma CNA que litiga em mais de uma centena de ações no Supremo". As novas ligações entre agronegócio e judiciário se expõem de diferentes modos. O CNJ cria um Fórum Nacional para Monitoramento e Resolução dos Conflitos Fundiários Rurais e Urbanos (Portaria 491, de 11 de março de 2009) e um Mutirão de Julgamento de Crimes Decorrentes de Conflitos no Campo, que surgem "a partir de uma perspectiva de criminalização dos movimentos sociais, materializando as falas de Gilmar Mendes em seu discurso de posse". Quando o I Encontro do Fórum se desvia e dirige sua pauta para concretizar a Reforma Agrária, o Fórum é "esvaziado pelo judiciário" e suas recomendações são "ignoradas pela cúpula do CNJ", que então assina convênio com a CNA. Em outubro de 2009, no XX Congresso de Magistrados, da Associação dos Magistrados Brasileiros (AMB), a presidente da CNA fez palestra para cerca de 2000 magistrados, elegendo indígenas, comunidades tradicionais, ambientalistas e agricultores sem terra como os representantes da insegurança jurídica no campo. O mesmo aconteceu em novembro de 2009, no XVIII Congresso Nacional do Ministério Público, da Associação Nacional dos Membros do Ministério Público. Finalmente, em 9 de fevereiro de 2010, a senadora Kátia Abreu, presidente da CNA, lança o Observatório das Inseguranças Jurídicas no Campo para levantar dados sobre ameaças ao "Direito de Propriedade" e mapear invasões "efetivas ou iminentes". O ato de lançamento conta com a presença do presidente do STF, ministro Gilmar Mendes[123].

---

[123] ESCRIVÃO FILHO, Antonio Sergio, FRIGO, Darci e TERRA DE DIREITOS. A luta por direitos e a criminalização dos movimentos sociais: a qual Estado de Direito serve o sistema de justiça? *In:* CPT. **Conflitos no campo Brasil 2009**. São Paulo: Expressão Popular, 2010, p. 120-125; CANUTO, 2010, p. 147.

Certos resultados são palpáveis. Nesse mesmo ano de 2009, o poder judiciário emite ordens de despejo contra 12.388 famílias, 36,5% a mais que em 2008. Isso é desproporcional em relação ao número de ocupações, que cresce 15% em 2009. Desagregando os dados regionalmente, temos que no Nordeste as ocupações caem 31% e os despejos crescem 158% em 2009. O número de prisões também cresce em 2009 passando para 205 (foram 168 em 2008), o que "parece ser uma repercussão clara da interferência do presidente do Supremo, Gilmar Mendes", que acusa publicamente os movimentos de serem ilegais, assim como o poder executivo de cometer ato ilícito ao repassar recursos aos movimentos. Essa declaração foi dada em 25 de fevereiro de 2009, logo depois de ocupações de terras no Pontal do Paranapanema e da morte de quatro seguranças armados de fazendas em Pernambuco[124].

> Alguns casos concretos desta criminalização ultrapassam os limites do bom senso. Uma manifestação no canteiro de obras [...] da Hidrelétrica de Tucuruí, PA, foi reprimida pela polícia militar do estado e 18 trabalhadores foram detidos e, antes de serem conduzidos a Belém, foram obrigados a um "desfile" por toda a cidade de Tucuruí, exibidos como uma espécie de "troféu" da polícia militar. Contra eles se levantaram dez acusações. Nenhuma autoridade, nem o Presidente do Supremo, que no ano anterior se insurgira contra o uso de algemas na prisão que envolveu grandes figuras, entre as quais o banqueiro Daniel Dantas e o ex-prefeito de São Paulo, Celso Pitta, se levantou para criticar o excesso da Polícia. Um acampamento de sem terra às margens da BR 230, município de Pocinhos, na Paraíba, foi atacado por um grupo de homens encapuzados, que dispararam contra as famílias e detiveram e torturaram sete trabalhadores, sobre eles jogando gasolina com a ameaça de serem incendiados vivos. Com a chegada da polícia os encapuzados se retiraram e os trabalhadores foram presos acusados da violência que sofreram. Nos dois casos os trabalhadores ficaram presos mais de um mês antes de se lhes conceder habeas corpus[125].

* * *

Enquanto grupos armados privados, polícia, congresso e judiciário batem no MST, o governo federal abre a válvula financeira dos convênios.

---
[124] *Ibidem*, p. 146.
[125] *Ibidem*, p. 146.

Gráfico 7 – Convênios do governo federal com entidades ligadas ao MST – 1996-2009 (valores em reais)

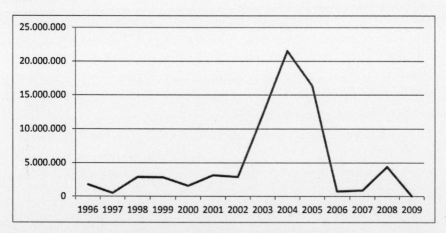

Fonte: dados do Portal Transparência e gráfico elaborado pelo autor

Gráfico 8 – Convênios do governo federal com entidades ligadas ao MST – 2005-2009 (valores em reais)

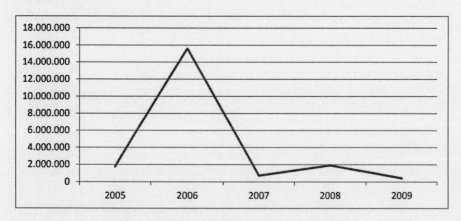

Fonte: dados do Portal Transparência e gráfico elaborado pelo autor

Esses são dados públicos[126]. As entidades incluídas nos gráficos são citadas nos relatórios das CPMIs. Os valores se encontram no Portal Transparência. Para abordar politicamente a relação financeira entre governo

---

[126] As entidades do Gráfico 7 são Anca, Concrab e Iterra. Para o Gráfico 7, o Portal Transparência foi acessado em 30 maio 2019 e foram usados os dados da coluna "valor celebrado". As entidades do Gráfico 8 são Itac, Cepatec e Inocar. Para o Gráfico 8, o Portal Transparência foi acessado em 8 ago. 2019 e foram usados os dados da coluna "valor celebrado".

federal e MST, é suficiente demonstrar que: a captação de recursos do MST é substancialmente ampliada a partir de 2003, com a eleição de Lula (como se vê no Gráfico 7); ela é também coibida pela CPMI de 2003-2005, que encaminha a perseguição às entidades ligadas ao MST (como também se vê no Gráfico 7)[127]; o Movimento consegue outros canais de captação para contornar o efeito estrangulador da perseguição (como se vê no Gráfico 8). Portanto, fica demonstrada uma etapa diferenciada de convênios do MST com o governo federal, no primeiro mandato.

A questão política não é o desvio de recursos públicos. Essa ideia de desvio ou de irregularidade é um pretexto jurídico para a perseguição política. É um recurso burguês de distração. Para desmanchar essa cortina de fumaça, basta resgatar uma das conclusões da própria CPMI de 2009-2010:

> [...] não se verifica qualquer irregularidade no fato de as entidades [...] manterem relações e atenderem público vinculado aos movimentos sociais, especialmente o MST, pois que uma vez reconhecido a legitimidade e legalidade dos movimentos agrários, e a despeito de se constituírem ou não em pessoa jurídica com criação formal ou de fato, são sujeitos históricos detentores de reconhecidos direitos e deveres fundamentais[128].

Dito isso, é possível começar a abordar as questões que verdadeiramente interessam a quem busca ação organizada autônoma. As ações do MST passam a ser feitas para conseguir convênios? Os convênios são oferecidos pelo governo para amenizar as lutas? Os convênios causam a diminuição das lutas? Afinal, os dados parecem bem nítidos: enquanto as ocupações de terra diminuem, cresce a injeção de recursos vindos do governo federal. A meu ver, essas não são as perguntas decisivas e nenhum dado pode ser nítido sem mediação teórica. Aquelas perguntas estão centradas numa causalidade e num imediatismo que não correspondem à dinâmica de enfrentamento colocada naquele período.

---

[127] "A equipe de auditoria [do Tribunal de Contas da União (TCU)] concluiu que o processo de fiscalização deve ser convertido em tomada de contas especial, para que, no prazo de quinze dias, o ITERRA apresente sua defesa ou recolha aos cofres públicos a importância de R$ 3.144.920,05, mais atualização monetária e juros de mora" (LUPION, 2005, p. 288). No capítulo de conclusão do relatório da CPMI de 2003-2005, encontramos: "Recomendar a suspensão imediata do repasse de recursos federais aos convênios firmados com a ANCA, CONCRAB e ITERRA, em virtude das graves irregularidades detectadas pelos técnicos do TCU" (*Ibidem*, p. 378). "Recomendar ao Ministério Público o indiciamento e a adequada persecução cível e criminal dos responsáveis por desvios de verbas públicas e prestação de contas fraudulentas em convênios firmados entre a União e os braços jurídicos do MST" (*Ibidem*, p. 379).

[128] TATTO, 2010, p. 103.

Certamente, o influxo financeiro a partir de 2003 é considerável. Seus efeitos são difíceis de mensurar. Não surpreende que a escalada de convênios alimente novos interesses dentro do MST: "Muitos companheiros – principalmente na nossa base – gostariam de estar mais próximos do governo, para conquistar mais benefícios"[129]. Nem por isso a entrada de dinheiro determina as posições da DN. As finanças também podem ser instrumento para alavancar lutas, como se vê pela grandeza (que não deve ter sido barata) de ocupações, marchas e mutirões de massificação. Se essas ações arrastassem massas, isso diluiria o interesse financeiro imediato. Essa é uma possibilidade viva nos anos 2003-2009. Para que as interrogações sejam recolocadas, é preciso entender as manobras burguesas e as contra-manobras proletárias acionadas em 2003-2009.

* * *

O processo não foi linear e o resultado não foi imediato. Ainda que os dados sejam indispensáveis, não cabe meramente calcular vetores e buscar uma resultante. Os meios proletários e burgueses se articulam de modo sinuoso, que é preciso observar com cautela. Existe uma oscilação significativa nas avaliações sobre o governo Lula estampadas nas declarações públicas da DN. Vejamos os editoriais do *Jornal Sem Terra* (JST). Em novembro de 2002, a DN considera a eleição de Lula como uma "vitória do povo", que deverá sofrer oposição da elite, levando então o Movimento a proclamar: "precisamos ajudar a organizar o povo para [...] dar força para o governo fazer as mudanças". No início de 2003, considerando a política de alianças do governo, surge a noção de um "governo em permanente disputa", o que implica que a pressão do Movimento seria interna ao governo, aumentando as chances de conquista. Já em maio de 2003 a avaliação de que o governo Lula dá continuidade às políticas de FHC gera um "sentimento de decepção", que mesmo assim é canalizado para o esforço de "ajudar o governo a fazer as transformações" e "potencializar as lutas sociais". O JST estampa, na capa da edição de julho de 2003, a famosa foto de Lula colocando o boné do MST com uma lamentável cara de assustado. A decepção não elimina a imagem de governo em disputa. A partir daí, o grau de frustração ou indignação varia, enquanto o elo da negociação e da aliança com o governo nunca se rompe. Em março de 2004, a DN avalia que, no Ministério do Desenvolvimento Agrário, "o método é ir levando com a barriga [...], numa prática de com-

---

[129] JST, janeiro/fevereiro de 2009, p. 4-5.

pensação social, igual à prática dos governos anteriores". Numa entrevista de maio, o dirigente nacional Gilmar Mauro afirma que "nossa relação com o governo é de diálogo, mas é também de luta". O editorial da DN do mês seguinte entende que "o governo está dividido" entre os dois projetos. Quando ocorre a chacina de Felisburgo, em Minas Gerais, no dia 20 de novembro de 2004, a DN acusa a "inoperância do governo e seu descaso com a situação das famílias acampadas", acrescentando que o governo "se contenta com a política de 'fazer o que é possível'". No início de 2005, o balanço de dois anos de governo aponta uma Reforma Agrária inexistente e a DN opta por defender Lula e atacar o Estado e o agronegócio, lançando sua esperança mais uma vez sobre a mobilização (e não sobre o governo). Alguns meses depois, quando os transgênicos são legalizados, a DN escreve que o "governo brasileiro precisa decidir, urgentemente, se continuará alimentando a voracidade do capital externo ou se passará a olhar para as necessidades do povo do nosso país". Mais importante que as palavras públicas da DN é o grande esforço empregado na Marcha Nacional de maio de 2005: a prática pacifista demonstra a eficácia da ideia de governo em disputa, ou seja, a posição supostamente conciliadora do governo condiciona a posição moderada do MST. Essa marcha é a grande resposta do MST aos adiamentos do governo e à violência do latifúndio. Logo depois, o escândalo do mensalão congestiona a agenda nacional e encobre por meses qualquer reivindicação popular. No início de 2006 (último ano do primeiro mandato de Lula), o editorial da DN enfatiza a continuidade da política neoliberal no governo Lula, e já não há mais traço, neste texto, da ideia de governo em disputa. Isso poderia indicar uma ultrapassagem definitiva da ideia de governo em disputa, justamente quando Lula parece arrasado pelas denúncias do mensalão. Porém, Lula supera o escândalo nas urnas e é reeleito, fazendo retornar a ideia de governo em disputa. Em outubro de 2006, a DN avalia o primeiro mandato de Lula lembrando suas ações mais elitistas, como o aumento do superávit primário (29% em relação a 2005), contudo acrescenta: "Esperamos que o governo Lula se reeleja [...] mas com compromissos e propostas mais claras de mudanças", enquanto os movimentos devem priorizar o trabalho de base e as lutas. No segundo turno, a DN calcula a urgência de impedir uma vitória do PSDB, ponderando como fator decisivo que a luta de classes não depende de governo. No fim do ano, com a reeleição consagrada, o MST volta a falar em "composição de classes" para caracterizar o governo Lula[130].

[130] JST, novembro de 2002, p. 2; JST, dezembro de 2002/janeiro de 2003, p. 2; JST, maio de 2003, p. 2; JST, maio de 2003, p. 2; JST, março de 2004, p. 2; JST, maio de 2004, p. 4-5; JST, junho de 2004, p. 2; JST, novembro de 2004, p. 2; JST, dezembro de 2004/janeiro de 2005, p. 2; JST, março de 2005, p. 2; JST, dezembro de 2005/janeiro de 2006, p. 2; JST, setembro/outubro de 2006, p. 2; JST, novembro de 2006, p. 2; JST, dezembro de 2006, p. 2.

Essa dinâmica se mantém no segundo mandato de Lula. No início de 2008, passados cinco anos de governo Lula, a DN publica editorial intitulado "Um atestado de ignorância do governo". Em 2007 o orçamento do MDA é 10 vezes menor que o do Ministério da Agricultura, e houve "redução de 62% das áreas desapropriadas para fins de Reforma Agrária, em relação ao ano anterior", expondo a "total subordinação [de Lula] ao modelo do agronegócio". Essa linha é reafirmada em agosto de 2008, num editorial intitulado "Governo abandona Reforma Agrária": não é falta de recurso, mas "decisão política que priorizou o agronegócio", como fez FHC. "Já é grave não cumprir a meta [de Reforma Agrária]. [...] Mais grave ainda é mentir que cumpriu". Em agosto de 2009, a DN escreve que a reivindicação de assentar famílias "foi paulatinamente esquecida" e que as áreas destinadas à Reforma Agrária "não alteram a estrutura fundiária". Em 2010, último ano do segundo mandato de Lula, a sensação é de que "provavelmente chegaremos ao fim do governo Lula sem que o governo tenha força e coragem para assinar um simples decreto". Mesmo assim, não surge escapatória ao método já neutralizado de reivindicar conquistas ao Estado. Em maio de 2010, a DN insiste: "devemos continuar pressionando o governo". E, quando se aproximam as eleições de 2010, a DN afirma que os movimentos precisam "apresentar suas demandas ao Parlamento e aos governos, na busca de garantir que a Reforma Agrária seja tratada como prioridade"[131].

Essa é a oscilação nas avaliações da DN. A ideia de disputa ou de composição se esfumaça e retorna, para logo perder a razão e em seguida se repor. Esse apanhado de declarações demonstra a impossibilidade de o MST escapar da força magnética do governo. A ruptura com Lula é inviável, já que a guarida do governo federal é indispensável, mantendo um canal de recursos laterais, com o preço de esvaziar gradativamente o sentido da ação direta massiva. O descaramento do governo é exposto para em seguida o MST reafirmar seu apoio a Lula. Não há negociação efetiva, contudo a única saída é continuar reivindicando. Como diz um dirigente nacional em 2007, é preciso "pressionar o poder público através de nossas ações [...]. Não temos outra alternativa". A "alternativa" seria fazer luta integral contra a burguesia, sem poupar seu encarregado executivo presidencial. A posição se estende ao terceiro mandato do PT: na edição de outubro de 2010, o JST aponta que "não há um candidato que se comprometa em combater o agronegócio" e mesmo assim indica a preferência do MST pela vitória de Dilma Rousseff,

---

[131] JST, janeiro de 2008, p. 2; JST, agosto de 2008, p. 2; JST, agosto de 2009, p. 8-9; JST, janeiro/fevereiro de 2010, p. 2; JST, maio de 2010, p. 2; JST, setembro de 2010, p. 2.

pois o opositor (José Serra, do PSDB) é ameaça de maior criminalização dos movimentos[132]. Essas idas e vindas nas avaliações da DN sobre Lula são uma expressão evidente da eficácia da tática de amortecimento da luta de classes empregada pelo governo federal. Entretanto, isso é apenas uma parte do jogo de posicionamentos.

Paralelamente às interpretações sobre o governo Lula, existe uma segunda e mais importante linha de análises. Como vimos, a DN identifica a emergência de um novo inimigo: a articulação entre latifúndio e capital transnacional, que recebe o nome de agronegócio. Aqui, não há oscilação. As manobras do governo jamais despistaram as leituras da DN desse foco fundamental: um inimigo de classe no campo brasileiro diretamente ligado à ofensiva mundial do capital financeiro. Aqui a lucidez marxista foi decisiva, num país em que a esquerda é cada vez mais tragada pela institucionalização e pelo discurso diluidor sobre direitos humanos. Em inúmeras versões, a ideia de "lutar sempre" é a palavra inegociável do MST de 2003 a 2009. Um traço explícito em quase todos os editoriais da DN é o foco permanente na ação direta, na organização de base e na articulação de classe. Enquanto as interpretações sobre o governo Lula se exprimem na prática de marchas a Brasília e de ocupações de prédios públicos, os princípios intransigentes da organização popular e da ação direta voltados à luta de classes se concretizam nas lutas contra latifúndios e transnacionais, assim como – em menor medida – nas ocupações de pedágios. A maior expressão desse impulso constante ao enfrentamento foi a decisão de ocupar áreas produtivas do agronegócio, que vimos explicitada em torno da ação contra a Veracel em 2004. Enquanto oscilam as posições sobre Lula, a DN sustenta firmemente a oposição ao Capital. Não estava dada a resultante desse cruzamento de fragilidade e densidade.

Quais os elos entre as duas linhas? Quais as ligações entre a postura oscilante em relação ao governo petista e a posição intransigente sobre o Capital? A ideia de governo dividido, em disputa ou de composição é parte de um mecanismo amortecedor, como percebe Gilmar Mauro, da DN: "Lula fez programas de amortecimento da luta de classes, e creio que Dilma irá dar continuidade a esse processo". O mecanismo é perceptível para a DN desde 2003. "Toda esperança é posta na ação governamental e qualquer iniciativa de pressão popular é vista como oposição a este

---

[132] JST, janeiro de 2007, p. 4-5; JST, outubro de 2010 apud SILVA, Diógenes Luiz da. **Do latifúndio ao agronegócio:** os adversários do MST no *Jornal Sem Terra*. 2013. Dissertação (Mestrado em Ciências Sociais em Desenvolvimento, Agricultura e Sociedade) – Universidade Federal Rural do Rio de Janeiro, Rio de Janeiro, 2013, p. 147.

governo". Mesmo perante um governo sem projeto para a classe trabalhadora e que apresenta um fiasco de Reforma Agrária, "nós, dos movimentos sociais, ficamos amarrados"[133].

O amortecimento promovido pelo governo Lula é apenas parte de uma manobra maior executada pela classe dominante brasileira. Aqui é preciso lembrar que os anos anteriores à eleição de Lula foram de amplas rebeliões populares na América Latina. Na Venezuela, no Equador e na Bolívia, os governos de esquerda são produto de vigorosas lutas. Já o governo Lula se elege sem o impulso da revolta popular massiva. No final dos anos 1990 e começo dos anos 2000, esse tipo de revolta massiva contra o neoliberalismo se avizinha, mas não contagia o Brasil. Em 2004, João Pedro Stédile, da DN, interpreta a eleição de Lula em termos de uma motivação de classe em escala continental.

> No desespero da ameaça da crise argentina, parte das elites brasileiras aceitou a possibilidade de mudança e fez uma aliança com a alternativa Lula. [...] Fizeram uma aliança para não perder os dedos, e para seguir influindo nas políticas públicas no rumo do neoliberalismo[134].

Numa avaliação publicada no final de 2006, a DN afirma que "a burguesia assimilou o PT", investindo milhões na campanha de Lula. A tática de enfrentamento usada na Venezuela e na Bolívia é substituída no Brasil por uma aparente tática de composição. Uma vez instalado no palácio, Lula aciona programas assistencialistas para criar sua base social, tornando-se capaz de se reeleger após a crise política de 2005 (o mensalão)[135]. Segundo essa leitura, a competência de Lula nas conciliações é apenas um fator da necessidade burguesa de conceder vaga a Lula, para que este assuma posição de instrumento de amortecimento da luta de classes, num caldo ameaçador de rebelião contra o neoliberalismo na América Latina. Abrindo uma vaga a Lula, a burguesia se antecipa às revoltas que percorrem o continente, obrigando o MST a se ajustar à nova tática, que torna inatacável o governo federal. A burguesia assimila Lula, que tende a tragar o MST.

As oscilações do discurso da DN sobre Lula podem ser entendidas, em parte, como uma resposta astuta a essa situação. A manobra burguesa provoca uma contramanobra proletária. Ao se aliar a Lula, o MST cai no jogo

---

[133] JST, maio de 2003, p. 2; JST, junho de 2004, p. 2; JST, dezembro de 2004/janeiro de 2005, p. 4-5; JST, janeiro de 2011, p. 10.

[134] STÉDILE, João Pedro. **Os Desafios Atuais da Esquerda Brasileira** (documento interno). 2004.

[135] JST, dezembro de 2006, p. 2.

burguês de amortecimento. Ao deflagrar lutas contra latifúndios e multinacionais sem romper com Lula, o MST procura criar um jogo dentro do jogo: mantém os poucos recursos que o Movimento recebia para assentamentos e projetos, criando uma guarida mínima para realizar intensificar ocupações. Com Lula no palácio e transnacionais nos campos, o MST se beneficia da relação com o governo ao ser poupado de ataques da polícia federal[136] e receber recursos de projetos e programas sociais. O Movimento entra na onda do amortecimento para tentar dar impulso às lutas contra latifúndios e grandes empresas. Se rompesse com Lula, o MST se tornaria alvo fácil para todos os ramos da burguesia. Aquela guarida forneceu parte da força para suportar ataques localizados da polícia militar, de milícias e de jagunços, processos do judiciário, várias CPMIs do Congresso e a demonização promovida pela mídia. Manter aliança com o governo federal e concentrar ações sobre latifúndio e transnacionais foi a contramanobra do MST num período terrivelmente desfavorável para o engajamento na luta de classes.

Ainda que as ações de enfrentamento ao Capital realizadas pelo MST tenham sido minoritárias em relação às lutas moderadas, aquelas ações radicais poderiam ter sido um eixo prático que aproveitaria a aliança com o governo Lula como um apoio tático, complementar ao impulso de radicalização observado a partir de 2006. Nesse sentido, as oscilações sobre o governo Lula não seriam incoerência, mas um aproveitamento de condições concretas proibitivas. Entretanto, essa contramanobra só realizaria seu potencial revolucionário se fosse acompanhada de revolta popular massiva e de articulação combativa de classe. Esses dois fatores permanecem ausentes, como vimos, e por isso a tática burguesa de amortecimento sai vitoriosa, gradativamente transformando o apoio tático em vínculo prioritário, ou seja, enraizando efetivamente o MST na órbita institucional liderada pelo PT.

* * *

Como ensinam os Sem Terra, a estrutura fundiária é violenta em si mesma[137]. É uma violência estrutural inscrita na própria organização da posse da terra. Enquanto as medidas compensatórias do governo federal

---

[136] Segundo Gilmar Mauro, o MST recebe tratamento "completamente diferente" de Lula, em comparação com FHC: Lula "dialoga conosco e não trata os Sem Terra como caso de polícia" (JST, maio de 2004, p. 4-5). Cinco anos depois, diz Jaime Amorim, dirigente do MST em Pernambuco, que os governos progressistas no Nordeste não mudam a vida do povo economicamente (em termos estruturais), mas a violência institucional diminui (JST, setembro de 2009, p. 4-5).

[137] STÉDILE, João Pedro; GÖRGEN, Frei Sérgio. **A Luta Pela Terra no Brasil**. São Paulo: Scritta, 1993.

ganham enorme visibilidade, a violência estrutural permanece oculta. Essa é a chave para entender o caráter violento do governo Lula, compatível com a imagem de harmonização do lulismo. Seu *modus operandi* é de amenizar com medidas focalizadas de alta visibilidade e violentar com medidas estruturantes. As manobras de Lula em relação a movimentos sociais são apenas uma pequena parte de suas ações no campo. Muito mais grave é sua política fundiária, com elevadíssimo poder de devastação social e ambiental. Os ataques que frações da burguesia dirigem aos movimentos sociais não podem ser confundidos com a violência encarnada na própria estrutura fundiária, da qual o Estado é zelador. Trata-se de distinguir agressão conjuntural e violência estrutural.

Os termos mais elementares da violência fundiária cometida pelo governo Lula podem ser encontrados em algumas medidas administrativas decisivas: o II Plano Nacional de Reforma Agrária (II PNRA), os índices de produtividade e as medidas provisórias (MP) de legalização dos transgênicos e da grilagem. Lula legaliza temporariamente os transgênicos com a MP 131, editada em 25 de setembro de 2003 e transformada na Lei n.º 10.814, de 15 de dezembro de 2003. Em 4 de março de 2005, o Congresso libera definitivamente o plantio e comércio de transgênicos, por meio de uma lei que não foi vetada por Lula, cinicamente intitulada de Lei de Biossegurança[138]. De acordo com Ariovaldo Oliveira, o II PNRA acabou em 2006 e foi atingida apenas 37% da meta de assentamentos novos estipulada pelo próprio governo federal. Além de divulgar números enganosos de famílias assentadas, o governo Lula sequer elaborou um III PNRA, fazendo a Reforma Agrária desaparecer da pauta do governo federal[139]. Segundo Alentejano e Silva, a atualização dos índices de produtividade é reivindicação central do MST e seu adiamento não só dificulta a desapropriação de terras no Brasil, sobretudo no Centro-Sul, como também favorece a concentração dos assentamentos na Amazônia, em harmonia com a expansão da fronteira agrícola, muito mais barata para o governo, dada a grande concentração de terras públicas

---

[138] JST, março de 2005, p. 3.

[139] OLIVEIRA, Ariovaldo Umbelino de. Os posseiros voltam a assumir o protagonismo da luta camponesa pela terra no Brasil. *In:* CPT. **Conflitos no Campo Brasil 2010**. Goiânia: CPT, 2011. p. 55-56; ALENTEJANO, Paulo; SILVA, Tiago Lucas Alves da. Ocupações, acampamentos e assentamentos: o descompasso entre a luta pela terra e a política agrária do Governo Lula. *In:* CPT. **Conflitos no Campo – Brasil 2007**. Goiânia: CPT Nacional, 2008. p. 82; OLIVEIRA, Ariovaldo Umbelino de. O governo Lula assumiu a contrarreforma agrária: a violência do agrobanditismo continua. *In:* CPT. **Conflitos no Campo – Brasil 2008**. Goiânia: CPT Nacional, 2009. p. 68; PORTO-GONÇALVES, Carlos Walter; CHUVA, Luiza. A oligarquia fazendo justiça com as próprias mãos (a geografia da violência no campo brasileiro 2007). *In:* CPT. **Conflitos no Campo – Brasil 2007**. Goiânia: CPT Nacional, 2008. p. 143.

na Amazônia. A omissão de Lula em atualizar o índice se agrava com o fato de que essa medida "não necessita de votação dos deputados e senadores"[140]. Em 2008 e 2009, a posição do governo Lula atesta um agravamento com as MPs 422 e 458, sancionadas pelo presidente como as leis 11.763 (de agosto de 2008) e 11.952 (de junho de 2009), respectivamente. Ambas funcionam como a legalização da grilagem de terras, de acordo com aqueles autores. Mais especificamente, elas adotam a regularização fundiária como política pública em substituição à Reforma Agrária, nos termos de Ariovaldo de Oliveira[141]. Em outras palavras, com as duas MPs, "mais de 67 milhões de hectares de terras públicas foram disponibilizadas já não mais simplesmente para assentamentos, mas diretamente para os grileiros"[142]. Lula transforma grileiros de terras públicas de até 1500 hectares em "falsos posseiros", enquanto o Incra passa a dar tratamento preferencial à ação ilegal de legalização das terras dos grileiros, numa "grande operação de caráter político visando entregar o patrimônio público para o agrobanditismo da Amazônia"[143]. Ainda segundo Oliveira, a lei de 2009 amplia "as possibilidades de regularização da grilagem da terra pública rural e urbana na Amazônia Legal", sob pretexto de que a grilagem regularizada desmatará menos – e, em janeiro de 2010, verifica-se que o desmatamento na Amazônia Legal é 26% maior em relação a janeiro de 2009[144]. Os próprios funcionários do Incra denunciam que são obrigados a criar "assentamentos laranjas" devido a ordens de "superiores"[145]. Enfim, nunca é demais lembrar as palavras do próprio Lula, no ano 2000:

> Não se justifica num país, por maior que seja, ter alguém com 30 mil alqueires de terra! Dois milhões de hectares de terra! Isso não tem justificativa em nenhum país do mundo! Só no Brasil. Porque temos um presidente covarde, que fica na dependência de contemplar uma bancada ruralista a troco de alguns votos[146].

---

[140] ALENTEJANO; SILVA, 2008, p. 84.

[141] OLIVEIRA, 2009, p. 68-69.

[142] PORTO-GONÇALVES, Carlos Walter; ALENTEJANO, Paulo Roberto Raposo. A violência do latifúndio moderno-colonial e do agronegócio nos últimos 25 anos. *In:* CPT. **Conflitos no campo Brasil 2009**. São Paulo: Expressão Popular, 2010. p. 115.

[143] OLIVEIRA, 2009, p. 70.

[144] OLIVEIRA, Ariovaldo Umbelino de. A MP 458 e a contrarreforma agrária na Amazônia. *In:* CPT. **Conflitos no campo Brasil 2009**. São Paulo: Expressão Popular, 2010. p. 18-20. Nesse artigo, encontram-se detalhes sobre a ligação entre madeireiros e grileiros de um lado e de outro funcionários do Incra (tanto de baixo escalão quanto da direção nacional), a governadora petista do Pará e políticos petistas da DS (Democracia Socialista, uma tendência do PT).

[145] ALENTEJANO; SILVA, 2008, p. 82.

[146] Luiz Inácio Lula da Silva. **Revista Caros Amigos**, nov. 2000 *apud* OLIVEIRA, 2010, p. 18.

> Se um dia eu for presidente da República do Brasil e puder fazer apenas uma única coisa, podem ter a certeza que essa coisa será a reforma agrária[147].

Esses termos básicos devem ser situados num quadro político, que – segundo Ariovaldo de Oliveira – pode ser chamado de contrarreforma agrária, centrada na legalização da grilagem na Amazônia Legal, "a marca principal do segundo mandato". As MPs 422 e 458 significam a "consolidação da contrarreforma agrária do governo petista no segundo mandato". A política fundiária de Lula "foi marcada por dois princípios: não fazê-la nas áreas de domínio do agronegócio e fazê-la apenas nas áreas onde ela pudesse 'ajudar' o agronegócio", tornando a Reforma Agrária "definitivamente acoplada à expansão do agronegócio no Brasil"[148]. Mesmo as áreas desapropriadas para a Reforma Agrária se somam a essa política. A defasagem no repasse de recursos gera assentamentos precarizados, que então tendem a se tornar parte da contrarreforma. Os mais de 35 milhões de hectares conquistados como assentamentos da Reforma Agrária "acabam se destinando a uma política de contrarreforma agrária, na medida em que a sua precariedade é a condição de seu funcionamento enquanto fonte de mão de obra barata a serviço do capital"[149].

Segundo Porto-Gonçalves e Alentejano, existe um "descolamento espacial entre ocupações de terra e assentamentos", praticado pelo governo federal desde os anos 1990. Essa lógica de contraposição entre colonização e Reforma Agrária remonta a Vargas e ganha consistência na ditadura entre 1964 e 1985. FHC cria uma fachada de atendimento à pressão social pela Reforma Agrária criando assentamentos na Amazônia Legal[150]. Com movimentos sociais concentrando ocupações e acampamentos no Nordeste e no Centro-Sul, "onde a grande propriedade fundiária se encontra mais estabelecida, assistimos uma dupla resposta do Estado brasileiro" no período Lula: despejos judiciais nessas duas regiões e multiplicação dos assentamentos na Amazônia. Em outras palavras, reprime a organização

---

[147] Promessa de Lula no IV Congresso Nacional do MST, Brasília, 2000 *apud* ALENTEJANO; SILVA, 2008, p. 85.

[148] OLIVEIRA, 2009, p. 68-70; OLIVEIRA, 2011, p. 56.

[149] PORTO-GONÇALVES, Carlos Walter; ALENTEJANO, Paulo Roberto Raposo. A contrarreforma agrária na lei e na marra – a expansão do agronegócio e a reconfiguração da questão agrária no Brasil. *In*: CPT. **Conflitos no Campo Brasil 2010**. Goiânia: CPT, 2011. p. 113.

[150] Segundo Porto-Gonçalves e Paulo Roberto Raposo Alentejano, a divisão do Brasil em três grandes regiões ou complexos geoeconômicos representa melhor a dinâmica recente do capitalismo brasileiro. Os estados ficam assim agrupados: Amazônia Legal (AC, AM, AP, MA, MT, PA, RO, RR e TO); Nordeste (PI, CE, RN, PB, PE, AL, SE e BA); Centro-Sul (GO, DF, MS, SP, MG, ES, RJ, PR, SC e RS). Cf. PORTO-GONÇALVES; ALENTEJANO, 2010, p. 111.

popular no Nordeste e no Centro-Sul e abre fronteira para o agronegócio na Amazônia Legal[151]. Dados de 2007 confirmam essa "tendência de longo prazo", que se mostra como

> [...] a concentração no Centro-Sul e secundariamente no Nordeste das ações dos movimentos sociais rurais. Por oposição, [...] os assentamentos têm se concentrado na Amazônia, caracterizando o que denominamos de descolamento geográfico entre a luta pela terra e a política de reforma agrária[152].

Isso faz da Amazônia Legal o lugar "privilegiado da barbárie no campo brasileiro"[153]. A expansão dos plantios de cana-de-açúcar na região Sul-Sudeste, em particular no estado de São Paulo, faz aumentar o preço das terras nessa região e, com isso, reforça-se a tendência de as monoculturas se expandirem para a região Centro-Oeste e para o sul da região Norte, que são territórios privilegiados pelo Capital, pois têm muita disponibilidade de terras, fraca presença do Estado e resistência social mais diluída[154].

Esse "descolamento espacial" se desdobra numa diferenciação geográfica da violência. Como demonstram Porto-Gonçalves e Alentejano, a violência é muito maior na Amazônia Legal e nos estados do Centro-Sul situados mais ao norte (MS, GO e DF). O índice de conflitos do Mato Grosso é dez vezes maior que o do Rio Grande do Sul, para destacar dois exemplos extremos. A violência existe e não é pequena em São Paulo, Paraná, Rio Grande do Sul e outros estados. Contudo, trata-se de outro patamar de violência, pois a grande fronteira de expansão do agronegócio está ao norte do Brasil, ao mesmo tempo que o grau de organização popular é menor nessa região. É o que os autores chamam de "diferenciação regional da violência". As ocupações de terra predominam na região Centro-Sul (com 47%, ficando 38% no Nordeste e 15% na Amazônia Legal). A violência do poder privado predomina na Amazônia Legal com 63% dos assassinatos, ficando o Centro--Sul e o Nordeste com 19% e 18%, respectivamente. Isso fica bem nítido na comparação entre expulsões (sem ordem judicial e com base exclusivamente na força) e despejos (com mediação do Estado). A expulsão de famílias é maior na Amazônia Legal (com 39%, ficando o Nordeste com 33% e o Centro-Sul com 28%), enquanto os despejos se concentram no Centro-Sul (com 47%,

---
[151] *Ibidem*, p. 115.
[152] ALENTEJANO; SILVA, 2008, p. 82.
[153] OLIVEIRA, 2010, p. 25.
[154] CARVALHO, Horácio Martins de. Resistência social contra a expansão das monoculturas. *In*: CPT. **Conflitos no Campo – Brasil 2007**. Goiânia: CPT Nacional, 2008. p. 37-38.

ficando o Nordeste com 29% e a Amazônia com 24%). Esse descolamento dicotômico entre violência privada e estatal não se confirma no caso das prisões (feitas pelo Estado), que se concentram na Amazônia (com 52%, ficando o Centro-Sul com 34% e o Nordeste com 14%). Onde os movimentos sociais rurais são mais organizados, como no Centro-Sul, a violência privada se inibe e a repressão estatal é relativamente mais ativa. Na Amazônia Legal, onde é mais frágil a organização popular, a violência direta do poder privado é maior, somada a ações mais arbitrárias do poder público, "como indica o número de pessoas presas na região (52% do total do país)" e a ocorrência dos "dois maiores massacres que envolveram a atuação de forças policiais": Corumbiara, em Rondônia, 1995, e Eldorado dos Carajás, no Pará, 1996. O descolamento político entre ocupações e assentamentos se desdobra numa distribuição desigual e combinada da violência[155].

A estrutura fundiária politicamente perpetuada é o suporte da naturalização da violência, que deve ser considerada na interpretação dos números da violência no campo. Quero dizer que toda vez que o número de mortes, prisões e despejos cai, essa queda ocorre num patamar estrutural que transcende essa queda. Nesse sentido, quando houve uma importante queda de 39 para 28 casos de assassinato no campo, de 2006 para 2007, Porto-Gonçalves e Chuva afirmam que "somente um país que naturalizou a violência [...] pode estar satisfeito com esses números". Em 2008 o número de conflitos no campo cai 23% e Porto-Gonçalves insiste em que, nesse mesmo ano, 1.376 pessoas por dia são envolvidas em conflitos agrários, 25 famílias por dia são despejadas, 5 famílias por dia são expulsas e a cada 13 dias uma pessoa é assassinada. Na mesma direção, Ariovaldo Oliveira observa que o número de pessoas envolvidas em conflitos continua elevado em 2008 e fica acima dos indicadores do início dessa década, ou seja, 502.390 pessoas. Além disso, enquanto cai o número de conflitos de terra, aumenta o número de conflitos ligados ao trabalho escravo. E ainda que o conjunto dos conflitos diminua, o número de pessoas assassinadas permanece basicamente inalterado em 2008[156]. A naturalização da violência é pré-requisito estrutural para as ideias de harmonia social e pacificação associadas ao governo Lula.

* * *

---

[155] PORTO-GONÇALVES; ALENTEJANO, 2010, p. 111-114; PORTO-GONÇALVES; CHUVA, 2008, p. 144.
[156] *Ibidem*, p. 143; PORTO-GONÇALVES, Carlos Walter. Acumulação e expropriação – geografia da violência no campo brasileiro em 2008. *In:* CPT. **Conflitos no Campo – Brasil 2008**. Goiânia: CPT Nacional, 2009, p. 101-102. OLIVEIRA, 2009. p. 62.

Em 2003-2009, ocorre uma articulação relativamente descentralizada entre diferentes linhas de ataque. Executivo, legislativo e judiciário federais, polícias estaduais e grupos armados privados atuam com determinação, mesmo que sem comando central. Ainda que o governo federal seja o agente individual mais poderoso, a manobra burguesa depende de uma articulação entre diversos poderes estatais e entre diversas instâncias (federais, estaduais e locais), liderados pelas grandes empresas e escoltados pelo poder midiático, sobretudo a Globo e a Veja. A descentralização das ações é plenamente compatível com o interesse unificado de classe: desativar sem escândalo o ímpeto dos movimentos sociais.

Não se trata apenas de ataques e programas sociais compensatórios. O quadro não é meramente de repressão, convênios e acomodação. A questão não é se o bolsa-família foi decisivo ou se houve uma efetiva diminuição da desigualdade social. Esses são fatores parciais e conjunturais. O mecanismo de repressão e compensação existe e é eficaz, mas é complementar à violência estrutural atualizada. Além disso, não se trata só de conjuntura e estrutura. Os fatores mais dinâmicos e politicamente férteis de todo esse processo são as manobras burguesas e as contramanobras proletárias (incluindo toda a ousadia concretizada em ação e método), ambas muito engenhosas e inseminadas de fortes possibilidades, cujo resultado a cada momento era verdadeiramente imprevisível, podendo estilhaçar conjunturas e abalar estruturas – como aconteceu no Equador e na Bolívia, por exemplo. Por fim, decisões subjetivas jamais são reflexo imediato de forças conjunturais e estruturais. Sempre existe margem para a decisão de lutar. Essa margem foi especialmente alargada em 2008-2009 e as massas não se revoltaram. É preciso ultrapassar as interrogações imediatistas e montar um conjunto pertinente que englobe e exponha o sentido das forças parciais acionadas em 2003-2009.

Escrevo em 2019, quando a ideia de "Lula Livre" mantém uma perturbadora vitalidade, ao mesmo tempo que outros importantes grupos insistem em apostar na via eleitoral. Isso me leva a anotar que um desdobramento daquele mecanismo conjuntural de repressão e compensação está no âmbito da construção da imagem do regime liderado por Lula. Uma das grandes façanhas da burguesia foi usar os escombros do PT para quebrar o MST por dentro, somando meios de repressão, isolamento, exaustão e compensação, com um tipo de derramamento de sangue que aparece como moderado, quase pacífico. A descentralização dos recursos de neutralização serve para eximir Lula de responsabilidade direta pela queda dos movimentos sociais, que decaem sem alarde. Porém, mais uma vez, a imagem não se sustentaria sem a violência estrutural: o medo e a impotência ativados pela estrutura fundiária tornam as pessoas suscetíveis ao discurso sobre os melhoramentos propiciados pelo regime lulista. Consolidada a neutralização dos movimentos sociais, as pessoas ficam sem instrumentos políticos de defesa e afirmação. Isso acarreta o pavor e a paralisia que são uma chave crucial de leitura do dado de que Lula terminou seu segundo mandato com 87% de popularidade[157].

Afirmei antes que causalidade e imediatismo não correspondem à dinâmica de enfrentamento em seu conjunto. A conjuntura importa, mas é apenas uma dimensão. O simples cômputo da repressão e da compensação negligencia a violência estrutural. O mero cálculo das forças ignora os potenciais da contramanobra proletária, que estão muito vivos de 2003 a 2009. Dito isso, falta analisar um dos nervos centrais de toda essa questão: os vínculos emancipatórios. Do ponto de vista de classe, o problema fundamental do MST nesse período não é o esvaziamento dos acampamentos, a diminuição das ocupações ou o aumento dos recursos financeiros. Como veremos no próximo capítulo, o núcleo daquilo que conjunturalmente é a neutralização dos movimentos sociais está na dissolução dos vínculos emancipatórios. Na conjuntura, movimentos podem ser neutralizados. Num nível mais profundo, são os caminhos dos vínculos de emancipação que contam. E, como veremos no último capítulo, a própria ideia de emancipação fica mortalmente restrita à dimensão de classe.

---

[157] LULA bate recorde de popularidade, indica pesquisa CNT/Census. **BBC Brasil**, 29 dez. 2010.

5

dissolução de vínculos emancipatórios

O esgotamento das lutas do MST com a escala, intensidade e variedade dos anos 2003-2009 é reconhecido pela própria DN, como se vê nas análises de dirigentes nacionais como Ademar Bogo e Gilmar Mauro. Em 2010, Bogo considera não só as eleições como as próprias ocupações como táticas esvaziadas, "seja pelo seu enfraquecimento ou por sua domesticação. [...] já faz algum tempo que ocupar latifúndios não ataca mais diretamente o capital, e as disputas eleitorais não ameaçam a propriedade nem o Estado". As táticas se tornam "fórmulas, absorvidas pela força contrária que, em certos casos, principalmente nas disputas eleitorais, nos coloca não só como força aliada, mas também como força auxiliar da classe burguesa, na implementação do projeto do capital". A força de combate se torna "força de conciliação. A confusão de que, em certas questões, somos inimigos e em outras somos aliados leva a ignorar profundamente a natureza, a ideologia e os interesses da classe dominante". Ele conclui dizendo que é preciso "rearticular as táticas" para elevar a qualidade das disputas[158]. Em 2011, Gilmar Mauro entende que a geração de emprego promovida por Lula afeta muitos trabalhadores que antes tinham interesse na Reforma Agrária: "no último período há uma diminuição no número de ocupações" e "uma parcela dos trabalhadores já não quer mais a terra e a Reforma Agrária como alternativa, [pois] encontra outras formas de conseguir seu trabalho", o que leva ao "desafio de ressignificar a Reforma Agrária". Revolução como projeto da classe não se sustenta sem "capacidade de dialogar com o conjunto da classe trabalhadora [...]. Nós sozinhos não vamos a lugar nenhum". Nesse texto de Mauro, temos a ligação entre a diminuição das ocupações e a nova ênfase dada pela DN aos assentamentos como meio de "construir o poder local": um "movimento que não responde às necessidades de sua base perde o sentido de ser. Temos que lutar para que em nossos assentamentos haja uma elevação da produção". Agora, os assentados aparecem como a

---
[158] JST, julho de 2009, p. 3.

base principal do MST e coloca-se uma distância qualitativamente nova entre produção e luta: "Acredito não ser um tempo de lutas massivas. [...] A nossa pressa não apressa a história"[159].

Afirmar o esgotamento ou a neutralização das lutas do MST do modo como se apresentam nos anos 2003-2009 é diferente de dizer que não há mais luta. Podemos certamente verificar a existência de lutas do MST, dos movimentos do campo e da cidade ao longo dos anos 2010[160]. A compreensão da qualidade das lutas na etapa posterior a 2009 exige estudo específico, que não farei aqui. Apenas insisto: a partir de outubro de 2009, houve um corte na escala, na intensidade e na variedade das lutas tais como travadas nos anos 2003-2009. Esse corte nas ações diretas é parte de uma transformação qualitativa que pode ser entendida como dissolução de vínculos emancipatórios.

***

Não é preciso um grande esforço de interpretação para identificar sinais da ruptura dos vínculos emancipatórios. Os próprios termos explícitos e públicos do projeto de Reforma Agrária Popular (RAP) escancaram a sua diferença qualitativa. Vou me basear numa competente tese de doutorado, defendida em 2017 e publicada em 2019 pela editora Expressão Popular (que tem respaldo da DN do MST). Ela foi escrita por Adalberto Martins, um dirigente Sem Terra que atua no setor de produção desde os anos 1980. Segundo ele, nos anos 2000 o MST não consegue forçar a realização da Reforma Agrária e o agronegócio não consegue destruir o MST, gerando um impasse que exige uma nova proposta[161]. O projeto de RAP "não era uma opção política, mas uma determinação da realidade, uma exigência do enfrentamento político no atual estágio da luta de classes no campo"[162]. A

---

[159] JST, janeiro de 2011, p. 10. Essa percepção é senso comum dentro do MST. Por volta de 2004, eu escutava pessoas do movimento dizendo nos bastidores: "destruíram o PT; o MST é o próximo". Um dirigente Sem Terra dizia com tranquilidade, por volta de 2005, que o MST não era mais uma força social, mas que poderia se manter como força moral, no sentido de apontar o caminho. Em outra ocasião, encerrado um mutirão de massificação, um militante avalia que "não dá para fazer muita coisa [grande luta] com 700 famílias".

[160] MISNEROVICZ, José Valdir. **A territorialização do capital e os novos sujeitos da questão agrária brasileira na contemporaneidade**. 2015. Dissertação (Mestrado em Geografia) – Instituto de Estudos Socioambientais, Universidade Federal de Goiás, Goiânia, 2015, p. 124-127.

[161] MARTINS, Adalberto Floriano Greco. **A produção ecológica de arroz nos assentamentos da região metropolitana de Porto Alegre**: apropriação do espaço geográfico como território de resistência ativa e emancipação. 2017. Tese (Doutorado em Geografia) – Instituto de Geociências, Universidade Federal do Rio Grande do Sul, Porto Alegre, 2017, p. 96.

[162] *Ibidem*, p. 103.

conquista de um assentamento não é garantia de estabilidade, mas apenas a abertura de uma "acirrada e desproporcional disputa no terreno político, ideológico e econômico". A ideia de RAP vem reagir a essa desproporção, propiciando que a produção diversificada, agroecológica e familiar prevaleça sobre a monocultura agrotóxica para exportação. Como todas as decisões do MST, ela combina ideais políticos com pragmatismo:

> Evidenciou-se então que, reproduzir nos assentamentos a lógica dominante da produção de *commodities* não faria sentido e desqualificaria a reforma agrária, visto a maior eficiência do agronegócio neste modelo agrícola. A função social da terra deveria ser recolocada, iluminando a dimensão produtiva das famílias assentadas. A produção de alimentos, a soberania alimentar e a agroecologia tornaram-se temas centrais[163].

> Ficou evidente que, onde as famílias assentadas adotaram o modelo agrícola do agronegócio como sua estratégia de reprodução social, o MST perdeu força e o agronegócio é que passou a dar a direção e o rumo ao desenvolvimento local [.] [...] [O] restabelecimento dos assentamentos como força política para o projeto popular no campo, passava prioritariamente pelo controle da dimensão econômico-produtiva. Sem esta força econômica, dificilmente o MST influiria no rumo político e na vida real dos assentamentos[164].

Motivado pelos debates do V Congresso Nacional de junho de 2007, o XIV Encontro Estadual do MST gaúcho em 2009 define o objetivo de fazer dos assentamentos uma força política regional, entendida como "a capacidade de disputar o poder", ou seja, dar rumo a um "projeto de desenvolvimento da agricultura e da vida no campo; assim como influir na sociedade local e regional, com a disputa pela hegemonia política e ideológica". Para isso, seria preciso fortalecer "o trabalho organizativo da produção dentro dos assentamentos"[165].

A decisão geral se desdobra numa série de medidas. Mais que formalidade, a criação de entidade legal deve efetivamente ajudar "a solucionar os problemas produtivos e comerciais das famílias assentadas", coordenando preferencialmente toda a cadeia produtiva e comercial. A organização de base não desaparece, mas se transforma: considerando que "dificilmente seriam mantidos os núcleos de base", surge uma estrutura de "grupos de produção,

---

[163] *Ibidem*, p. 97.
[164] *Ibidem*, p. 98.
[165] *Ibidem*, p. 97-98.

grupos gestores regionais, grupos de certificação", mantendo "o princípio da participação da família nos processos decisórios" e "a capacidade de pautar os temas políticos mais gerais", para além dos negócios das cooperativas. Os grupos de base têm um "enfoque produtivo", sem deixar de "debater e definir os rumos do MST". As lutas continuam sendo necessárias, só que de outro modo, pois o "processo de organização da produção em médio prazo não envolveria toda a base social assentada do MST", obrigando a continuidade de "lutas reivindicatórias de caráter massivo", sendo que agora o seu "eixo seria a melhoria da infraestrutura social básica nos assentamentos". Em 2014, mais de 3500 famílias recebem mensalmente alimentos ecológicos, por meio do comitê gestor do programa de aquisição de alimentos (PAA) na região metropolitana de Porto Alegre, numa articulação entre entidades urbanas e camponesas (como Movimento de Pequenos Agricultores, Movimento de Atingidos por Barragens e Movimento de Mulheres Camponesas, além do MST) que propicia em 2013 "diversas manifestações em defesa do PAA organizadas pelos moradores dos bairros de Porto Alegre e pelos camponeses da região metropolitana", como uma ocupação do Ministério da Fazenda[166]. A pauta de reivindicações é alterada. Entendendo que "os instrumentos econômicos sobreviveriam pouco tempo num mercado capitalista, onde operam corporações transnacionais que monopolizam os mercados", é preciso que a luta política gere políticas públicas, "criando uma cunha nestes mercados capitalistas, abrigando e protegendo as experiências econômicas populares", como realmente se deu com o PAA e o programa nacional de alimentação escolar (PNAE)[167]. Isso implica uma mudança no peso do crédito como reivindicação:

> [...] experiências do MST Gaúcho já indicavam que o fator principal que colocava os agricultores a produzir não era o crédito agrícola. O crédito não organizava a produção pois quem a organizava era o mercado. Já estava sedimentada a ideia de que o crédito teria função se a produção estivesse organizada, mas seria o mercado, sobretudo o mercado institucional, através do PAA e do PNAE, que colocaria as famílias assentadas a produzirem, dando-lhes garantias de venda da produção[168].

A realização da proposta está intimamente ligada à vitória eleitoral do PT. O plano fica travado enquanto o PSBD governa o RS, mas flui quando o PT assume o governo estadual em 2011. "As tratativas entre as três partes,

---
[166] *Ibidem*, p. 107.
[167] *Ibidem*, p. 101-102.
[168] *Ibidem*, p. 100.

BNDES, governo estadual [petista] e MST, duraram todo o ano de 2011" e o MST gaúcho recebe 60 milhões de reais de 2012 a 2014[169]. Quando o PMDB assume o governo estadual em 2015, o programa trava. O MST tenta levar o plano ao governo federal em 2015 e, quando ele estava sendo finalizado, o governo Dilma foi derrubado[170]. Finalmente, outra implicação da realização da RAP no Rio Grande do Sul é "a mudança no perfil de liderança no MST", que não é mais de "agitação e de propaganda" nem de se afirmar perante a base ao "trazer conquistas". Essa lógica "estava encerrada. O acesso às conquistas e as políticas públicas estavam cada vez mais restrito e estas conquistas viriam através da organização da produção". Daí surge um novo perfil de liderança, "inserida no processo produtivo, organizado em grupos de produtores [...]. Aquela liderança que estivesse fora deste perfil não atuaria politicamente"[171].

Ainda seguindo o estudo de Martins, a "crise na massificação" redireciona a luta do MST para "tese dos assentamentos como força política", realizando "pressões políticas que obrigaram o governo estadual a criar programas públicos" para as cooperativas do MST gaúcho. Como intervenção política na matriz produtiva e tecnológica, o modelo agroecológico é meio de se contrapor ao avanço do agronegócio dentro de assentamentos do MST. Tudo isso indica uma capacidade de "desenvolver uma prática político-organizativa", com "organização, luta, consciência e modos de produção que afirmam uma nova postura ético-política. É esta a resistência camponesa das famílias assentadas no Rio Grande do Sul". Portanto, para além da produção agrícola, assumir "a prevalência da dimensão econômico-produtiva da vida social dos assentados" está ligado à compreensão do assentamento como "totalidade social, onde todas as dimensões da vida estão postas, combinando [...] uma enorme amplitude para o trabalho político"[172].

É evidente o abismo entre o tempo da RAP e o período em que 4 mil pessoas saíam de um encontro de agroecologia em marcha para queimar uma plantação de transgênicos. Entretanto, evidências podem ser muito enganadoras se não forem ponderadas. A opção pela Reforma Agrária Popular não deve ser menosprezada. Ela resiste aos dois principais caminhos impostos aos assentamentos: a integração ao agronegócio e a precarização. O terceiro trajeto aproveitado pela RAP coloca uma alternativa efetiva,

---

[169] *Ibidem*, p. 103; 106.
[170] *Ibidem*, p. 109.
[171] *Ibidem*, p. 101.
[172] *Ibidem*, p. 98; 111.

que a distingue nitidamente do destrutivo modelo agrícola predominante. A partir de 2016, com a escalada de agrotóxicos e queimadas, ficam ainda mais expressivas as virtudes dessa nova trilha do MST. Essa novidade exige periodização e avaliação específicas, sobre o conjunto dos assentamentos do MST em todo o Brasil, o que ultrapassa o limite deste meu estudo. Mas os termos da tese de Martins são suficientes para identificar uma nítida ruptura com o MST anterior ao marco de 2009. Essa ruptura não implica despolitização completa, uma vez que existe disputa com o agronegócio em termos definidos pela direção autônoma, organização de base e manifestações. É como destaca um depoimento:

> *O agronegócio controla toda a cadeia: a semente, a tecnologia, a produção, a comercialização. [...] [O agronegócio atinge o] assentamento pelo arrendamento, pelo controle da semente, pela comercialização. O agronegócio começa a controlar o território do assentamento pela via econômica. Então o MST volta para o assentamento para enfrentar o agronegócio também pela via econômica, organizando as famílias. É outra lógica de trabalho de base. Não aparece visivelmente como ação política, mas é. Se existe uma ação do MST naquele assentamento, esse território está bloqueado para o agronegócio. Na região de Porto Alegre, nos últimos cinco anos, a cadeia do arroz bloqueou o arrendamento nessas áreas. [...] E hoje nós podemos passar uma manhã inteira numa assembleia dos associados da cooperativa regional de Porto Alegre debatendo fascismo e conjuntura política. Em 2019 nós vamos ter mutirões de trabalho de base nos assentamentos. É outra proposta de organização de território.*

Dito isso, a diferença qualitativa é gritante. Sem grandes lutas de enfrentamento ao Capital, a estrutura decisória mais básica (o núcleo de base) é substituída pelo grupo de produção. Acabam a autonomia e o predomínio da luta em relação à produção. A fluência das novas ações diretas depende de alianças com a máquina eleitoral petista e a ideia de conquista se identifica com a armadilha da política pública, de modo que o Estado deixa de ser visto como inimigo. O deslocamento do crédito da pauta de reivindicação indica o congelamento das bandeiras que atingiam diretamente a estrutura fundiária. As lideranças forjadas pelo calor da luta massiva são sumariamente descartadas. Portanto, considerando a experiência Sem Terra na região metropolitana de Porto Alegre nos termos de Martins, é possível afirmar que o MST e o agronegócio deixam de ser inimigos portadores de dois projetos antagônicos de sociedade testados na força de embates assumidos por uma base massiva despossuída; e se tornam adversários defendendo dois caminhos compatíveis com o Capital e seu Estado, sendo a via progressista liderada por pequenos proprietários organizados.

Colocando agora o problema em termos de teoria da organização política, o nervo dessa questão está num fator muito específico, a meu ver: a tensão politicamente frutífera entre acampamento e assentamento ou, melhor dizendo, entre a luta massiva dos despossuídos e a organização das famílias proprietárias. Essa tensão sempre existiu no MST. No ano 2000, era possível projetar o assentamento como "um quartel de preparação de tropas para novas ações", como escreve Ademar Bogo, pensando que quase 20 milhões de hectares "conquistados pela luta direta" fazem surgir um "poder territorial [...] que apresenta características revolucionárias". Então ele mesmo afirma que essas possibilidades são apenas parte de uma "dicotomia política interna" em que a ocupação de terra implica ação e o assentamento se liga à passividade. Na passagem ao assentamento, "diminui nossa autodeterminação [...] e regredimos na ação direta ao invés de progredir". Essa perda de autonomia e de radicalidade é parte da "contradição ação-passividade" que marca o MST[173].

Note-se que, nessa formulação, a luta centrada numa base acampada oferece ponto de referência para avaliar o grau de ativação política do assentamento, que por sua vez se consolida como território de provas para a eficácia da produção agrícola dos Sem Terra, sem a qual a luta de acampados perde sentido. É uma relação contraditória, mas não é uma oposição e muito menos um antagonismo. É isso que chamo de tensão politicamente frutífera. Ela pode levar a afastamento e também a uma tração recíproca.

> O MST é feito dos Sem Terra mais os assentados. A maneira de o assentado entrar na luta é viabilizar os liberados. O retorno que o assentado dá ao MST é ajudar que mais famílias entrem no Movimento e, com elas entrando, elas ajudam os assentados, porque é mais gente lutando pela mesma coisa[174].

> Existe uma unidade dialética entre assentamento e acampamento: quanto mais acampamentos, mais assentamentos conquistados e quanto mais assentamentos conquistados, mais pessoas se envolvem na luta e mais acampamentos vão surgindo e alimentando a luta pela terra. Um não existe sem o outro[175].

---

[173] BOGO, Ademar. **O MST e a Cultura**. Veranópolis: Iterra, 2000. p. 64-65; 71.

[174] Estudo sobre método de trabalho de base conduzido por uma dirigente Sem Terra no curso de formação de Frente de Massas do Movimento dos Trabalhadores Desempregados (MTD) em janeiro de 2006.

[175] MISNEROVICZ, 2015, p. 142.

A tensão se coloca em vários níveis: entre acampamento e assentamento (em termos territoriais), entre luta e produção (em termos de ação) e entre frente de massas e setor de produção (em termos de estrutura orgânica). Ela também pode ser colocada em termos de vanguarda e retaguarda: o acampamento é um terreno propício à preparação de lutas, porém muito instável, ao passo que o território conquistado permite criação de raízes, de modo que a tendência à conservação pode oferecer estabilidade (renda, comida, refúgio etc.). Essa força viva da organicidade foi desativada a partir de 2009 e a proposta de RAP é uma reação, mas não uma solução a esse desligamento.

* * *

Ainda que seja um tópico sensível, é preciso registrar as divergências internas que acompanharam essas mudanças, pois é um ponto indispensável para avaliações presentes e futuras que também precisam ser feitas por pessoas que não participam do MST. Tomando como referência a estrutura orgânica e a organicidade, um dos grandes resultados da combinação de instrumentos burgueses de neutralização foi o seguinte: quebrou-se a tensão politicamente produtiva entre vanguarda e retaguarda do MST. Ataques externos se tornam rachadura interna. A tensão deixa de ser uma das muitas chaves organizativas para a consistência do MST e se torna uma lasca interna, que tem consequências concretas. As ferramentas burguesas de neutralização vencem a resistência Sem Terra pela primeira vez desde a Encruzilhada Natalino. Onde os militares, Sarney, Collor, FHC e a UDR (União Democrática Ruralista) fracassaram, a CNA (Confederação da Agricultura e Pecuária do Brasil) e o governo Lula triunfam. Rachada a estrutura orgânica e a organicidade, os vínculos emancipatórios se dissolvem. A ruptura se manifesta com amargura, mas também com ousadia no cotidiano de militantes e dirigentes. Vou colocar apenas dois registros: uma ação direta e uma carta.

A ação direta foi uma luta lançada na cidade de Piratini, no Rio Grande do Sul, em 5 de fevereiro de 2009, contra a Cooperativa de Crédito Rural Horizontes Novos de Novo Sarandí (Crehnor). Como sinal de mudanças profundas, um grupo do MST faz uma ação contra outro grupo do MST. Numa das entrevistas para esta pesquisa, foi feito o seguinte relato:

> Teve um racha no encontro regional. Quase a metade de quem estava no encontro saiu. Daí a ação na CREHNOR começou a ser preparada, bem sigilosa. Reunimos doze ônibus e carros. Deu

> *umas duzentas pessoas. [...] Foi uma ação mista, mas tinha mais mulheres. Foram reivindicar o Pronaf Mulher, que era um crédito para mulheres. [...] As mulheres ocuparam o Banco do Brasil em Piratini, para cobrar porque não saía projeto do Pronaf Mulher, que sai da CREHNOR pelo Banco do Brasil. Os caras da CREHNOR estavam trancando [o crédito] lá no Banco do Brasil, porque boa parte das mulheres não queria repassar dinheiro para a CREHNOR, porque já tinha denúncias de desvio, até no Ministério Público. As mulheres trancam a entrada do Banco e uma comissão entra para falar com o gerente, que diz que a CREHNOR estava trancando mesmo [o crédito]. Daí as pessoas marcharam para a CREHNOR. Todas as mulheres entraram de lenço no rosto. As câmeras de segurança foram quebradas. [...] O objetivo da ação era também pela contradição de que aquele tipo de negócio [uma cooperativa de crédito] não tinha diferença de outros bancos. Não botava dinheiro na luta. A CREHNOR era uma ameaça de destruir o Movimento. Foi uma ação que não foi contada para a direção estadual. Foi uma ação bem pesada. [...] No primeiro momento, o Movimento ficou do nosso lado. Um dirigente ligado à CREHNOR foi expulso da direção estadual. Se o Movimento não apoiasse, a ação podia tornar pública a contradição. Foi um apoio para abafar. [...] Na frente da CREHNOR, tinha uma praça. A polícia ficou na praça. Depois as pessoas avaliaram que a polícia não fez nada, porque era uma ação interna. Era o Movimento destruindo o Movimento.*

Segundo outra pessoa, que não participou diretamente da ação, o "argumento formal que as mulheres usaram é que não estavam conseguindo acessar o Pronaf. Mas foi para denunciar internamente que se dava muito mais valor para uma cooperativa de crédito do que para organizar lutas".

Em novembro de 2011, um grupo de 51 dirigentes e militantes (sendo 32 do Rio Grande do Sul) anuncia sua retirada do MST e de outras organizações próximas. É publicado um documento intitulado "Carta de saída das nossas organizações (MST, MTD, Consulta Popular e Via Campesina) e do projeto estratégico defendido por elas". Esse texto é muito expressivo por conta de seu conteúdo e da experiência acumulada pelas pessoas que o assinam. Segundo a carta, a "aparente melhoria das condições de vida da classe trabalhadora no Brasil" é feita de terra concentrada, trabalhadores endividados, trabalho precarizado e violência estatal. O texto resgata as lutas desde o final dos anos 1970: PT, CUT e MST constroem a estratégia de "Projeto Democrático e Popular", segundo a qual o meio principal de alcançar o Socialismo é a luta por reformas, realizadas sobretudo pela via eleitoral. Essa luta não deixa de ter caráter radical, porém as vitórias acabam tornando os espaços institucionais como centrais para a esquerda. Hoje, os governos do PT se aliam à burguesia e a luta no terreno institucional ganha autonomia da necessidade das famílias. Ao invés de buscar "novas formas de organização e luta" junto a uma base rural "cada vez mais proletarizada", o MST opta por idealizar os "territórios livres". O enfrentamento às forças do agronegócio se torna ameaça ao governo petista. As mobilizações prosseguem, mas agora servem para "movimentar a massa dentro dos limites da ordem e para ampliar projetos assistencialistas dos governos, legitimando-os e fortalecendo-os". O impulso do Projeto se torna contenção. O ponto central não está na institucionalização, que é apenas resultado de um processo. A questão fundamental é a contradição entre o objetivo (Socialismo) e os caminhos (Projeto Democrático e Popular) que não podem levar ao objetivo. A transformação de organizações proletárias em colaboradoras do Capital é um resultado coerente do Projeto Democrático e Popular.

> Diante desta crítica, concluímos que não seria coerente que em nome da luta continuássemos em nossas organizações, implementando um projeto de conciliação de classes. [...] É preciso considerar que vem se conformando uma ampla aliança política, [...] conformando assim uma esquerda pró-capital. O grau de comprometimento a que chegamos com o capital e o Estado nos leva a concluir que esse processo não tem volta. [...] Compreender esta conformação da esquerda não significa afirmar a tese sobre o fim da história, e dizer que não há o que fazer. Ao contrário, é preciso atuar na fragmentação da classe para retomar seu movimento na perspectiva de ruptura[176].

* * *

Nos capítulos 1 e 2, vimos alguns entre muitos dos instrumentos organizativos que o MST dinamiza nos anos 2000 para dar conta da nova etapa de luta de classes no campo. São demonstrações de uma sofisticada organização interna e de um vigoroso ímpeto subjetivo, frequentemente marcados por grandes dilemas históricos. Seria possível revisitar cada uma das ações e cada um dos métodos para encontrar neles traços de divergências políticas. Vejamos, por exemplo, dois depoimentos sobre as áreas-símbolo:

---
[176] Carta de saída das nossas organizações (MST, MTD, Consulta Popular e Via Campesina) e do projeto estratégico defendido por elas. Primavera de 2011, p. 3.

> *A fazenda Guerra era produtiva. Era monocultivo de soja. Tinha esse agravante de fazer a luta na Guerra. Necessariamente colocava a luta num outro patamar. Enfrentava o debate sobre produtividade. A Southall, sim, era improdutiva e era fácil defender que ela deveria ir para a Reforma Agrária. Mas no caso da Guerra, não. [...] E isso trouxe divergências dentro do MST. "Como fazer luta em área produtiva? Isso vai vir contra o Movimento".*

> *Houve uma decisão [de ocupar áreas produtivas] mas teve esse limite [da repressão] e logo o MST teve que desistir da Guerra. E isso acabava se juntando à análise que a nível nacional se fazia, de que não se devia enfrentar o agronegócio naquele momento, pois tanto o governo do PT quanto todo o aparato do Estado seria contra. E foi o que aconteceu.*

A Nova Organicidade, a ocupação do tipo área-símbolo, o mutirão de massificação e a brigada de organicidade são meios. Como vimos na "Carta de saída", a grande divergência gira em torno da estratégia e não dos instrumentos. É um debate difícil, que me leva a colocar mais um depoimento, em duas partes, para insistir na ideia de que as ferramentas organizativas não possuem sentido em si mesmas.

> *Eu lembro que [no meu primeiro acampamento] me chamou a atenção a estrutura orgânica. A relação entre núcleos, setores e coordenação. A participação de todos e a circulação de informação era muito interessante. Um grupo grande consegue se organizar de forma que todo mundo participa e fica sabendo de tudo. A organicidade é um potencializador. É maior do que a soma dos indivíduos. A informação chega em todas as pontas, sem precisar de assembleia e megafone. O núcleo se reunia segunda, quarta e sexta, por uma hora, e ali chegavam as informações sobre outras ações do Movimento, sobre o que saía na imprensa, sobre conjuntura, assim como eram discutidos os problemas locais de convivência. Era uma forma coletiva e eficiente de resolver problemas.*

No decorrer dessa entrevista e após ouvir essa declaração, eu relato para a pessoa que estou entrevistando a experiência de uma pessoa universitária que fica maravilhada quando entra num acampamento pela primeira vez, em torno de 2015. A visitante fica muito impressionada com os estudos que fazem as famílias acampadas, assim como com os cursos externos realizados pelo Movimento. Uma sensação similar foi expressa por Leonardo Boff, num filme sobre a marcha nacional do MST em 2005. Para ele, um fator singular e inimaginável é "unir luta e caminhada com estudo e reflexão, como está sendo feito aqui [na marcha] todos os dias. [...]

[Isso] une prática com teoria e impede excessos, cria raiz e firma melhor o propósito da libertação"[177]. Elementos como o estudo, a organização ou a ação direta são realmente fascinantes e num contexto de enorme acomodação nacional aparecem como quase inacreditáveis. Ao mesmo tempo, eles podem suscitar um deslumbramento perigoso. Eu, então, peço que a pessoa entrevistada comente esse perigo.

> *A estrutura orgânica por si só não resolve, por mais complexa que seja. Assim como uma tática combativa, tipo uma ocupação, não resolve por si mesma. Mesmo que as decisões sejam coletivas, mesmo que os espaços sejam formativos, mesmo que não seja uma tropa de gente arrebanhada, tudo isso em si não leva a lugar nenhum. É preciso uma resposta estratégica, que não está nem na estrutura e nem nas táticas. É a estratégia que orienta a estrutura e as táticas. Eu não via isso quando eu comecei a militância. De cara, você não vê. Tem um pressuposto, uma visão de mundo, uma estratégia, uma questão de fundo. E é isso que equaciona as táticas e a forma organizativa. É isso que dá sentido para elas. As organizações mais combativas podem esconder a estratégia mais reacionária ou mais conciliadora. A ocupação de terra parecia admirável, porque atenta contra a propriedade. Isso parecia incrível. Mas a ação radical não está automaticamente contra o Capital. Dependendo da estratégia, ela pode estar de acordo com o Capital. O latifúndio é atrasado e um movimento social pode ser um agente modernizador do Capital. É importante não se empolgar com a organização. A mística dá a impressão de que a luta é sempre contra o Capital. A riqueza e a radicalidade da tática podem ofuscar uma estratégia que pode ser favorável ao Capital.*

Coloca-se então uma questão maior, como afirma outra pessoa.

> *Esse processo todo foi de um conflito interno muito grande. Disputa interna de ideias muito grande. Nunca foi uma convivência tranquila, pacífica. Dependendo do assunto, um grupo se conformava ou outro. Nem todo mundo concordou com as áreas-símbolo. Um grupo conseguiu ter força de impor isso. Nem todo mundo concordou com a trégua nas ocupações quando Lula se elegeu. O MST fez isso: "dá um tempo pro homem". Não foi tranquilo, mas um grupo conseguiu se impor sobre o outro. Era esse o conflito. Sempre. Sempre. Sempre. Todos os dias. O MST cultivou sempre a ideia de consenso. Defender teses dentro do*

---

[177] Esse depoimento de Boff se encontra no 35.º minuto do filme "MST e a Maior Marcha do Brasil", dirigido por Gibby Zobel. Cf. também BOFF, Leonardo. **MST e outra humanidade possível**, 18 maio 2005. Disponível em: www.mst.org.br/informativos/especiais/marcha/textoboff. Acesso em: 7 nov. 2006.

> *Movimento é horrível e está proibido. Mas isso acontecia sempre. Nos encontros nacionais ou estaduais do MST a briga era muito grande sobre o que seria a pauta do encontro. E tinha momentos que um grupo conseguia ter hegemonia sobre a pauta. Em outros momentos, outro. Tinha momentos em que a pauta rachava: metade de um grupo e metade de outro. Era uma disputa pelos rumos do Movimento.*

De 2003 a 2009, as divergências internas se acumulam, sem encontrar solução por meio de algum possível reequilíbrio entre acampamentos em luta e assentamentos em produção. Arrebentados os elos anteriormente frutíferos entre luta e produção, desaparece o terreno organizativo comum que sustentava o consenso dentro do MST. Com isso, os significados das palavras "luta" (combate e pressão) e "conquista" (expropriação e política pública) deixam de ser compartilhados pelos lados em disputa e o diálogo perde o sentido. As duas manifestações de dissenso destacadas neste capítulo se somam à proposta de Reforma Agrária Popular para confirmar a luta contra a Cutrale em 2009 como um ponto de virada. Tomando como referência a ação direta massiva de enfrentamento ao Capital, houve uma ruptura no MST.

* * *

A memória dos termos da divergência ajuda a manter acesa a compreensão do problema da relação entre meios e fins. Além disso, o dissenso interno tem consequências para o conjunto da resistência. Com o PT e a CUT incorporados ao Estado, o MST se coloca como a única organização estruturada, com atuação efetiva em todo o território brasileiro, com capacidade de interferir na conjuntura nacional (como no abril vermelho) e de repercutir internacionalmente (como em 2006) – um conjunto de capacidades alinhavado pela política de ruptura com a ordem burguesa, que permanece ativa até 2009. Em que pesem os esforços de criação de outras estruturas como a Consulta Popular, o Movimento dos Trabalhadores Desempregados e o Levante Popular da Juventude, o MST nunca conseguiu reverter seu isolamento[178]. O rompimento interno a esse Movimento repercute sobre todas as iniciativas de resistência, que perdem sua última referência de alternativa estruturada e combativa com ampla cobertura territorial. A fragmentação da resistência já era generalizada, mas contava

---

[178] Já em 2004, uma pessoa dirigente Sem Terra me disse: "Nossa tendência é virar minoria política; temos potencial para crescer como referência moral e política para os outros, mas estes não querem vir se acampar".

com um pequeno eixo de agregação no MST. Depois de 2009, a dispersão se generaliza completamente. Em escala nacional, as forças de dominação ficam sem contraponto. Cai a última trincheira.

Mais que isso, a ruptura interna que precisa ser enfatizada não se confunde com um racha entre grupos ou com uma divergência sobre a estratégia. Identificar a neutralização da ação direta e de seus métodos diz pouco sobre a mediação organizativa mais profunda. O rompimento de 2009 é crucial por ultrapassar as mudanças na estrutura orgânica e na estratégia. A quebra que quero destacar funciona em outro patamar: dissolve-se a terceira e mais radical mediação organizativa, que chamo de vínculos emancipatórios. Os episódios mais acalorados de dissenso exprimem os derradeiros instantes da última organização proletária de escala nacional portadora de vínculos emancipatórios organicamente estruturados. As cisões internas ao MST não são um problema apenas dos Sem Terra, justamente porque esse Movimento é o último fiapo desses elos emancipatórios estruturados em escala nacional. É evidente que continua havendo focos de resistência e que estes possuem seus próprios potenciais emancipatórios. Pode inclusive haver movimentos organicamente estruturados atuando em perímetros estaduais ou regionais. É óbvio que continua havendo luta. Essa não é a questão. Insisto: o que se dissolve é algo mais específico e denso do que isso, a saber, os vínculos emancipatórios organicamente estruturados em âmbito nacional e animados por ações massivas radicalizadas, dos quais o MST é o único representante.

Procurei extrair a noção de vínculos emancipatórios das próprias relações internas ao MST. Tal definição procura se ajustar aos termos implícitos na própria prática do Movimento. A ideia de Paulo Freire de que é preciso fazer o possível hoje para que o impossível seja viável amanhã é citada por Ademar Bogo em seus livros de 2000 e de 2003[179]. O projeto da nova sociedade precisa começar a "nascer antes da revolução [...] e ir sendo construído já na luta concreta"[180]. Construir movimento é um "concebimento antecipado da sociedade socialista"[181]. As mediações organizativas funcionam como "o embrião [...] de um novo jeito de fazer acontecer a existência individual e social"[182]. "As novas relações devem iniciar agora [...]. Não há outro caminho. A nova sociedade não pode surgir do nada"[183]. Essa noção

---

[179] BOGO, 2000, p. 51. Cf. também *idem*, **Arquitetos de Sonhos**. São Paulo: Expressão Popular, 2003. p. 398.
[180] BOGO, 2000, p. 58.
[181] *Ibidem*, p. 60.
[182] *Ibidem*, p. 65.
[183] *Ibidem*, p. 92.

de que a tarefa presente deve conter a semente do impossível é mais uma expressão dos vínculos emancipatórios. Por meio da ampliação da estrutura orgânica e de sua diferenciação em setores, essa capacidade transcendente vai englobando diversos campos de atuação. Como ensinam os Sem Terra, cada parte do capitalismo encontra um contraponto no movimento: o setor de produção combate a monocultura envenenada; o setor de saúde se opõe à indústria farmacêutica; o setor de frente de massas reage aos meios de fragmentação e repressão; o setor de educação enfrenta a pedagogia obediente e pragmática do ensino público e privado; e assim por diante. Esse impulso de autossuperação é perceptível em diversos espaços em que a luta se radicaliza e a organização se sofistica, como vimos nos capítulos 1 e 2.

No capítulo 3, desenvolvi o problema dos critérios e afirmei que um parâmetro de avaliação de lutas está na capacidade de a estrutura orgânica e a organicidade propiciarem a irradiação de vínculos emancipatórios. Agora que os elementos concretos das ações e reações foram colocados, é preciso apresentar uma formulação conclusiva. A combinação de lutas moderadas e lutas radicais é o fator central que efetivamente fomenta vínculos emancipatórios nos anos 2003-2009. Ações concretas e métodos experimentados são fatores complementares. A irradiação de vínculos emancipatórios foi considerável no perímetro de movimentos como o MST[184], porém foi altamente limitada no âmbito nacional, dado que as massas não aderem às propostas de luta contra o Capital, tornando os movimentos vulneráveis ao jogo de ataques e compensações acionado pela burguesia. Até seu último fôlego em outubro de 2009, o MST é um foco de cultivo de vínculos emancipatórios e como tal resiste à tendência geral de dissolução desses vínculos. A resistência é apreciável, contudo a dissolução é a força predominante. A interrupção de lutas contra o Capital a partir de outubro de 2009 consagra a dissolução, que já não encontra contraste em escala nacional. Até onde consigo ver, o critério das lutas está nos vínculos emancipatórios e a avaliação final é a sua dissolução.

Finalmente, é preciso apontar os critérios dentro do critério. Com este quinto capítulo se encerra uma leitura de um processo político baseada na chave oferecida pelo próprio MST: a luta de classes. É importante registrar os seus termos e aprender com eles. Entretanto, qualquer avaliação será insuficiente a não ser que seus parâmetros correspondam às articulações entre racismo estrutural, capitalismo, patriarcado, entre outros fatores

---

[184] O Movimento de Trabalhadores Desempregados (que veremos no capítulo 8) estava nesse perímetro, ou seja, o MTD procura espelhar a estrutura orgânica e a organicidade do MST.

fundamentais até aqui ignorados, por força do predomínio do critério de classe embutido nas ações e nos métodos do MST. Sem desconhecer o vigor do parâmetro de classe, é preciso resistir a esse predomínio. Para isso, precisamos escutar outros sujeitos – que é o propósito dos capítulos de 6 a 10. Com os depoimentos de mulheres da Via Campesina e de mulheres negras do Movimento de Trabalhadores Desempregados, somados a uma releitura do *Jornal Sem Terra* e de documentos internos, as mediações organizativas ganham outra substância, marcada pelos silêncios. Não basta a coerência com estratégias e projetos radicais, se algo maior está em questão: o próprio sentido da emancipação.

6

ação de mulheres e invisibilidade

A luta contra a Aracruz em março de 2006 altera o padrão de radicalidade que vigorava de 2003 a 2005, quando as lutas das mulheres do MST apresentam intensidade moderada, em relação às ocupações de latifúndio que marcam as Jornadas de Abril do MST. A radicalidade se concentra nas ocupações de terra do MST e as lutas de mulheres aparecem como específicas e complementares. De 2006 a 2009, são as mulheres, em suas lutas de março, que encarnam a luta de classes. Março se impõe como o mês de enfrentar abertamente o Capital e as lutas de mulheres se tornam o eixo da radicalidade. De 2010 a 2012 ocorre um refluxo do impulso de luta das mulheres[185]. As implicações dessa breve efervescência são da maior gravidade.

No 8 de março de 2003, as mulheres Sem Terra "se articularam e saíram às ruas" em oito estados, sendo as ações mais destacadas pelo JST os acampamentos de mulheres na Bahia e no Distrito Federal. Em 2004, mobilizações são registradas em seis estados. No Rio Grande do Sul, o IV Acampamento Estadual de Mulheres da Via Campesina promove uma "ocupação simbólica" de um latifúndio da Souza Cruz, produtora de cigarros na cidade de Santa Cruz. Do acampamento também parte um grupo que ocupa supermercados, exigindo a rotulagem de transgênicos. No Espírito Santo, mulheres Sem Terra, indígenas e quilombolas trancam a BR-101, parando carretas de eucalipto da Aracruz Celulose. Em São Paulo, na fazenda Capim, na divisa de Iaras e Borebi, mulheres Sem Terra rendem e desarmam policiais militares que trabalham como segurança privada da fazenda. Em outros estados, acontecem acampamentos e caminhadas. Em 2005, as ações das mulheres acontecem em oito estados, com caminhadas e atos, audiências e protestos, acampamentos e estudos[186].

---

[185] Vou tomar como conjunto de análise as ações das mulheres da Via Campesina realizadas de 2003 a 2012. Isso me permite demonstrar um período nitidamente mais radicalizado de 2006 a 2009, ficando os três anos anteriores e os três posteriores (2003-2005 e 2010-2012) como termo de comparação. As lutas das mulheres do MST e da Via Campesina têm uma periodização própria, que remonta aos anos 1970 e exige estudo específico, que ultrapassa os limites deste texto.

[186] JST, abril de 2003, p. 7; JST, março de 2004, p. 6-7; JST, março de 2005, p. 8-9. Ações como a ocupação do McDonald's em Porto Alegre em março de 2001 é um exemplo, nos anos de 2000 a 2005, de visíveis sementes da ação de 2006.

Um verdadeiro salto de qualidade é dado em 2006. No dia 8 de março, entre 5 e 6 horas da manhã, mais de mil mulheres da Via Campesina ocupam o horto florestal da empresa Aracruz Celulose, na cidade de Barra do Ribeiro, no Rio Grande do Sul, e destroem um viveiro de mudas de eucalipto. As mulheres agricultoras gaúchas e catarinenses têm seu rosto coberto por um lenço lilás com a frase "não ao deserto verde". Pretendem denunciar os danos causados pela monocultura de eucalipto, pelo modelo de agricultura chamado de agronegócio, entendido como avanço do Capital no campo[187]. Um dia antes, em 7 de março de 2006, começa em Porto Alegre a Segunda Conferência Internacional de Reforma Agrária e Desenvolvimento Rural da FAO (órgão da ONU para agricultura), que segue até o dia 10. A ação das mulheres foi planejada para repercutir diretamente sobre os debates dos delegados de 81 países, transformando a Conferência da ONU numa caixa amplificadora da denúncia do agronegócio. Assim, após a ação no horto da Aracruz, as mulheres se dirigem a Porto Alegre e fazem uma caminhada até a Pontifícia Universidade Católica (PUC-RS), onde ocorre a Conferência. Homens da Via Campesina se juntam à caminhada. Com as mulheres à frente, 3500 pessoas caminham cinco quilômetros até os portões da universidade e a polícia militar tenta impedir a entrada das mulheres. O bloqueio policial é ultrapassado e as mulheres conseguem entrar na universidade. A tropa de choque fecha a entrada do prédio, enquanto as mulheres negociam sua entrada na Conferência com os delegados que estão lá dentro (junto com o ministro do desenvolvimento agrário). A programação da Conferência é alterada e 60 mulheres entram no prédio. Duas delas leem o Manifesto das Mulheres Camponesas no auditório principal e são aplaudidas de pé. Em outros estados, mulheres realizam acampamentos, caminhadas, vigílias, atos. No Distrito Federal, as mulheres ocupam uma fazenda. Além do agronegócio, as denúncias mencionadas pelo JST envolvem a diferença de renda entre homens e mulheres, as barreiras para mulheres entrarem na produção e a violência doméstica[188].

Em sua maior parte, as ações das mulheres da Via Campesina em março de 2007 reproduzem o padrão predominante antes de 2006: trancamento de estrada, caminhada, ato, audiência, marcha, ocupação de órgãos públicos, vigília, protesto, acampamento e estudo. Algumas ações exercitam o novo padrão, proposto em 2006: atrito direto, mas-

---

[187] Uma rara e muito boa descrição da ação se encontra na dissertação de MANO, Maíra K. T. **Deserto verde, imprensa marrom**: o protagonismo das mulheres nas páginas da imprensa. 2010. Dissertação (Mestrado em Ciências Sociais) – Pontifícia Universidade Católica de São Paulo. Porto Alegre, 2010, p. 12-14.

[188] JST, março de 2006, p. 8-9; JST, março de 2006, p. 8-9; JST, março de 2006, p. 12.

sivo e público com multinacionais e monocultura. Em Pernambuco, 250 mulheres da Via ocupam o Engenho São Gregório, na cidade de Gameleira, arrancando parte da plantação de cana-de-açúcar e plantando milho e feijão. No Rio Grande do Sul, 1300 mulheres da Via ocupam áreas da Aracruz, Votorantim, Stora Enso e Boise, e fazem manifestação na UFRGS, conseguindo a suspensão de um acordo de cooperação entre a Aracruz e a Universidade. Em Minas Gerais, 600 mulheres da Via trancam a entrada da mina Capão Xavier, da empresa Minerações Brasileiras Reunidas (MBR) da Companhia Vale do Rio Doce, na Região Metropolitana de Belo Horizonte. Em São Paulo, acontece ocupação (pacífica) de usina de álcool Cevasa, comprada pela Cargill na cidade de Patrocínio Paulista; em seguida, as 700 mulheres da Via foram para a capital participar de uma marcha de 8 de março com 20 mil pessoas[189]. Ainda que sejam lutas menos intensas do que aquela contra a Aracruz, as ações de 2007 marcam uma ampliação da direção apontada em 2006, do Rio Grande do Sul para outros estados.

Em 4 de março de 2008, uma fazenda no Rio Grande do Sul (fazenda Tarumã, de 2 mil hectares, na cidade de Rosário do Sul) comprada pela empresa sueco-finlandesa Stora Enso é ocupada por 900 mulheres da Via, que cortam 4 hectares de eucaliptos e plantam árvores nativas. De tarde, a polícia invade o acampamento com muita violência, ferindo mulheres e separando crianças. Em Pernambuco, 200 mulheres derrubam a casa grande do engenho Cachoeira Dantas, na cidade de Água Preta. Nesse engenho, 66 famílias moravam há mais de 20 anos e de lá foram despejadas, para que a área se tornasse plantação de cana. Após a ação, a polícia entrou no acampamento atirando. Também em Pernambuco, no dia 6 de março, 500 mulheres do MST, da CPT e do MPA ocupam a sede da Companhia de Desenvolvimento do Vale do São Francisco (Codevasf), protestando contra os grandes projetos de irrigação para o agronegócio, como a transposição do Rio São Francisco, o Pontal Sul, em Petrolina, e o Projeto Salitre, em Juazeiro, Bahia. Em São Paulo, em 7 de março, mulheres da Via destroem um viveiro e um campo experimental de milho transgênico da Monsanto, na cidade de Santa Cruz das Palmeiras. Em Minas Gerais, na cidade de Resplendor, a ferrovia da Vale é bloqueada por 10 horas por mais de mil mulheres em 10 de março, para denunciar a construção de uma barragem que pode inundar mais de 2 mil hectares de terra. Mesmo as ações mais moderadas se concentram sobre multinacionais e sobre a monocultura de

---

[189] JST, abril de 2007, p. 8-9.

exportação, como ocorre no Maranhão, Mato Grosso do Sul, Rio de Janeiro, Distrito Federal e Santa Catarina. Assim, 2008 representa a generalização do tipo de luta que irrompe pontualmente em 2006. O ano de 2008 foi também de liberação do milho transgênico – um tapa na cara dos movimentos sociais. Outra ação, isolada, mas altamente expressiva, acontece no Ceará: mulheres protestam contra exploração sexual de mulheres em frente a um aeroporto[190].

Em 2009, o resfriamento da luta no Rio Grande do Sul é compensado pela propagação da proposta de luta em outros estados. As mulheres do Espírito Santo se somam às mineiras, cariocas e paulistas para ocupar o Portocel (da Aracruz Celulose), gerando prejuízo de R$ 2,8 milhões para a empresa. Em São Paulo, mulheres ocupam a Usina da Cosan e destroem uma parte da plantação. No Maranhão, as mulheres queimam toras de eucalipto da Vale. Na Paraíba, cortam pés de cana e, em seu lugar, plantam feijão e milho. No Rio Grande do Sul, elas ocupam uma área da Votorantim e cortam eucaliptos. Em outros estados, acontecem ocupações de órgãos públicos, marchas, encontros e estudos[191].

A partir de 2010, o padrão muda nitidamente, trazendo um recuo em relação às lutas de 2006 a 2009. Em 2010, ocorre mobilização de 16 mil mulheres da Via em 20 estados, sem enfrentamentos mais fortes. São ações como protesto em frente a empresas, acampamento, estudo, vigília, marcha, manifesto, distribuição de alimentos, doação de sangue, trancamento de estrada, ocupação de órgão público. Mesmo nas ocupações de fazendas e engenhos, não há o foco sobre transnacionais. Em 2011, segue o resfriamento das lutas, com 15 mil mulheres se mobilizando em 13 estados em ações do seguinte tipo: fechamento de rodovia e de ponte; ocupação de prédios públicos; marcha; ocupação de latifúndio; encontro. No Rio Grande do Sul, as mulheres nem chegam a entrar na área da empresa: a ocupação fica restrita ao pátio da Braskem, da Odebrecht, no Polo Petroquímico de Triunfo, e é seguida de protesto na frente (e não dentro) do Palácio da Justiça, em Porto Alegre. As mulheres permanecem no pátio por decisão própria e não por bloqueio policial direto. A exceção está na Bahia, onde 1.500 mulheres ocupam a fazenda Cedro, da Veracel. Em 2012, as ações não passam de ocupações de prédios públicos e de latifúndios, feitas por mulheres de 21 estados (o jornal não publica o número total de participantes, mas somando o número de cada estado chega-se a 11 mil mulheres – o que

---

[190] JST, fevereiro/março de 2008, p. 6-7; JST, abril de 2008, p. 12; JST, junho de 2008, p. 8-9.
[191] JST, abril de 2009, p. 8-9.

confirma tendência de queda). O recuo fica evidente na própria retrospectiva do JST publicada em 2011, que não traz nenhum registro de ação mais intensa das mulheres em 2010[192].

* * *

Essas são as lutas das mulheres contra o Capital, segundo os registros do JST. Essas ações geram mudanças na representatividade das mulheres no principal jornal do MST. A discrepância entre as ações e os registros é uma indicação inicial do conflito interno silenciado.

Lendo o JST ao pé da letra, mulheres praticamente não existem. De 2003 a 2005, o JST apenas registra a existência de mulheres em torno do 8 de março. Nos demais meses, a categoria "mulher" como sujeito tende a desaparecer. A única exceção depende de um evento estrangeiro: a reunião em Cochabamba sobre luta pela terra e igualdade de gênero em 2003. Numa matéria sobre rotulagem de transgênicos, há foto de manifestação de mulheres da Via num supermercado, com a legenda: "Em Porto Alegre, mulheres exigem a discriminação dos produtos transgênicos". Mas o texto dessa matéria não menciona mulheres[193]. As edições de fevereiro de 2004 e de 2005 trazem imagens de mulheres na última capa, anunciando as lutas do mês seguinte.

Em 2006, esse padrão do JST se altera e as mulheres passam a existir em outros meses, além de março. Acompanhando as preparações da luta de 2006, a edição anterior ao mês de março traz um texto intitulado "A participação da mulher na transformação social", de Christiane Campos. Em abril, há uma matéria sobre IV Encontro Estadual de Mulheres Sem Terra, no Paraná, intitulada "Camponesas discutem participação da mulher". Em maio, o poema "As mudas romperam o silêncio" cobre toda a última capa. Em julho, temos uma matéria intitulada "Marcha Mundial das Mulheres fortalece sua organização", de Nalu Faria. A ampliação é considerável. Em 2007, as mulheres são assunto central de matérias nas edições de fevereiro a maio. Há um incentivo à participação das mulheres no V Congresso do MST na matéria "Rumo ao V Congresso. Participando sem medo de ser mulher. A força feminina no MST comprova o poder revolucionário das companheiras", que resgata a participação da mulher no I Congresso

---

[192] JST, abril de 2010, p. 8-9; JST, fevereiro/março de 2011, p. 8-9; JST, abril de 2011, p. 7; JST, março/abril/maio de 2012, p. 10-11.

[193] JST, julho de 2003, p. 13; JST, agosto de 2005, p. 11.

do MST, em 1985. Anuncia-se que, no V Congresso, existe a expectativa de que metade dos participantes sejam mulheres. A edição de fevereiro e março de 2008 traz uma capa enfática, com a manchete "As mulheres contra o capital". E, ainda mais, uma ocorrência inédita (de 2003 a 2012): o JST publica seu único editorial não assinado pela direção nacional do MST. Intitulado "O protagonismo feminino", o editorial é assinado pelo setor nacional de gênero. Dentro do quadro do JST, isso é um marco. A página central traz uma grande foto de mulheres com o rosto coberto por lenços e as frases: "Na luta por soberania popular e contra o agronegócio. Jornada de lutas das mulheres Sem Terra 2008. Sem feminismo não há socialismo!"[194]. As edições de abril e de agosto de 2008 também trazem matérias sobre as mulheres.

Em 2009, a mudança começa a regredir. A edição de abril trata das lutas de março e a edição de agosto traz um artigo sobre Simone de Beauvoir. Nos demais meses, as mulheres praticamente não existem. Em 2010, as mulheres aparecem em três edições do JST: março, abril e maio. Em 2011, aparecem em duas: a de fevereiro/março e a de abril. Em 2012, as mulheres aparecem em duas edições: a de janeiro/fevereiro e a de março/abril/maio, sendo que esta tem apenas uma página registrando a ação de mulheres. Depois do auge de reconhecimento de 2008, os registros retrocedem. E, mesmo em sua ampliação, jamais mudou o padrão que deixa as mulheres ilhadas em torno do mês de março – reconhecimento com data marcada.

Mesmo de 2006 a 2008, o reconhecimento das mulheres nas páginas do JST é relativo, como se lê nos artigos importantes desse jornal. Vou destacar dois. No final de 2007, uma abrangente análise das mudanças estruturais da agricultura, de 1930 até o presente, entende a nova ofensiva dos agrocombustíveis como parte da tomada da agricultura pelo capital financeiro, tornando agora necessário enfrentar latifúndio, transnacionais, fazendeiros modernos, além de judiciário e mídia[195]. O texto é uma importante síntese de interpretações acumuladas em anos anteriores. Ora, é justamente essa abrangência da perspectiva de classe que torna perfeitamente aceitável o apagamento das mulheres. Outro texto vital é o editorial de 25 anos de surgimento do MST, que situa o Movimento em relação à "era neoliberal" e à origem do agronegócio: "o fim da União Soviética e a derrota de

---

[194] JST, fevereiro de 2006, p. 10; JST, abril de 2006, p. 6; JST, maio de 2006, p. 16; JST, julho de 2006, p. 12; JST, maio de 2007, p. 12; JST, fevereiro/março de 2008, p. 1; JST, fevereiro/março de 2008, p. 2; JST, fevereiro/março de 2008, p. 8-9.

[195] JST, novembro/dezembro de 2007, p. 3.

revoluções na Nicarágua e em El Salvador deram início a um período de refluxo das lutas de massas e de retrocesso programático da esquerda em todo o mundo". Segundo o editorial, a Reforma Agrária perde o sentido para o Capital e o governo Lula a abandona, enquanto a elite reprime e criminaliza os movimentos sociais[196]. Mais uma vez, análise contundente e mulheres inexistentes. As próprias mulheres são chamadas a participar dessa invisibilização. Em suas entrevistas, o JST respeita a linha de representação paritária entre homens e mulheres. Frequentemente, a dupla de dirigentes ou de coordenadores entrevistados é composta por um homem e uma mulher. Em geral, quando a entrevista não é dada em torno do 8 de março, a mulher que fala destaca a luta pela terra e o capitalismo, sem mencionar gênero ou patriarcado[197]. A esquerda é marcada por essa compatibilidade entre alta qualidade analítica e silêncio. Mesmo que os textos fossem reescritos, acrescentando que as mulheres são as mais afetadas pelo agronegócio etc., isso não passaria de um acréscimo à mesma perspectiva. Complemento feminino é diferente de perspectiva feminista.

Por fim, um silêncio perturbador. A Carta do Congresso Nacional do MST, ocorrido em junho de 2007 (depois da luta de 2006 contra a Aracruz e da luta das mulheres de 2007 em quatro estados), não traz uma palavra sobre mulher, gênero ou feminismo[198]. O Congresso Nacional do MST é o fórum mais importante do Movimento e a sua Carta é considerada como o documento que guia as decisões pelos próximos anos. Paralelamente, e em meio a tantos bloqueios, as mulheres conseguem emplacar no MST um novo lema, respaldado na ação direta massiva e na organização autônoma: "sem feminismo não há socialismo".

* * *

O silêncio sempre existiu no percurso do MST e das organizações da esquerda brasileira. O silêncio sempre foi denunciado, marginalmente, numa longa resistência subterrânea. As ações de 2006 a 2009 são, em parte, um capítulo dessa resistência. Se esse problema é perceptível nos documentos oficiais, o que estaria ocorrendo no chão das ações diretas massivas? A invisibilidade das mulheres predomina mesmo nos anos em que as lutas das mulheres estavam em seu ápice. Por quê? E como explicar o súbito

---

[196] JST, novembro/dezembro de 2008, p. 2.
[197] Por exemplo: JST, maio de 2003.
[198] JST, junho de 2007, p. 16.

retrocesso dessas lutas a partir de 2010? As respostas não se encontram apenas em fatores externos, como a neutralização e criminalização dos movimentos sociais. É uma história ausente dos documentos oficiais do MST. Para entendê-la, é preciso escutar as bruxas.

7

ações de mulheres no Rio Grande do Sul

Considerando a escassez de registros sobre as lutas das mulheres, este capítulo terá um formato diferente dos demais. Vou eliminar meus comentários e análises, para que o texto seja feito exclusivamente de depoimentos. Assim como nos capítulos anteriores, evidentemente os depoimentos precisam ser anônimos.

***

"As mulheres já tinham um histórico de processo de luta. Em 2000, as mulheres deram uma parada. Ficaram fazendo mais atividades internas. E depois retomaram em 2004 com um encontro das mulheres. Em 2005 foi maturando. Em 2006, ficou maduro para elas realizar essa atividade".

"O momento exigia algo que colocasse as mulheres como protagonistas de luta mesmo. Não adiantava mais só encontro [de mulheres]. Isso foi bem polêmico dentro do Movimento".

"Desde o ano 2000, já acontecem lutas específicas de mulheres no 8 de março. Mas eram lutas amenas. Supermercado, McDonald's. Depois as mulheres começam a avaliar que isso não era suficiente. Tinha que ser uma luta direta contra o Capital, nas empresas. Em 2004 e 2005, já estava se consolidando o agronegócio do eucalipto. As mulheres começam a estudar, pesquisar".

"Naqueles anos [em torno de 2006], a preparação da luta das mulheres começava muito antes de março. Sentava um grupo de estudos de mulheres da direção para estudar, pesquisar. É feita uma análise de conjuntura. Quando as mulheres arrancaram soja transgênica em Não-Me-Toque [município gaúcho], foi feito todo um trabalho antes. A mesma coisa na ação no McDonald's ou quando entregamos os cheques nos supermercados. Algumas começavam um ano antes. Outras começavam oito meses antes. Começa com vários encontros de um grupo menor, fazendo estudos. É toda uma caminhada até chegar na ação da Aracruz".

"Esse debate [sobre a necessidade de lutar contra o Capital no campo] era muito forte nos Movimentos dos quais as mulheres faziam parte. Então havia um impulso também, um estímulo das organizações que as mulheres faziam parte".

"Nas três ou quatro lutas antes da Aracruz, as mulheres usaram o mesmo método. Na reunião da direção [estadual do MST], tinha algumas horas da noite para as mulheres. Algumas pautas eram levantadas ali. Outras vezes, a pauta vinha de cima [ou seja, da direção estadual ou da direção nacional], como os transgênicos. Aconteciam estudos. Análises de conjuntura. No início, as mulheres tinham o foco no agronegócio mas não no Capital. Não tinha essa dimensão, do inimigo de fato. Elas pensavam que o inimigo era o latifúndio. Teve um encontro de 20 ou 30 mulheres, bem selecionadas. Além de estudar, elas discutiram como convencer as outras. Porque essas mulheres tinham passado por coisas [ou seja, ocupações e resistência] que as outras não tinham".

"No encontro de 8 de março de 2004, as mulheres conversaram sobre a possibilidade de realizar uma ação em conjunto, como Via Campesina, porque elas, na condição de mulheres que são, tinham que tornar pública a sua indignação contra as empresas capitalistas que estavam cada vez mais dificultando em todos os sentidos a vida dos camponeses em geral. E também que essa luta fosse organizada pelas mulheres para que elas fossem assumindo o protagonismo delas e experimentar suas capacidades próprias no processo organizativo. Tratava-se de se afirmar como mulheres camponesas e também tornar pública a necessidade de fazer enfrentamento com as grandes empresas que cada vez mais estavam se adonando das terras".

"No MST, várias mulheres eram liderança na frente de massas. Nos acampamentos, as mulheres tomavam bastante a frente nas lutas. Isso era bem visível. As mulheres acampadas tinham uma participação bem maior que seus companheiros. Foram principalmente as mulheres que faziam parte da frente de massas, em função de ter que preparar as lutas, que iniciaram a discussão de que era preciso mobilizar as mulheres de uma forma que não fosse mais só encontro ou ato, como se fazia anteriormente".

"Mulheres já assumiam o papel de dirigentes da luta pela terra e isso foi bem fundamental para realizar essa ação [de 2006]. Sem dúvida nenhuma, a experiência que as mulheres acumularam ali serviu muito para dar consistência organizativa para uma ação como essa. Elas falavam da necessidade de se afirmar enquanto mulheres trabalhadoras com as condições de trabalhar, de criar filhos, de assumir diferentes funções sociais. E também naquele momento as mulheres falavam da importância de assumir a direção política e organizativa de ações de enfrentamento contra o Capital. Então as mulheres tomaram as rédeas desse processo. Elas já estavam maduras para essa ação".

"Na hora de organizar algo, isso dá um diferencial muito grande. Uma pessoa que viveu muita coisa vai ter mais possibilidade de enxergar coisas do que uma pessoa que viveu menos".

"Nos anos noventa, eram homens que tocavam a frente de massas. Depois a grande maioria deles foi para o setor de produção. As mulheres ficavam na educação e na formação num primeiro momento. E dali elas foram se incorporando à frente de massas. Algumas mais novas assumem liderança da frente de massas desde o acampamento. Muitas outras que já estavam assentadas voltam para a frente de massas muito em função da tarefa de fazer formação e educação dentro dos acampamentos. E essas mulheres foram responsáveis depois por organizar as ações de [8 de março de] 2006, 2007, 2008".

"Para as mulheres, internamente aos movimentos mistos[199] dos quais elas faziam parte, acabava tendo uma divisão sexual do trabalho. Historicamente, as mulheres foram fazendo funções de garantir a retaguarda das ações. As mulheres cumpriam funções quase sempre internas, como o trabalho de base, e quase nunca assumiam a liderança de tarefas que historicamente foram vistas como masculinas. Era necessário que as mulheres assumissem essa ação. Elas tiraram como deliberação que todas as tarefas seriam feitas por mulheres. Elas avaliavam como muito importante fazer isso para a autoafirmação das mulheres como militantes, como mulheres camponesas, e para tornar pública também a indignação delas com o modelo econômico vigente. Isso teve uma importância interna para elas muito grande de desafiar as mulheres a realizar tarefas em que historicamente elas sempre ficavam secundarizadas. As mulheres assumiram o ônus e o bônus de ações dessa envergadura".

"Quase sempre nos acampamentos tinham algumas mulheres na equipe de segurança. Elas já sabiam como se posicionar em tal situação. Isso foi importante para montar a equipe de segurança [da ação de 2006]

---

[199] A expressão "movimento misto" designa o Movimento do qual participam homens e mulheres, como o MST, em contraste com as ações de mulheres em que a presença de homens é evitada.

com um grupo maior de mulheres [que nunca tinham feito essa tarefa]. Elas daí tiram várias linhas: como abordar pessoas, sempre ficar juntas, nunca tomar atitude individual. Essas coisas".

"Teve embates bem profundos sobre se as mulheres deveriam se constituir enquanto uma organização específica dentro do MST ou não. Isso foi combatido violentamente. Violentamente não como agressão física mas como debate político, tá? Foi aí que se constituiu o tal de setor de gênero misto. Mas os homens não se sentiam à vontade nas reuniões das mulheres e nem as mulheres se sentiam à vontade com eles. Acabava que os homens não iam, esvaziava a reunião e as mulheres faziam o seu debate. E isso era bastante criticado. As mulheres não tinham lucidez de como conduzir isso. Elas defenderam um setor de gênero que fosse misto, porque havia muito medo do que as mulheres poderiam fazer. Sei lá. Achavam que as mulheres iam tomar o poder? Aí as mulheres ficaram num debate de gênero. As mulheres demoraram muito para entender que o feminismo é o conceito que mais ajudava. Depois elas foram concebendo que tinha que ser um feminismo classista. Mas aí o debate foi se reduzindo. Foi ficando um grupo menor com essa discussão".

"A direção nacional dizia que o trabalho com as mulheres não deveria ser separado. Que não seria correto que o setor de gênero fizesse trabalho especificamente com as mulheres. O MST defendia que tinha que fazer o trabalho misto. Junto. Só que as mulheres sabiam que estava eliminada qualquer possibilidade de as mulheres falarem e tomarem atitude se os homens estivessem junto. Era um argumento sacana porque nos estados onde as mulheres não tinham organização específica elas eram jogadas em reuniões gerais onde só os homens falavam e a pauta era econômica".

"O Movimento acabou tendo que criar a tal de direção mista: cada estado tinha que ter um homem e uma mulher. Isso foi bom e foi ruim também. Como se o fato de ter uma mulher na direção já resolvesse todo um conflito interno, que se arrasta".

"O Movimento amplia os cursos de graduação, os cursos de formação. As mulheres acabam se inserindo mais nesses espaços que os homens. Houve um grande impulso formativo para as mulheres. E essas mulheres passaram a ocupar as instâncias do Movimento. Isso também criou uma contradição para o Movimento, que amadureceu lá em 2004, 2005, 2006. Ao mesmo tempo que o Movimento queria combater os posicionamentos feministas, as mulheres vinham num crescendo".

"Nos intervalos das reuniões do Movimento, as mulheres se trancavam nos quartos para planejar as coisas. Tinha combate forte às reuniões das mulheres. Mas as ONGs da Europa também faziam exigências de que as mulheres se reunissem [como contrapartida à aprovação de projetos]. Teve períodos em que as mulheres conseguiram se reunir e fazer estudos, mas sem lucidez de gênero e de classe, sem um feminismo classista, combativo. As mulheres não se dedicavam a estudar porque nunca dava tempo. E as mulheres estavam num movimento misto. Demorou um tempo bem significativo para as mulheres assumirem um papel dirigente dentro do Movimento. Quando isso acontece, as mulheres passam a aproveitar o vácuo entre as reuniões [nacionais] para poder combinar coisas que não seria possível acontecer num país dessa dimensão. Esse tipo de reunião acontece desde os anos 1990. Como o MST não tinha espaço para mulheres, as questões que as afligiam não podiam ser faladas nas reuniões. Então as mulheres precisavam de espaço específico para se fortalecer e falar delas mesmas. Muitas vezes as mulheres passavam a mão num garrafão de vinho e passavam as noites conversando. Não dava para conversar com todo mundo. Não era algo que tinha consistência. Era algo que estava em germinação. Foi um tempo bem longo".

"As reuniões de mulheres em encontros nacionais e estaduais eram paralelas na maioria das vezes. Não estavam na pauta do encontro. As mulheres faziam um embate para garantir espaço para se reunir. Depois de várias vezes, acabou se reservando espaço para as mulheres. Mas no início foi no embate. Era geralmente no final da tarde ou à noite, para não atrapalhar a programação oficial. Num intervalo de banho ou de almoço ou janta, as mulheres ocupavam esse vácuo. Ou, quando todo mundo tinha ido dormir ou tomar cerveja, as mulheres se reuniam para tocar essas pautas que não tinham tempo. Nos outros horários as mulheres estavam em todas as outras tarefas: mística, ornamentação, ciranda infantil, coordenação do dia, programação. As mulheres tinham que encontrar um tempo para a parte específica [das mulheres]. Muitas vezes, meia-noite ou uma da manhã as mulheres estavam reunidas. Às vezes as mulheres acordavam uma hora antes para fazer a sua reunião. Era cansativo. Na frente de massas, elas tinham que fazer isso também. Mas era um espaço bem produtivo. As mulheres tinham uma agilidade nos encaminhamentos. Isso não livrava as mulheres das outras tarefas. Nos encontros da organização, as mulheres eram as que mais trabalhavam. Sem dúvida nenhuma. Toda a parte de organização dos encontros [do MST] praticamente ficava com as mulheres".

"Outro problema é a sobrecarga. Como tem mulheres porreta [no Movimento], tu sobrecarrega aquela liderança. Isso é uma forma de violência. Ela tem tanta coisa para fazer que não dá tempo para ela se organizar [enquanto mulher]".

***

"Nessa ação contra as empresas, as mulheres tinham uma decisão que era não negociar, não sentar para negociar nada. Elas queriam fazer um ato que tornasse pública a gravidade desse modelo de desenvolvimento. E isso não passava por estar dialogando com o Estado. Pois ele já legitimava isso. E, inclusive, era algo que revoltava muito as mulheres, porque elas achavam que um governo do PT não ia fortalecer o agronegócio. E não foi isso que aconteceu".

"Havia um setor estadual de gênero [do MST]. Foi ali que as mulheres da frente de massas começaram a levar o debate sobre o papel das mulheres diante do avanço das empresas de celulose. Do setor de gênero, o debate chegou aos assentamentos. A maioria das mulheres pensava que era necessário fazer algo contra aquele avanço. Mas não vinha das mulheres dos assentamentos a ideia de fazer luta mais direta contra as empresas. Isso surgiu muito mais das mulheres dos acampamentos e das lideranças [da frente de massas], fazendo o debate de que se poderia barrar aquele processo, mas não com qualquer tipo de luta. Teriam que ser lutas que expusessem os problemas que essas empresas trariam, não só para as mulheres agricultoras mas para toda a sociedade. Fazer uma luta mais forte – como elas diziam na época – seria uma forma de chamar a atenção da sociedade para esse problema e com isso fazer a luta para ir diminuindo a instalação dessas empresas no Rio Grande do Sul".

"Essa reunião [para decidir fazer a ação] foi bem tensa. Cada organização se reunia e se posicionava. Muito medo. Elas sabem que vão fazer a ação, sem saber o que vem depois. Sabendo que vai ter consequência. Ninguém tinha discordância da necessidade de fazer a ação. O que tinha é medo".

"Foram várias reuniões para decidir. O 8 de março sempre era feito pelas mulheres da Via Campesina [ou seja, eram vários Movimentos]. As mulheres tinham divergência quanto à forma de fazer em 2006. Algumas achavam que deveria ser mais radicalizado e outras achavam que deveria ser menos radicalizado ou sem nenhuma radicalidade. Foram muitas reuniões até se chegar a uma opinião majoritária de que a ação deveria ser radical, para aquele período. Mas em nenhum momento foi consenso total. [...] Tinha bastante divergência sobre o que aconteceria depois. E sobre se as mulheres estavam preparadas para o que viria depois. Sobre processo [judicial], sobre perseguição. Não se questionava a ação em si, mas se tinha muito medo da consequência dela. Era necessário fazer, mas em alguns momentos muitas mulheres se posicionaram em contrário a ter um caráter mais radicalizado, pela preocupação com as consequências".

"A reunião de decisão acontece na sala de uma ONG, fora dos espaços dos Movimentos. Infelizmente, a ação tinha que ser bem clandestina, inclusive para os Movimentos".

"A reunião de decisão acontece fora das secretarias dos Movimentos por questão de segurança. Era preciso ter o espaço mais restrito possível para o debate fluir entre as mulheres".

"Dentro dos vários Movimentos [da Via Campesina], as mulheres combinaram de não abrir [nas instâncias mistas] o que seria a ação".

"Ali [o viveiro da Aracruz] era o lugar mais simbólico possível para fazer uma ação daquela envergadura e chamar a atenção para o avanço do Capital no campo".

"As mulheres começam [a preparar a luta] com estudo. Muitas das mulheres nunca tinham ouvido falar em monocultivo que não fosse a soja. Foi bem assustador saber do eucalipto".

"O estudo foi bem trabalhoso. O agronegócio era coisa nova. O monocultivo estava se espalhando por todos os lugares. Onde não era eucalipto, era outra coisa".

"Aquela ação [de 2006] começou um ano antes, pelo menos. As mulheres começaram a estudar as mudanças do latifúndio, o agronegócio, o eucalipto. Foram vários estudos. Até ser feito por um grupo menor e depois descer para a base, levou tempo".

"No método que as mulheres faziam, o estudo era sempre parte da preparação da luta. Era bem importante o processo de estudo e organização da ação. Estudo e organização. As mulheres conseguiram fazer isso incrivelmente. Juntar as duas coisas. Isso dava um resultado bem importante para as pessoas que participaram. Não tem outra coisa que pudesse dar melhor condição de compreender o que se estudava do que participar de uma ação direta. O caráter pedagógico que ela tem é muito bom. Dá outro sentido. E para as mulheres tem um outro sentido ainda. Tomar a frente das coisas, puxar, fazer. A vida inteira foi dito que as mulheres não davam conta. As mulheres se dão conta que conseguem. As gurias na base diziam: 'eu tô me sentindo poderosa'. O caráter de fazer coisas conjuntas, se sentir forte, é importante. Não só para autoestima. [risos]"

"As ações eram mais construídas nos grupos de dirigentes e de coordenações. Com a base tinha debate sobre o caráter da luta. Todas sabiam em 2006 que seria luta e não simplesmente um encontro de mulheres. Mas o local, o horário e como seria lá dentro, isso era informação mais restrita. No dia em que todas as mulheres se reuniram, aí sim houve um dia todo de preparação para fazer a ação na madrugada".

"Nas reuniões da direção [estadual], as mulheres sempre chamavam uma reunião só delas. Sempre tinha a noite das mulheres. Ali elas começaram a cogitar o que seria o 8 de março do próximo ano. Ou então foi num encontro estadual em 2005. Sei lá. Não lembro. Teve uma reunião de 70 ou 80 mulheres. Elas faziam mística na noite. Ali elas sentavam e conversavam. Aí um grupo menor começava a tomar o rumo".

"Teve uns três encontros antes da luta da Aracruz. Três ou quatro. Fora as reuniões do grupo menor, a linha de frente".

"Foi um ou dois encontros para decidir fazer a ação. Depois, os outros encontros já são para preparar, dividir tarefa".

"Foram várias reuniões. Tinha um grupo mais reduzido, com gente de várias organizações. Outro grupo um pouco maior, de 60 a 100 mulheres, iam para as regionais fazer debate com as outras mulheres. Era levado o conteúdo. As informações mais sigilosas não tinha como levar".

"Tinham reuniões estaduais. Vinham duas ou três mulheres de cada região. Depois tinham reuniões nas regiões. Quase sempre ia alguma mulher da direção ou da militância de frente em nível estadual contribuir para fazer a conversa com as outras mulheres nas regiões. As conversas eram sobre agronegócio, sobre eucalipto. E também sobre a questão da mulher. As mulheres trabalhavam que não tem o que comemorar no 8 de março. Tem que fazer luta. Eram estudos sobre desigualdade de gênero e classe, sobre o monocultivo. As mulheres recebiam bem essa proposta. Esse debate já vinha desde 2000, 2002. Elas receberam bem a proposta também porque era um empoderamento feminino. Lutar contra o inimigo mas também empoderar pela questão feminina. Resgatar a luta das mulheres, que outras já fizeram".

"Os níveis de aprofundamento sobre o que representava aquela ação foram diferentes. Para um grupo bem mais consciente, era uma ação para bater no Capital. Para outras mulheres, pegou mais como uma forma de defender a terra. Níveis diferentes de conhecimento. Isso teve entre as mulheres".

"As mulheres da base não tinham tanta dificuldade de compreender a necessidade de fazer a luta por conta de que a grande maioria delas já tinha passado pelos acampamentos, pelas ocupações e pelas marchas. Mesmo que sem decisão de ser militante da classe. Claro que uma parte delas pode não ter participado das lutas. Ou porque o marido não levou para acampar ou porque elas não quiseram participar".

"As mulheres ficaram um bom tempo fazendo a discussão de conteúdo sobre a gravidade e as consequências do estágio de implantação dessas empresas no Brasil. Em anos anteriores e nos meses anteriores, as mulheres fizeram vários encontros regionais debatendo o problema e a necessidade de fazer uma luta nesse sentido. De meados de 2005 em diante, foram vários encontros regionais que cada Movimento foi fazendo, debatendo, construindo essa proposta. A única coisa que não se falava era o local da ação. [...] Cada organização teve o seu método para levar a proposta. No caso do MST, em agosto, setembro ou outubro – não lembro bem – de 2005, as mulheres do MST fizeram um encontro estadual com representação das regiões. Daí as militantes de cada região organizavam eventos nas suas regiões. E tinha regiões que as mulheres não tinham representação. Daí outras militantes se deslocavam para lá. [...] Nas reuniões com a base, era preciso ver com elas fundamentalmente se essa era uma questão, porque a condição da mulher nos assentamentos e nos acampamentos é de ficar focada na sua vida material ali. Essas informações sobre o aumento do domínio de território por essas empresas eram levadas para as regiões e as mulheres conversavam sobre as consequências disso para elas lá".

"Na base, o estudo virava conteúdo agitativo. Defesa da terra. Perigo de secar tudo. [...] Muitas mulheres nasceram e cresceram no meio do monocultivo da soja. Aquilo era muito natural para elas. Mesmo que não fosse soja transgênica. Muitas não tinham noção da grande escala de produção capitalista. Era extremamente natural. Era normal ter uma região inteira tomada pela soja. Nos últimos tempos se conseguiu colocar um pouco mais de crítica aos monocultivos através do eucalipto e não da soja. [...] [Apareciam debates do tipo:] 'Eu planto mudas. Como eu vou destruir mudas?' [E as militantes respondiam:] 'Mas você sabe o que significam aquelas mudas [de eucalipto]?'"

"As mulheres recebiam os estudos com certa perplexidade. Elas não relacionavam o avanço dessas empresas com a vida delas diretamente. Mas ao começar a fazer o debate elas ficavam dizendo: 'olha, a gente tinha água nessa região e agora a gente não tem mais.' O domínio do eucalipto trouxe consequências graves e secas muito intensas, especialmente na região sul do estado. Elas recebiam as informações com perplexidade e choque. E aí tem um histórico. Essas mulheres [da base] fizeram a luta pra conquistar o seu pedaço de terra. Tem um acúmulo de luta. Tem uma confiança de que as mulheres dirigentes estão fazendo uma luta necessária. Uma confiança na liderança. E elas vêm junto nessa empreitada. E tem também um ambiente de elas se sentirem bem: as mulheres se reunindo, as mulheres falando de si próprias, de seus problemas, de suas questões. No cotidiano, na vida em geral, as mulheres não falam das suas questões, das questões que afligem a mulher e que na sociedade não tem espaço para falar. Elas têm questões que invadem até a sua vida íntima e que causam grandes sofrimentos. Então elas sempre juntavam esse debate mais geral da necessidade de lutar contra o Capital com o problema da condições de mulheres vivendo em ambientes extremamente machistas, mulheres reprimidas, sobrecarregadas de trabalho, de cuidado com os filhos, de responsabilidades, de impossibilidade de ter uma vida social minimamente equilibrada. É bem relevante juntar esses dois fatores. São mulheres camponesas que vivem uma dupla exploração. Elas sempre faziam esse recorte da condição de gênero e da condição de classe. E isso batia com uma força muito grande nas mulheres. Elas gostavam muito desse ambiente específico, onde elas podiam falar de si, interagir, ouvir outros pontos de vista".

"Era uma responsabilidade muito grande. Era uma ação de risco. A empresa tinha sua segurança privada. O aparato do Estado poderia nos cercar. Tinha a preocupação latente com a repressão. Tinha a preocupação de fazer a ação como era necessário. Era preciso destruir as mudas, que para as mulheres eram mudas da morte, que estavam ali para servir de mercadoria e de lucro para empresas, enquanto que comida poderia estar sendo produzida. A ação não podia fugir do controle das mulheres".

"Eram pouquíssimas mulheres no Rio Grande do Sul que já faziam lutas, que iam na linha de frente, que faziam segurança. Eram poucas mulheres que dirigiam carro. Foi um aprendizado enorme, enorme. Inclusive as mulheres fizeram muitas reuniões desenhando cenários do que podia acontecer, para se preparar. Outra coisa era aprender a ler os mapas das rodovias, a geografia, as regiões de onde os ônibus iam sair.

Cada ônibus tinha que ter pelo menos duas mulheres que soubessem o caminho exato. As mulheres passavam um dia inteiro só estudando isso. Vários estudos".

"Muitas tarefas exigiam superação. Fazer rota de ônibus. Fazer cálculo de quilometragem, de gasolina. E nenhuma das mulheres [dirigentes] sabia dirigir [carros]. Muito complicado. Um nível de dependência bem grande. A partir dali várias decidiram tirar habilitação. [...] Isso foi uma das coisas mais ricas. Foi uma aula de geografia para as mulheres. Como organizar os ônibus. Como fazer a volta. Segurança antes, durante e depois. Como garantir o que deveria ser feito em cada espaço. As mulheres planejam juntas mas na hora tem gente que empaca. E tem que ter pessoas que vão garantir que a ação vai sair. Foi muito rico desenhar os cenários. Elas têm dimensão do que estão fazendo. Então elas sabem que vai vir reação. Como seria se a polícia chegasse quando elas estavam lá dentro? Como elas agiriam? Se fossem pegas na ida? Se fossem pegas na volta? Na hora, não tem controle. Mas tem que planejar".

"O problema de não saber dirigir era bem grave para elas. Mas elas apelaram para as mulheres que dirigiam, que eram poucas e eram muito jovens, sem experiência [de ação direta] e acabavam indo junto. O critério era ser mulher. Tinha que ter esse critério. Elas deliberaram isso. E foi bem importante porque quando a mulher está com um homem que tem experiência ela recua e não se impõe, não aprende com o processo e não se coloca. Agora, ela tinha que responder por ela mesma. 'Estão preparadas para fazer ou não estão?'"

"Aprender a dirigir foi bem difícil. Muitas vezes as mulheres tinham que convidar homens para dirigir. Alguns homens de confiança. Mas eram poucos. E tinham mulheres de fora que ganhavam confiança e que eram convidadas para dirigir carros. Mas foi bem difícil. As mulheres se sentiam assim bem impotentes. [...] Na preparação da luta de 2006, já teve mulheres que tiraram carteira de motorista. E depois várias foram fazendo. Foi bem necessário".

"As mulheres tiveram que se preocupar mais com tarefas em que historicamente os homens eram maioria sempre, como a segurança. As mulheres precisaram aprender coisas que antes não eram preocupação, como dominar a geografia da área. Isso dava uma perplexidade bem grande, porque as mulheres iam conduzir ônibus e, caso ele se perdesse, por problema mecânico ou por causa da polícia, elas precisavam saber chegar no objetivo final. O cuidado para que ninguém ficasse para trás também foi bem discutido. [...] Foram debates bem longos e repetidos várias vezes para cada equipe assumir a sua tarefa. Como teve antecedência, foi maturando. Daí chegava na região e ia reproduzindo, afirmando, ouvindo. As mulheres iam aprendendo ao reproduzir. [...] Havia uma sensação de insegurança. 'Será que eu dou conta? Será que eu posso? Será que eu consigo? Será que não seria bom chamar alguém que tem mais experiência?' E esse alguém seria um homem. Até pegar essa segurança, elas tiveram que repetir várias vezes os planos e construir cenários para cada tarefa. Isso foi cansativo. Era necessário se preparar para todas as possibilidades, porque na hora não ia ser possível chamar alguém ou fugir. Elas estavam determinadas a cumprir a tarefa".

"Quando o PT chega à presidência, os movimentos do campo são chamados a compartilhar esse governo. Os dirigentes [do MST] dizem que não tinham representantes dentro do Estado. Mas tinha uma segunda retaguarda muito grande que cercava o Estado. [...] A liderança mais de frente, que são homens, vai para essa institucionalidade e a luta pela terra fica, em vários estados, sob a direção das mulheres. Isso potencializou e encorajou muito as mulheres a assumirem funções que antes eram ditas masculinas. Isso teve um peso bem grande na ação de 2006. As mulheres estavam bem mais preparadas".

"As mulheres levaram os estudos para o geral da organização [ou seja, as instâncias mistas]. Ali, os homens já falavam que o bicho é muito grande. Daí as mulheres se deram conta de que infelizmente por ali [pelas instâncias mistas do MST] elas não iam ter unidade para fazer".

"As mulheres estavam também querendo tornar pública essa discordância com essa institucionalização das nossas organizações e a necessidade de focar onde o monstro era maior. Onde estava a causa. Então também teve esse sentido de disputa dos rumos das nossas organizações. Mas isso não era algo público. Era algo que transitava entre as mulheres. Elas expressavam esse pensamento mas não se constituía um grupo separado".

***

"De dia, as mulheres debateram o agronegócio. De noite, lenços foram retirados de um caldeirão de bruxas e as mulheres eram orientadas a usar o lenço no rosto, na hora da ação, para esconder o rosto, pois elas estavam agindo como mulheres camponesas mas não queriam fotos que incriminassem essas mulheres. Elas sabiam que a repressão viria. Foi um momento bem forte, de bastante unidade. As mulheres criaram esse momento em que todas se sentiram uma só, se tornando clandestinas para evitar a repressão".

"Antes de 2006, as mulheres já se chamavam de 'bruxas'. Mas não tinha a força que adquiriu em 2006. O termo 'bruxa' é diferente de 'companheira'. É uma identidade de luta mesmo, de quem não se entrega".

"Na véspera, as mulheres passaram um dia inteiro reunidas, conversando, no miudinho. Elas fizeram grupos e estudaram aquilo. O debate voltava para a direção. Foi feito todo esse movimento. Já tinha um grupo lá há uma semana fazendo todos os preparativos. Eram novecentas mulheres reunidas. Mas quatrocentas dizem que não querem fazer a ação. Quinhentas dizem que sim. E aí como é que você trabalha as quatrocentas? Na hora de descer do ônibus, uma boa parte não desceu. Muita gente que não era do MST e não era de acampamento estava apavorada. Tinha mulher desesperada, chorando. Tinha que entrar nos ônibus e acalmar as mulheres. Isso porque não teve nada de repressão. Nada, nada. Imagina se elas tivessem apanhado como aconteceu lá na Stora Enso [em 2008]. Teve muitas situações fortes que as mulheres tiveram que pensar. Para 2008 melhorou bastante".

"Nos meses antes da ação, tinha um grupo de mais ou menos 50 mulheres que sabiam de tudo. De vários Movimentos. O tamanho da ação amedrontava. Dois dias antes, eram 100 mulheres reunidas. Era uma coordenação grande. Na véspera, eram 300 mulheres que foram organizadas nas equipes. Foi combinado o que cada uma ia fazer, quantos minutos, como ia ser o final. Era um tempo definido e naquele tempo elas tinham que sair para não ser pegas lá".

"Os lenços serviram para a segurança das mulheres. Para não serem identificadas. As mulheres chamaram alguns jornalistas de confiança. Marcamos num lugar para uma equipe pegar eles lá, sem eles saberem o que era. Como ia ter jornalistas e como tinha os funcionários da empresa, o lenço era para as mulheres não serem reconhecidas".

"Teve mulheres que não dormiram nada. Eu não sei se alguém [que estava sabendo de todo o processo] conseguiu dormir".

"Havia tensão. Mas havia um silêncio, que era uma recomendação. Medo misturado com coragem. Angústia. Certeza. Incerteza. Alegria. Teve uma hora que o motorista começou a cantar: 'Essa longa estrada da vida...'. E daí todas as mulheres começaram a cantar. Foi uma forma de expressar que as mulheres estavam juntas e estavam firmes. E teve um momento que tinha um fogo na beira da estrada e as mulheres acharam que era a polícia e que elas não iam passar. Mas era apenas um fogo. E os ônibus passaram".

"No ônibus, as mulheres gritavam e davam risada. As lideranças lembravam que tinha que manter silêncio".

"O grupo que foi no primeiro ônibus era a linha de frente. O clima estava eufórico. Todo mundo alegre. Uma energia. Uma coisa muito linda. Todas em silêncio, mas rindo com os olhos. [...] Quando os ônibus passaram no primeiro posto da polícia [rodoviária] foi uma emoção. Viram que ia dar certo. Eram quarenta ônibus".

"Tinha um clima de alegria no ônibus. As mulheres fizeram cantoria, baixinho. Mas depois elas perceberam que aquela alegria era para conter a tensão".

"Cada ônibus tinha várias mulheres responsáveis. Uma pelas ferramentas. Outra pela coordenação de tempo, para fazer tudo conforme o tempo que tinha sido planejado. Outra era responsável por garantir que o motorista do ônibus não ia se apavorar e ir embora e para ajudar a fazer a manobra para sair de lá, porque o local não era fácil de fazer retorno e eram as mulheres que conheciam o caminho".

"As mulheres tinham uma preocupação grande com o horário. Cada ônibus tinha uma mulher para cuidar disso. As outras colocaram o celular para despertar e ficavam sempre perguntando: 'quanto tempo falta? Quanto tempo falta?' Para elas não se perderem lá dentro".

"Teve gente que não saiu do ônibus. Mas cada ônibus tinha um grupo que sabia de tudo, e que estava ali para garantir a ação".

"As mulheres sempre apontavam o dedo pra coisa. Mas nunca as mulheres enfiaram o dedo. Em 2006 as mulheres pegaram a agulha e deram uma cutucadinha, de leve".

"Talvez uns 20% das mulheres não desceram dos ônibus. A ação funcionou bem com as mulheres mais organizadas no seu núcleo (cada ônibus era um núcleo), as que tinham mais discutido, que sabiam a sua tarefa e que tinham liderança. Quem botou a mão na massa foi com muita determinação. Muita determinação. Ali ficou bem explícito o papel da liderança".

"Durante a ação, as mulheres estavam com muita raiva. Muita raiva. Muita força. Muita raiva. As mulheres da base mesmo. E algumas militantes intermediárias. E elas diziam: 'que ódio, que ódio!' Era muita miséria. Era esse Capital que vai produzindo coisas que destroem o futuro, a terra. Elas falavam isso. Era raiva disso. Antes, durante a preparação, isso não aparecia. Não dava pra imaginar que as mulheres da base tivessem esse sentimento de acabar com essa merda toda".

"Não tinha laboratório [naquela instalação da Aracruz]. A ação aconteceu num viveiro. Mas as mulheres decidiram destruir o laboratório, se tivesse. Porque para elas se tratava da totalidade daquilo que era maléfico para a humanidade. As mulheres não são contra a pesquisa mas, para elas, a pesquisa tem viés de classe. Ou serve às empresas, ou serve aos trabalhadores. O laboratório de pesquisa da Aracruz era no Espírito Santo. E a mídia bateu com muita força nisso, como se houvesse um laboratório. Os homens dirigentes insistiram que no Rio Grande do Sul não havia laboratório. É verdade. Mas isso oculta o debate das mulheres. Como a repressão veio forte, as mulheres decidiram não seguir essa briga [de afirmar a legitimidade de destruir um laboratório, se houvesse]".

"Teve um tensionamento muito grande para entrar na PUC. Tinha polícia no portão. E as mulheres forçaram a entrada. Tinha muita gente do lado de dentro que forçava pra elas entrarem. Não eram de Movimento. Eram de outros países. Tinha resistência de fora e de dentro. Daí a polícia abriu o portão. Foi rápido. Como tinha gente do mundo inteiro, não era ali que a polícia ia bater nas mulheres".

"No momento de sair de Porto Alegre e voltar para as suas regiões, as mulheres temeram que a polícia fosse impedir sua passagem e prendê-las, mas o Estado não reagiu tão depressa. Logo depois, a polícia tentou registrar as placas de ônibus que passaram no pedágio mas, como naquele dia houve uma grande assembleia do sindicato dos professores em Porto Alegre, não foi possível distinguir os ônibus das mulheres".

"Depois da PUC, as mulheres foram para outro local. As militantes que estavam na linha de frente se reuniram. Fizeram uma avaliação da luta. Fizeram todo um trabalho de relaxamento".

"Algumas pessoas mais visadas não voltaram nos ônibus".

"Depois da luta, não é para ficar circulando. Tem que dar uma parada. Sumir".

"Você fica mais apreensiva. Mas você vai aprendendo. Assusta no início. Mas se aprende".

***

"Ninguém tinha a dimensão de que a ação ia ser tão importante".

"Não dava pra ter noção do impacto que a ação teria".

"As mulheres produziram toda a ação entre elas. O que a direção do MST sabia é que elas iam fazer uma ação contra uma empresa da celulose. Detalhes não foram passados [para a direção estadual do MST]".

"Um grupo de homens dirigentes dizia que as mulheres fizeram o que todo o Movimento queria fazer. Outro grupo dizia que elas não pensam adiante e que elas estão nos expondo".

"Foi muito bom entre as mulheres mas muito ruim com os homens depois. Muita agressividade. Um dirigente disse que se o Movimento acabasse seria culpa das mulheres. Ele chamou de loucas. Falou horrores. Muita coisa pesada".

"Alguns dirigentes começam a dizer que ação foi para além do que eles imaginavam".

"A partir de 2006 passou a ter uma perseguição muito grande das lideranças mulheres dentro do próprio MST. Não só pela luta das mulheres mas também pelas lutas dos acampamentos, a luta pela terra".

"Um homem [dirigente] disse: 'Na hora de fazer as coisas vocês não pensam direito; depois vocês correm.' Como se as mulheres estivessem correndo por correr. Houve corte de recursos para trabalho com mulheres. A coisa ficou bem tensa internamente. Teve ONGs que não liberaram mais recursos, por conta da agressividade".

"Teve reações de dirigentes apavorados com a situação, com a forma que foi. Eles se retorciam. Diziam que foi uma loucura. Que as mulheres foram muito longe. Alguns dirigentes e militantes de base estavam eufóricos. Apoiaram a ação. Depois, nas avaliações da direção estadual, foi bem pesado. Já tinha pessoas processadas".

"Alguns homens botavam as próprias mulheres a fazer esse papel de conter as outras mulheres".

"Houve um trabalho dos homens de colocar as mulheres umas contra as outras. Isso historicamente os homens fazem muito bem. Muito bem. Os homens começam a se aproximar de mulheres na roda de cerveja e falar isso e aquilo de algumas lideranças mulheres. Criam umas disputinhas bestas, idiotas. Mas para desagregar o grupo é perfeito. [...] É feito um planejamento do setor de gênero. E os dirigentes dizem que não tem dinheiro, que a prioridade agora é o setor de produção. Na reunião da direção, o ano é projetado e as mulheres aparecem como um apêndice. E as mulheres são culpadas por certos cortes de recursos. [...] E aí ficou mais claro ainda, para mim, como os homens usam as mulheres. Tem todo um discurso de apoio, mas desde que as mulheres façam o que eles querem. A mulher é um símbolo, uma imagem. Mas não um sujeito. Foi muito forte essa ação dos homens. Talvez merecesse até uma atenção. É preciso parar para pensar coletivamente como os homens reagiram desde 2006 e quais estratégias os homens foram criando para minguar a organização das mulheres. Claro que não são só os homens. Tem também uma conjuntura que vai desmobilizando. Mas as duas coisas combinadas vão dar um tom para a luta".

"Inicialmente, no MST, as reações foram bem complicadas. Algumas mulheres foram bastante mal tratadas por vários dirigentes. Puxar pelo braço, colocar na parede, meter dedo na cara, chamar de irresponsáveis. [...] Quando chegaram várias cartas de solidariedade, os dirigentes foram mudando um pouco o jeito de olhar. As avaliações que se seguiram daí foram várias vezes bem tensas".

"Nas avaliações de 2006, as mulheres estavam com medo. Até porque esse questionamento mais duro não aconteceu só na direção estadual. Aconteceu nas regiões. Não tinha quem não falasse sobre o assunto. 'Bando de loucas.' De 2006 pra 2007 foi muito tenso. Teve boicotezinho. Coisas pequenas. Não ter finanças para fazer encontro. Nunca conseguir agendar um carro. Tinha uma desconfiança dentro da organização. E uma cobrança, tipo: 'que merda vocês vão fazer?' Teve trabalho contrário, inclusive. Não tivemos mais condições de fazer [algo como a ação de 2006]".

"Desde 2006, começa a minguar o dinheiro para fazer reunião de mulheres. Isso foi feito aos poucos".

"No Movimento, houve reconhecimento maior, com o tempo. A própria direção do Movimento teve que admitir: 'não dá pra brincar; elas fazem mesmo'. Mas nas reuniões fomos chamadas de irresponsáveis, principalmente nos primeiros dias. Teve gente que passou bastante tempo sem aceitar. [...] Vários projetos de assessoria técnica, o governo ameaçou retirar. Foi toda uma mão. 'A culpa é de vocês. Bando de irresponsáveis' e tal".

"Foram diferentes receptividades [na base]. Teve casos em que as mulheres foram indagadas pelos familiares, que já estavam ouvindo as notícias da mídia: 'isso não podia ter sido feito!' E teve casos em que as mulheres foram muito bem recebidas. Tanto que na ação de 2008 o MST organizou um trancamento de estradas em função da repressão que as mulheres sofreram em Livramento. Então isso ganha um apoio muito grande internamente. Inclusive cada vez que vinha repressão dentro dos acampamentos, o Movimento passou a trancar estrada por algumas horas. Acabou criando essa cumplicidade, mais adiante, em 2008. Mas no momento [em 2006] as pessoas contavam histórias de homens dizerem que as suas mulheres nunca mais iam sair de casa para quebrar as coisas dos outros. Teve casos assim".

"Nas avaliações com as mulheres, depois da ação, o impacto maior era o da repressão. Não era uma repressão direta, mas as mulheres se sentiam reprimidas pela perseguição da polícia, da imprensa. Outra coisa que elas falaram bastante era do problema que elas enfrentaram em casa também, com os filhos, companheiros, pessoas da família. 'Isso vai acabar dando cadeia.' Foi uma repressão que elas sofreram dos dois lados, da família e do Estado. Isso foi o principal. Mas mesmo assim elas tinham uma avaliação de que a luta foi importante. [...] Em algumas famílias, foi muito tenso. Teve mulheres que foram proibidas pelos seus companheiros de participar no próximo ano. Outras, por conta própria, disseram que não iam mais porque não queriam ser presas. Teve as duas coisas".

"Na base, teve bastante cobrança. Nem todo mundo [da base] teve os detalhes [sobre o que seria a ação]. Mas acabou tendo a compreensão de que, se todo mundo tivesse os detalhes, a ação não ia sair. [...] As mulheres relataram que sofreram muita restrição, em todas as regiões. 'Meu marido não quer que eu vá mais.' 'Se tu for, tu não volta mais pra casa.' Bem abertamente. Algumas mulheres foram questionadas pela família. Isso causava mais medo, mais insegurança. [...] A avaliação entre as mulheres [da base] foi bem positiva. Muito medo, é verdade. Ao mesmo tempo, se sentindo grande, potente a ponto de fazer uma ação que o próprio Movimento [o MST] não cogitava fazer".

"Nas regiões, teve dirigentes que achavam que não deveria ter sido feito. Mas teve também uma parte da militância e da base que achava que tinha que fazer mesmo. [...] Teve mais apoio na base do que na direção. E mais apoio nos acampamentos mais que nos assentamentos".

"Dentro dos assentamentos, teve mais euforia do que negação".

"Essa ação trouxe consequências muito fervorosas. Seja internamente no impulso às mulheres, que foi muito positivo, mas também trouxe para as organizações um grau de repressão bem significativo".

"Teve uma parte do machismo que ajudou as mulheres. A polícia não desconfiou que as mulheres fariam uma ação tão grande. Isso mudou bastante nos próximos anos".

"A ação de 2006 foi feita em meio ao encontro da FAO. A data foi escolhida para dar repercussão fora do Brasil. Por ser ali, em meio a tudo isso, as mulheres tinham a opinião de que a perseguição seria menor. E as mulheres se engaram muito nisso. A perseguição veio no mesmo dia. A imprensa entrou de forma sigilosa dentro do acampamento de mulheres, tentando pegar informações. A polícia foi atrás dos motoristas dos ônibus. A reação foi muito rápida. As mulheres imaginaram que teria perseguição posterior mas que não seria tão rápida. Elas não tinham se preparado o suficiente para isso".

"Todo mundo voltou pra casa. Ninguém foi presa. Mas teve motoristas de ônibus que trouxeram as mulheres para Porto Alegre e depois desertaram. Desapareceram com medo da perseguição, de ser multados, de ter ônibus apreendido. Teve que se montar toda uma outra logística para poder mandar as pessoas de volta para casa. No retorno, a grande maioria dos ônibus era parada, revistada. As pessoas eram identificadas. Os motoristas tiveram que entregar as listas de passageiros. A partir dessas listas é que várias mulheres entraram no inquérito da polícia. Ninguém ficou presa mas teve toda essa coação que teve um impacto sobre a maioria das mulheres. Isso surtiu um efeito muito grande. No ano seguinte foi bem difícil fazer discussão com as mulheres sobre o 8 de março".

"Nunca mais fizemos uma luta com a dimensão que teve a de 2006. [...] Não tinha conjuntura que propiciasse fazer [outra luta como a de 2006]. Porque as mulheres contaram muito também, pra conseguir fazer a luta de 2006, com o machismo geral da sociedade. Jamais iam imaginar que as mulheres planejavam uma luta daquela dimensão. Agora, já tinha uma outra avaliação: 'essas loucas são capazes mesmo de fazer qualquer bobagem', como eles diziam para as mulheres. Tanto internamente as organizações se voltaram contra, como externamente a polícia. A imprensa então era uma loucura. Um tempo antes já começavam: 'o que vocês vão fazer? O que vocês estão planejando?'"

"As mulheres conseguiram ter uma preparação muito boa e eficiente no fazer a ação: o sigilo, o evitar a identificação das pessoas no momento da ação, a rapidez, a precisão em todos os movimentos. Mas elas não conseguiram depois segurar. Foi difícil. Talvez porque elas não conseguiram preparar bem o posterior, mas também porque... É isso. Tem reações que você não consegue planejar. Às vezes o movimento da reação é esse mesmo que tem que acontecer".

"Fora o MST, os outros Movimentos tinham resistência de fazer uma ação desse tipo. Tanto que, na última semana [antes do 8 de março de 2006], algumas companheiras achavam que a ação não devia ser feita. Inclusive na véspera, no grupo menor, de direção, teve propostas de não destruir o viveiro. Foi tenso. Mas não foi tão difícil de reverter. E foram todas juntas fazer a ação".

"A polícia entrou na secretaria do MMC [Movimento de Mulheres Camponesas], pegou documentos. Foi muito pesado e as mulheres do MMC recuaram totalmente nos anos seguintes. Os processos judiciais que vieram foram determinantes para que tivesse um recuo bastante grande das lideranças".

"Depois da ação de 2006, teve um recuo muito grande da parte do MMC e do MPA [Movimento de Pequenos Agricultores]".

"Já em 2007 as mulheres não conseguem se juntar com o MMC e o MPA. Algumas mulheres desses Movimentos participaram nas regionais. Mas enquanto Movimento elas fizeram uma marcha em Porto Alegre. Era uma ação conjunta. As mulheres faziam de conta que era uma ação conjunta para não estremecer as relações, mas elas não aceitaram fazer luta direta nas áreas de plantio. Essa é a verdade. Não aceitaram fazer. E se propuseram então a fazer alguma coisa na cidade. Então houve uma concordância. Algumas vão para a cidade e outras para o campo. Isso foi uma forma de manter a unidade, que já tinha bastante problema, justamente por elas terem concepções diferentes de para quê os Movimentos deveriam realmente existir".

"O trabalho com as mulheres [no MPA] sempre teve um foco em trabalhar a autoestima, a fabricação de artesanato, a comida. O debate estava centrado nisso. O esforço de organizar as mulheres era de elas se inserirem na luta, pensando um modelo de sociedade na ótica delas, das mulheres. O MPA fazia com as mulheres cursos de formação, caminhadas, feiras. [...] Era um período em que o MPA estava iniciando o debate com as mulheres. Com a mulherada do MPA, era um processo muito distinto [em relação ao MST]. Elas vinham das experiências da Fetag, que é uma organização de sindicatos de trabalhadores e que faz encontros de um dia, organizados pela Emater, em que tem uma palestra de autoestima, tem exposição das coisas que as mulheres fazem e no final elas ganham flores.

Fazer uma marcha em Porto Alegre ou trancar um asfalto já era uma ação forte para elas. Porque não está no cotidiano delas. No MST as mulheres já tinham vencido muitas barreiras. Mas a maioria das mulheres do MPA tinha que pedir permissão do marido para sair. Como tu explica para o teu marido que tu está num lugar, no meio da noite, sabe? Ela sabe que vai apanhar. Então não vai sair. Elas [as mulheres do MPA] não conseguem compreender o processo, porque elas não participaram de todo o processo de formação de anos [como as mulheres nos acampamentos do MST]. Isso é um dilema. [...] O MPA sempre teve muita dificuldade para organizar as mulheres. Então o MPA foi um dos Movimentos que mais questionou a ação das mulheres [de 2006]".

"Correu um processo em segredo de justiça e várias mulheres entraram na clandestinidade. Esse afastamento prolongado de casa foi bastante penoso para muitas mulheres, sobretudo as que não eram militantes e não estavam habituadas a ficar longe da família. As mulheres menos calejadas ficaram especialmente abaladas psicologicamente. As associações sofreram economicamente. Tiveram contas congeladas".

"Nesse período, da parte do conjunto dos Movimentos, foram criadas todas as condições para que a clandestinidade acontecesse. Teve todo o cuidado. Essa parte foi muito bem feita. [...] O peso principal é a família. Foi o mais difícil. Tem várias coisas que nem tem como explicar [para a família]. Você tenta explicar mas não tem como [a família entender]. As pessoas que não estão diretamente nisso acabam tendo que aceitar".

"Esse debate de enfrentar o Capital era da Via Campesina. Mas quando a ação aconteceu, vieram muitas críticas. Disseram que não era isso, que as mulheres perderam o controle. As mulheres estavam bem conscientes do que fizeram. Estavam muito tranquilas".

"As mulheres sabiam que, se elas contassem [os detalhes da ação] para a direção estadual [do MST], os dirigentes iam tentar influenciar o caráter da ação. Já tinha um bom tempo que o MST estava migrando a sua forma de luta para as formas mais amenas. Havia a preocupação de que certos tipos de ação poderiam prejudicar as negociações do Movimento [com o governo Lula]. As mulheres sabiam que expor o caráter da ação levaria as mulheres a ser boicotadas de alguma forma dentro da organização".

"Nos anos depois, as mulheres nunca mais conseguiram fazer uma ação dessas. A única que chegou perto da ação de 2006 foi a ação de 2008 na Stora Enso. Mas em 2007 foi bem ameno. Foi regional, em quatro locais. A resistência foi bem menor. Isso foi consequência das contradições internas".

"Já tinha um atrito dos homens com as mulheres. Mas aí afundou. Uma certa disputa. Eles sentiram que as mulheres estavam querendo disputar a direção do Movimento. No fundo, foi isso. Como a linha hegemônica do Movimento era para o lado do governo [Lula], aí de fato começou em 2006 uma caça às bruxas. O Movimento começou a puxar o freio de mão. Foi aí que começou a se formar aquele grupo que depois saiu do Movimento [com a "Carta de Saída" de novembro de 2011]".

"Caça às bruxas era um termo usado com frequência pelas mulheres".

"Eu não me lembro de caça às bruxas. O Movimento estava repreendendo as mulheres. Caça às bruxas era nesse sentido".

* * *

"A avaliação que a maioria [das mulheres] fazia era de que a luta [de março de 2006] tinha valido a pena; de que tinham sido cumpridos os objetivos de divulgar, de expor. Mas que a perseguição, que envolvia bastante gente que não era liderança, surtiu um efeito de elas regredirem. Medo. Medo de ser presa, de ter processo. Tanto que a ação de 8 de março de 2007 foi construída com as mulheres, foi em relação à celulose, mas foi bem mais amena. Foram ocupações em áreas nas regionais, próximas de assentamentos. Uma denúncia rápida. Uma ocupação mais simbólica. Quando a polícia se deslocava, as mulheres saíam das áreas e iam para as cidades fazer atos. Era uma denúncia sem uma ação mais direta. Em algumas áreas, eucaliptos foram cortados; em outras, não. Mesmo onde teve corte de eucalipto, foi em proporção bem pequena".

"Como estava acontecendo a conferência da FAO, praticamente toda a DN estava ali [em Porto Alegre, em 2006]. Foi quem logo tomou peito da situação. 'Ai, agora a gente vai ter que fazer alguma coisa para consertar esse estrago.' As manifestações externas dos dirigentes davam conta de explicar para a imprensa e para a sociedade o porquê daquela ação. Eles faziam esse papel de divulgar, dizendo que, se as mulheres chegaram a cometer esse ato mais radicalizado, mais extremo, era porque realmente existia um problema e que a sociedade precisava saber dele. O MST continuou fazendo isso. Mas o pau comeu internamente. Nas primeiras reuniões já vieram avaliações do tipo 'a gente não sabia que seria nesse tom e isso traz problemas; vai ter consequências de perseguição'. Tinha um tom moderado da parte de quem dizia. Teve uma preocupação em preservar ao máximo o nome do MST. Os Movimentos organizaram toda aquela parte de carta de solidariedade. Mas houve já reação interna de que a ação tinha sido muito radical e de que isso teria consequências. Isso interferiu na preparação da ação de 2007, porque criou um bloqueio de debate interno. Em 2007, os homens fizeram uma pressão muito grande para saber o que as mulheres iam fazer e para ajudar a decidir o que as mulheres iam fazer. Tanto que teve muitos homens que participaram da ação de 2007 em algumas regionais. Em outras, não. Em algumas regionais foi impossível para as mulheres fazer o debate de que os homens não participariam. Eles se enfiaram nos ônibus e foram junto. Eles não diziam mas era de supor que eles queriam estar lá para garantir que 2007 fosse pacífico. E eles não tinham confiança de que não seria se esse eles não estivessem lá".

"Em 2007, muitos homens da base foram junto dizendo: 'ela só vai se eu estiver junto'".

"O grupo de coordenação das mulheres decidiu que não dava mais pra fazer [ações radicais]. As mulheres da base estavam muito apavoradas. E o próprio MST não concordava".

"As mulheres falavam [para a direção do MST] que iam fazer uma ação única numa área de eucalipto. Mas não dizia o que iam fazer. [...] Na nossa regional, as lideranças mulheres até reuniram um grupo de mulheres mas sempre tinha um dirigente homem no meio, quando era ação regional, inclusive para ajudar a decidir. Era bem complicado".

* * *

"Em 2007, a maior parte das participantes foram as mulheres dos acampamentos. As assentadas também estavam, em número bem menor. [...] Em 2008, já foi a mesma quantidade de acampadas e de assentadas. E foi retomada a luta mais radicalizada. [...] Como em 2006 teve toda uma repercussão externa e como internamente teve uma avaliação de que tinha sido muito radical, em 2007 as mulheres tinham pouca força de influenciar dentro do Movimento para que a ação continuasse sendo radicalizada. Não tinha esse clima. As mulheres [da base e algumas lideranças] não estavam assumindo uma luta radical. Poucas mulheres seriam mobilizadas. Mas não teve recuo no sentido de não ir para o campo. Não adiantava fazer marchinha ou encontro na cidade. Para 2008, foi sendo recuperada a participação e confiança das mulheres. Foi para as regionais o seguinte debate: se deveria ter ação no 8 de março; onde deveria ser; e como deveria ser. Foi a partir desse debate que veio a opinião de que a ação não deveria ser pacífica. E as mulheres seguraram o debate nas suas regiões de que a luta deveria ser só de mulheres. Com exceção de uma região. Isso é mérito das lideranças regionais. Havia um grupo grande e muito bom, muito firme de mulheres nas regionais. Não era só uma direção. Era uma coordenação bem grande que conseguiu fazer isso, que eram as dirigentes regionais".

"O salto de compreensão sobre o Capital que essas mulheres tiveram não tem preço. Nenhum estudo faria isso. A luta colocou as mulheres num outro patamar de debate. E depois de 2006 foi possível construir o caráter da ação coletivamente. Tornou-se bem compreensível para base como a luta deveria ser. A qualidade do vínculo entre militantes e base cresceu muito. O número de mulheres caiu em 2007 e 2008, mas elas assumiram o debate".

"Teve um trabalho bastante intensivo de formação com as mulheres dos assentamentos durante todo o ano de 2007. Também tinha um grupo bastante interessante de mulheres na direção estadual, porque ali já estava estabelecido que a direção estadual do MST era formada por um homem e uma mulher de cada regional e dos setores. Eram 40 ou 50 mulheres. Esse grupo retornou nas bases para fazer um trabalho com as mulheres. E as próprias mulheres assentadas avaliavam que a luta de 2007 não tinha deixado nenhum saldo e que a de 2008 teria que ser uma ação que de novo aparecesse para a sociedade. Veio uma construção das mulheres dos assentamentos. As lideranças tinham muita dúvida se queriam fazer uma ação mais radical de novo. Dependia das mulheres da base. E houve uma reação bem positiva sobre o caráter [radical da ação]. A ação de 2008 foi bem mais construída pela base. Em 2006 a radicalidade foi construída mais pelas lideranças. Em 2008, quem foi para a ação sabia que provavelmente teria uma reação bem imediata da polícia. Todas sabiam como a polícia estava agindo naquele período [de governo do PSDB no RS]. Era com violência, com repressão, conduzindo todo mundo pra delegacia. A polícia fazia isso com as famílias acampadas [no MST] e provavelmente faria com as mulheres também. Teve uma preparação bem maior em 2008 do que em 2006. Tanto que teve a repressão e as avaliações posteriores sobre a ação eram muito menos negativas por parte das mulheres".

"Foi um avanço na Stora Enso [em 2008]. O grupo dirigente era bem maior. Estudando juntas. Esse grupo se consolida em dois anos. E eram militantes que não estavam na direção do MST e se tornam dirigentes da luta das mulheres".

"As mulheres não conseguiriam resistir ali em hipótese nenhuma. E elas sabiam disso. Quando a polícia decidisse retirar as mulheres, ia retirar".

"Em 2008 as mulheres cortaram eucalipto. Elas chegaram de madrugada. Muito eucalipto foi cortado. Mais do que o planejado. Isso foi até meio-dia. Tinha pessoas responsáveis por outras coisas, como alimentação. De tarde, foram mais reuniões e preparação para um possível enfrentamento. Não era uma ação relâmpago como na Aracruz. Agora as mulheres entraram e ocuparam. Ficaram. No meio da manhã, já tinha uns 15 policiais no portão. Depois aumentou um pouco. Chegou um helicóptero. De tarde, teve uma reunião da coordenação, com umas 50 mulheres, para avaliar. Foi aí que a polícia começou a atacar com bala de borracha e bomba de gás. Os estilhaços [das bombas] entravam na pele. Depois, no hospital, teve gente com 80 furos de estilhaço. Outras tinham mais. Quando a polícia entrou pelo portão, as mulheres correram para arrodear a ciranda infantil. A polícia cercou com cavalos, fez as mulheres deitarem no chão. As patas dos cavalos batiam bem perto do corpo das mulheres. A polícia gritava. Diziam horrores. Chamavam as mulheres de vagabundas, de baderneiras. Isso levou uns dez minutos. Uma pressão psicológica terrível. Depois colocaram as mulheres em fila e levaram para a estrada. Fizeram elas sentar, com as mãos na cabeça".

"As mulheres chegaram na área [da Stora Enso] às seis da manhã. Foram presas às três da tarde. No portão, os policiais conseguiram identificar que as mulheres que tinham machadinhas eram lideranças. Eles conseguiram mapear que tinha um diferencial entre elas. [...] Ali teve gente que viu que estava brincando com a vida. Os policiais disseram para elas se ajoelharem. Apontaram as armas para as cabeças das mulheres. Para as costas delas. Não tem como descrever. Um troço muito pesado. Uma mulher levou um soco e caiu de cara no chão. Bateu com o queixo na terra. E ela nunca tinha apanhado da polícia antes. O grau de violência deles. Os olhos deles. Pareciam drogados. Pareciam aqueles cachorros mais brabos. Pareciam que estavam babando. Muito louco. Muito louco. Eles foram com cavalos e cachorros para cima das crianças. As mulheres foram defender. E uma policial mulher também foi defender as crianças. Os outros policiais levaram essa policial mulher presa. Arrastaram ela. Só por ela se posicionar. Mesmo preparada para a violência, aquela mulher sentiu".

"A polícia não diferenciou as mulheres. Eles agiram da mesma forma que faziam nos acampamentos. Violência com bomba, entrar com cavalo, dominar todo mundo e levar preso para delegacia. Eles agiram da mesma forma com as mulheres. E a avaliação das mulheres era de que eles não iam diferenciar por serem apenas mulheres".

"Colocaram um monte de mulheres sentadas no chão e os policiais em cima de um barranco com as armas viradas para elas. Isso é cárcere privado, sim. Além de bater de verdade, eles fazem toda uma cena. Eles vêm com cavalo, com helicóptero. Bala de borracha e bomba de efeito moral. Eles fazem para aterrorizar mesmo. Eles tiram tudo que as mulheres têm nas mãos. Deixam elas horas e horas trancadas dentro do ônibus, sem comer".

"A ação da Aracruz foi forte, radical, mas não teve esse enfrentamento. A mulherada da base ficou bastante apavorada. Depois de 2008, nunca mais conseguimos fazer uma ação assim mais radical. Em 2009, teve ação em Hulha Negra, cortamos eucaliptos mas logo saímos em marcha. Quatro companheiras foram presas mas no outro dia as mulheres fizeram uma marcha até a delegacia e as presas foram liberadas".

"Os ônibus [escoltados pela polícia] foram levados para um ginásio em Livramento e as mulheres ficaram presas no ginásio. As feridas foram levadas para o hospital. No ginásio as mulheres ficaram deitadas no piso frio, nas escadarias, sem colchão, sem nada. Parecia um campo de concentração".

"Quando a polícia levou todas as mulheres para o ginásio, elas tinham a decisão de que iam permanecer ali. Não iriam sair. Não teve nenhum grupo que pegou o ônibus e foi embora, como em 2006. No dia seguinte, o ato [com sindicatos] na praça em Santana do Livramento foi bem emocionante. E, depois, na avaliação que vinha dos assentamentos, a grande maioria das mulheres não tinha ficado com medo, não achava que a ação tinha sido negativa ou que não deveria ter sido feita".

"Ninguém tinha notícia [das mulheres nos assentamentos]. Todo mundo tentava falar com as mulheres. Ninguém conseguia. Teve até homens da base com reações do tipo: 'como assim bater na minha mulher?' Politicamente, várias regionais se movimentaram, fazendo atos, tentando bloquear estradas por uns minutos, em apoio às mulheres. 'Não mexe com as nossas companheiras senão nós vamos trancar tudo.'"

"Algumas mulheres foram para a delegacia e de lá para o presídio. No ginásio, as mulheres decidiram não sair da cidade enquanto as mulheres presas não fossem libertadas. No dia seguinte, as mulheres fizeram uma marcha e um ato na cidade [de Livramento] pela libertação delas. De tarde, saiu um habeas. Elas voltaram para o ginásio para dormir e no dia seguinte [o terceiro dia da ação] elas pegam as coisas delas de volta. Um caminhão despejou as nossas coisas, bolsas, remédios, documentos, como se fosse lixo. Muita coisa sumiu. Ninguém ficou hospitalizada".

"As mulheres saíram da luta [da Stora Enso] fortalecidas. Em 2009, as mulheres fizeram uma luta mais fraquinha. Mas as mulheres [da base] vieram pra luta com sangue nos olhos. Isso foi interessante. Elas estavam com a expectativa de que haveria uma luta maior ainda. Isso foi uma frustração para a base. Elas diziam: 'não me digam que nós viemos para Porto Alegre pra ficar caminhando.' As mulheres da base tensionaram as lideranças o tempo todo. As mulheres do MMC, do MPA, do MAB [Movimento de Atingidos por Barragens] e do MTD não bancavam uma luta mais forte. Daí foi afrouxando".

"Fomos bem parabenizadas pela luta de 2008, realmente. No sentido de 'essa foi uma luta que não pegou mal pra nós. Fez a denúncia mas não pegou mal'. Não é bom apanhar, mas as mulheres conseguiram fazer a denúncia e saíram como vítimas. Sempre fazem essa comparação de 2006 com 2008. Em 2006 elas saíram como vilãs. Mas para as mulheres foi bem melhor a de 2006. Quando deu tudo certinho, as mulheres foram criticadas. Quando as mulheres apanharam, ganharam parabéns".

"[Em 2006] alguns homens ajudaram. Eles sabiam de partes. Não sabiam de tudo".

"Teve um acúmulo. Para chegar na Aracruz, teve um conjunto de lutas, inclusive para dar coragem para as mulheres assumirem essa postura. E 2008 foi melhor ainda, porque em 2006 ainda tinha um conjunto de homens que estava junto, porque as mulheres estavam inseguras. Não na organização mas na ação tinha um grupo de homens sempre por perto. Em 2008 já não tinha. Só tinha uns 30 ou 40 homens entre 900 mulheres e eles ficavam na cozinha. Não tinha nenhum homem na equipe de segurança em 2008".

"[Na ação de 2008] a polícia dividiu homens e mulheres. A orientação da luta era pra não ir homens. Mas tinha uns 20 homens. A polícia separou os homens e ficou apontando as armas para eles. Para as mulheres eles não apontavam. Um grupo de mulheres se reuniu para ver o que fazer em relação aos companheiros. Mesmo que eles tivessem sido orientados a não ir, eles estavam lá e eram companheiros. Se eles saíssem dali separados, eles iam sofrer provavelmente muito mais pressão psicológica ou até física. Aquele grupo de mulheres foi chegando perto deles, para eles se misturarem com elas e daí eles entrarem dentro dos ônibus. Não deixamos nenhum homem pra trás".

"Nas ações de 2007, teve muita briga interna no sentido de que os homens queriam participar. 'Vocês não podem mais fazer ação sozinhas'. Depois de 2008, quando as mulheres apanharam, os homens nunca mais quiseram ir para as ações das mulheres. [risos]"

* * *

"As lutas do Rio Grande do Sul surgem muito em função dos debates que se faziam nos grupos de mulheres [do MST] em nível nacional. [...] A luta acontece em outros estados, onde há grupos de mulheres que assumem essa tarefa. Não era uma linha do MST. Era uma linha que as mulheres conseguiam manter, em alguns estados com mais força e em outros com bem menos".

"As mulheres já tinham o setor de gênero do MST. E depois de 2006 alguns estados passam a eleger essa luta como prioritária, por parte das mulheres. Aí foi se criando um núcleo mais firme. Alguns estados conseguiram elevar a qualidade da luta nesse rumo proposto em 2006. Outros estados, não. Outros nem tentaram. E também teve mulheres que faziam críticas. Teve bastante embate interno. O pensamento machista também está bastante impregnado nas mulheres".

* * *

"Havia uma decisão do Movimento, sim, de que esse não era o tipo de luta [a ação contra a Aracruz em 2006] que o MST apoiava. Mas essas decisões eram sempre veladas. Toda a forma de agir dos dirigentes do Movimento, especialmente os homens, era para ir desmobilizando as lutas mais radicalizadas. Tinha dirigentes homens que apoiavam as lutas das mulheres. De forma minoritária, nas regionais. Na direção estadual, era uma minoria. Na direção nacional havia belos discursos sobre a importância das lutas das mulheres. Mas isso não se traduz em ações ou tomadas de decisões".

"Numa reunião da direção nacional, foi dito: 'não é hora de vocês serem revolucionárias sozinhas', como se as mulheres estivessem fazendo a revolução. Era ridículo pensar dessa forma. Nessa reunião, foi determinado que as ações de 8 de março deveriam ser ações internas ou voltadas para a sociedade. Ações simpáticas, como doação de sangue, distribuição de leite. Mas não ações de enfrentamento com o Capital. [...] Numa reunião da direção nacional, alguns dos dirigentes mais expressivos levaram revistas e jornais que diziam que o braço feminino do MST estava levando o Movimento ao isolamento. [...] A direção do MST diz que as mulheres estavam levando o Movimento ao isolamento. O MST é um Movimento misto e as mulheres estão submetidas a essa organização. Elas foram derrotadas nesse debate. As ações pararam de acontecer".

"A direção dizia que as ações mais fortes podiam estancar as conquistas para o Movimento. Que estavam chegando menos projetos. E culpavam as mulheres".

"Esse grupo de mulheres tinha a compreensão de que a luta contra o latifúndio tinha que ser feita na sua totalidade [...]. Essa institucionalização, esse alinhamento do MST com o governo do PT produziu em vários estados uma outra linha de atuação. Não foi só a luta das mulheres que foi derrotada".

"O núcleo do Movimento era quem estava no setor de produção e nos projetos. Eles tinham uma influência bem grande nas reuniões. O setor de frente de massas também estava fazendo lutas de resistência de mais dias [nas ocupações de latifúndio]. Inclusive, quando aconteceu a ação da Aracruz, estava acontecendo a ocupação da fazenda Guerra e algumas militantes mulheres estavam lá. Era uma combinação de lutas. De 2000 em diante, o setor de frente de massas era dirigido pelas mulheres e por militantes mais jovens. Os dirigentes mais velhos já estavam dirigindo as cooperativas, o setor de produção, projetos e tal".

"O MST sempre combateu muito a ideia de ter militantes em cargos públicos. Mas surgem tarefas distintas. O MST passa a receber recursos do governo. E isso coloca o Movimento a realizar tarefas burocráticas, trabalhos técnicos e gestão de projetos. Por exemplo, o governo Lula determina que 30% da merenda das escolas deve ser comprada da pequena agricultura. Isso criou para os assentamentos uma forma de comércio prático. Muitos militantes passam a gerir projetos de comercialização. O arroz orgânico da região de Porto Alegre se transforma numa potência. Uma saca de arroz convencional era vendida em 2005 a 28 reais e a Conab comprava a 80 reais. Muitos militantes que estavam nos processos de luta passam a gerir cooperativas, porque se abriu um enorme campo de venda de comida para escolas e para instituições públicas. A frente de massas sofreu muito com isso, porque antes ela dirigia o Movimento. Ela era a força pública do Movimento. À medida que esses projetos passam a ser o carro-chefe do Movimento, a frente de massas passa a ser um problema. Surgem estigmas: de um lado os burocratas e de outro os agitadores, os irresponsáveis. Separou literalmente. Claro que isso não era tão explícito. Mas havia debates intermináveis. Por exemplo, eu me lembro de uma dia em que as pessoas estavam sendo despejadas pela polícia da fazenda Guerra, apanhando, e do outro lado da fazenda, num assentamento do MST, acontecia no mesmo dia uma festa, um almoço com o Ministério do Desenvolvimento Agrário e com o Banco do Brasil em função de projetos do assentamento. E esses dirigentes eram todos da frente de massas nos anos 90. E agora as mulheres eram chamadas de intolerantes. Eles diziam que as mulheres não estavam entendo a conjuntura, que o momento era outro, que há muito tempo se esperava um governo que incentivasse os assentamentos e que finalmente chegou a hora. Na frente de massas do Rio Grande do Sul foram basicamente as mulheres que ficaram. As mulheres não puderam fazer cursos e se preparar para essa parte [de gestão da produção] e fizeram cursos mais políticos, sem exigência burocrática. E elas se sentiam melhor organizando acampamentos. Ali é o germe [da ação da Aracruz] de 2006 e [da ruptura dos 51 militantes] de 2011. O MST se divide em dois, mas isso nunca foi dito claramente. Jamais. No governo Tarso [Genro, do PT no RS], todas [as mulheres da frente de massas] fechamos contra o MST compor o Conselhão[200]. As mulheres diziam claramente que isso era cooptação. Mas isso era dito num grupo muito seleto. Não era permitido expressar. A opinião da maioria passava. Ficava sempre aquela polarização: a favor ou contra o governo. A frente de massas se tornou minoritária numericamente. Os assentamentos se tornaram maioria. Foi uma decisão que não foi tomada publicamente, mas o Movimento fez uma opção. Com a carapuça de defender os assentamentos, o MST defendia uma estratégia única junto com o PT. E nesse sentido o enfrentamento pela terra se torna um problema para essa estratégia. Ponto".

---

[200] Em 2011, o governador gaúcho Tarso Genro lança o Conselho de Desenvolvimento Econômico e Social, apelidado de Conselhão, que reúne empresários, sindicatos e movimentos sociais, entre outras entidades. É uma tática petista de amenização da luta de classes.

8

organicidade e periferia no MTD

Enquanto as mulheres do MST encaram a árdua tarefa da organização autônoma, outras mulheres não encontram condições de lançar suas vozes e corpos numa direção de combate político independente. O silêncio rompido para umas acompanha o silêncio persistente de outras. O Movimento dos Trabalhadores Desempregados (MTD) se torna um espaço em que é tensionada essa outra camada de silêncios, a partir da experiência das mulheres negras proletárias de periferia, cuja presença emudecida era muito perceptível no cotidiano do Movimento e foi questionada lateralmente. Neste capítulo, vou expor alguns dos traços centrais do MTD, que justamente tendem a invisibilizar tensões internas que aparecem como a relação entre raça, gênero e classe.

* * *

Mais uma vez, vou tomar a ação direta massiva como plataforma inicial, agora para expor a construção do MTD numa periodização de três etapas de lutas estaduais. A primeira começa no ano 2000, quando esse Movimento é fundado, com ocupações de terra que levam aos seus primeiros assentamentos. De 2000 a 2003, essas lutas se somam às reivindicações por Frentes Emergenciais de Trabalho (FET). A marcha estadual de 2003 inicia uma segunda etapa, confrontando o novo governo estadual com outra rodada de reivindicações por FET. As lutas de 2006 e 2007 não conseguem abrir novas conquistas, compondo a etapa de refluxo do Movimento, irrevogavelmente confirmada com a repressão de junho de 2008[201].

---

[201] A periodização que apresento aqui se alimenta de diversos estudos anteriores. Os antecedentes e primeiros passos do MTD no Rio Grande do Sul até o final de 2002 estão registrados em DA ROS, César Augusto. **As políticas agrárias durante o governo Olívio Dutra e os embates sociais em torno da questão agrária gaúcha (1999-2002)**. 2006. Tese (Doutorado em Desenvolvimento, Agricultura e Sociedade) – Instituto de Ciências Humanas e Sociais, Universidade Federal Rural do Rio de Janeiro, Rio de Janeiro, 2006, p. 190-195. Registros dos antecedentes e primeiros anos também se encontram em MACHADO, Rita de Cássia Fraga. **Demitidos da Vida**: quem são os sujeitos da base do Movimento dos Trabalhadores Desempregados (MTD)? 2009. Dissertação (Mestrado em Educação) – Faculdade de Educação, Universidade Federal do Rio Grande do Sul, Porto Alegre, 2009, p. 59-69. Também aborda o começo do MTD gaúcho o texto de GUTERRES, Enio. A formação do MTD

Uma chamativa ocupação de terra cria um acampamento de desempregados ao lado da fábrica General Motors, no dia 22 de maio de 2000, na cidade de Gravataí, no Rio Grande do Sul. A ação denuncia a entrega de recursos públicos à multinacional por meio de subsídios do governo gaúcho. A prática de um acampamento e a escolha de sua posição geográfica são meios pedagógicos de produzir uma pergunta: por que há dinheiro para a GM e não existem recursos para pessoas desempregadas? Em dezembro de 2000, acontece a Marcha Popular por Trabalho e Teto, saindo de Gravataí, passando pelas cidades de Cachoeirinha e Canoas, e chegando a Porto Alegre. A caminhada dura oito dias e prioriza a passagem pelas periferias das cidades, tentando fazer ação e massificação ao mesmo tempo e enfatizando, em seu trajeto, que a periferia é mais importante que o centro da cidade. Ao final, a prioridade do centro acaba se impondo: o ponto de chegada é o palácio de governo. As pessoas marchantes vêm do MTD, do Movimento Nacional dos Catadores de Materiais Recicláveis (MNCR), dos Comitês de Resistência Popular e do MST. A Marcha pressiona pela aprovação de lei de FET[202] e acelera a conquista dos primeiros assentamentos de desempregados. Interesses diferenciados passam a convergir: os assentamentos atendem à demanda da base desempregada por terra e também fazem avançar o plano da direção estadual de experimentar o trabalho coletivo. Além disso, o território vai servindo de plataforma para a atuação de militantes e dirigentes em outros espaços, reafirmando a ideia de que o assentamento é a retaguarda do movimento. A partir de 2001, acampamentos são montados em outras cidades: Caxias do Sul, Pelotas e Bagé. Assim, em plena ação direta massiva, nasce o MTD.

(Movimento dos Trabalhadores Desempregados) no Rio Grande do Sul e o primeiro assentamento rururbano. *In:* GUTERRES, Ivani. **Agroecologia Militante**: contribuições de Enio Guterres. São Paulo: Expressão Popular, 2006. p. 145-179. Registros de 1999 até 2006 estão num estudo feito por lideranças do MTD gaúcho, publicado pelo CAMP (Centro de Assessoria Multiprofissional): MTD. **Educação e Trabalho**: educação popular e movimentos sociais. Porto Alegre: CAMP, 2007a. p. 44-54. Uma autorreflexão do MTD se encontra num documento interno preparado para o encontro nacional do Movimento em 2007, em Porto Alegre: MTD. **Sistematização do Trabalho de Base e Formas de Luta, MTD – RS** (documento interno). Porto Alegre, 2007b. O estudo mais amplo sobre o MTD gaúcho, englobando antecedentes e trajeto de 2000 até 2010, é o de CAMATTI, Cláudia Teixeira. **O feminismo e as mulheres no Movimento dos Trabalhadores Desempregados no Rio Grande do Sul (2000-2010)**. 2010. Monografia (Trabalho de Conclusão de Curso) – Licenciatura em História para os Movimentos Sociais do Campo, Universidade Federal da Paraíba, João Pessoa, 2010. p. 35-53.

[202] A lei estadual de Frentes Emergenciais de Trabalho (lei n.º 11.628) foi aprovada em 14 de maio de 2001 como política compensatória e o MTD procura usá-la para fomentar grupos autogestionários de produção dentro das periferias. Como escreve Claudia Camatti: "a luta do Movimento é por Trabalho e não por emprego. A proposta estruturante do MTD, que abarca as suas duas principais bandeiras de luta, os [assentamentos] Rururbanos e as Frentes de Trabalho, é a *organização autônoma do trabalho para gerar renda*, sem que os desempregados tenham que voltar para o mercado de trabalho e se submeter a relações de exploração diante ao processo produtivo e a um patrão" (CAMATTI, 2010, p. 49).

A segunda etapa do trajeto do MTD é aberta em junho de 2003, com a Marcha por Trabalho, Terra e Teto, cujo lema é "Fome Zero É Trabalho". Ela segue por quatro dias de Gravataí a Porto Alegre, com pessoas do MTD, do MNCR e dos Comitês de Resistência Popular. Os marchantes reivindicam FET de um governador em início de mandato (Germano Rigotto, do PMDB), conquistando o acordo de 2510 Frentes (sendo 1350 para o MTD). O governo estadual, ao realizar o acordo no ritmo mais lento possível, consegue frear o Movimento. Em 2004 e 2005, uma série de ações diretas visa arrancar as parcelas dessas Frentes. São ações com temperatura moderada, muitas vezes como manifestações de rua e ocupação de prédios do governo do estado. O Movimento aprende a combinar lutas estaduais centralizadas em Porto Alegre e lutas estaduais descentralizadas, que ocorrem simultaneamente em várias cidades. Essas ações são mais baratas do que as lutas centralizadas em Porto Alegre e conseguem movimentar toda a base, que às vezes pode ir a pé para o local da ação. As maiores marchas e ações garantem uma lei e grandes acordos, enquanto as lutas descentralizadas arrancam as parcelas do benefício acordado. Desse modo foi possível que o MTD realizasse 17 ações diretas contra o governo estadual apenas no ano de 2004[203].

A terceira etapa começa em maio de 2006, quando o MTD faz algumas ações na cidade de Novo Hamburgo, em torno da empresa de calçados Azaleia, que deixou de produzir sapatos e apenas os importava da China. A cidade fica numa região apelidada de vale dos sapateiros, que vivia há meses uma onda calamitosa de fechamento de fábricas. Tomar a Azaleia como alvo principal é um modo de o Movimento chamar a atenção da sociedade para o problema da reestruturação produtiva. Depois de tantas lutas voltadas para os prédios do governo estadual em Porto Alegre, a luta de 2006 tem o mérito de focar uma cidade que se tornava polo de desemprego. Além disso, a ação se concentra numa empresa e não no governo, o que tem a finalidade político-pedagógica de tentar enfatizar como inimigo o Capital e não o Estado (ainda que as reivindicações acabem sendo dirigidas ao governo estadual). Outra manobra consistente da direção do MTD foi realizar atos de propaganda em bairros com alto índice de desemprego, para aproximar o Movimento da massa desorganizada. Finalmente, a pauta de reivindicações enfatiza o crédito subsidiado, na intenção de viabilizar uma organização mais permanente dos grupos de produção do MTD, considerando o aprendizado sobre os limites das FET (que duram apenas seis

---

[203] O registro de 17 ações diretas se encontra em: MTD. **Sistematização do Trabalho de Base e Formas de Luta, MTD – RS** (documento interno). Porto Alegre, 2007b.

meses e não oferecem alternativa efetiva ao desemprego). Por todos esses motivos, a ação de 2006 representa um esforço de avanço político[204], num momento de desemprego alarmante.

A próxima grande ação direta acontece na manhã de 28 de novembro de 2007, quando o MTD ocupa a Corlac, uma fábrica abandonada em Porto Alegre, para denunciar o desemprego expondo o desmonte de instalações produtivas. O plano é que a ocupação provoque negociação com o novo governo estadual (de Yeda Crusius, do PSDB), exigindo FET e crédito subsidiado para os grupos de produção. Entretanto, a equipe de negociação é presa logo no início da ação e as pessoas ocupantes são escoltadas por dezenas de policiais militares até uma delegacia, onde todas são fichadas. O Movimento conseguiu pautar a mídia e não houve violência física, mas o desgaste das prisões e dos fichamentos foi marcante, como demonstração de que o novo governo não vai negociar. Com as pessoas liberadas em algumas horas, o povo monta acampamento num parque da cidade e realiza outras ações, mais moderadas, nos dias 29 e 30, sem conseguir forçar negociação[205]. Com o governo do PMDB rejeitando a proposta de crédito subsidiado em maio de 2006 e o governo do PSDB se recusando a negociar em novembro de 2007, o MTD entra em etapa de estagnação. No trajeto desse pequeno movimento social, o bloqueio das conquistas é um traço vital de dissolução de vínculo emancipatório.

Em termos de massificação, os passos cruciais são os seguintes. No ano 2000, a primeira ocupação do MTD reúne 327 pessoas (de acordo com a pessoa responsável pela secretaria do primeiro acampamento, que me passou essa informação oralmente). A marcha do MTD de 2001 tem 400 pessoas caminhando, sendo uma parte vinda de outros movimentos, que assim prestam seu apoio. Na Marcha de 2003 são 800 pessoas, somando MTD, MNCR e Comitês de Resistência Popular. Esse crescimento numérico traz um sentimento de possível engrossamento de fileiras. A luta de maio de 2006 foi inicialmente projetada como uma marcha de 1200 pessoas. Na reunião da direção estadual, é dito com ênfase que uma nova marcha deve obrigatoriamente ter um número de pessoas maior do que as anteriores. A meta de mobilização não é atingida e a marcha é substituída por uma mani-

---

[204] A cada reunião, pequenos traços desse avanço se somam. Dou um exemplo. Na Marcha de 2000, o povo entra num shopping para comer pão com mortadela, criando um pedagógico alvoroço e protestando contra o consumismo. Na marcha de 2006, numa reunião de planejamento, surge a ideia de repetir a ação num shopping de Novo Hamburgo. A proposta é refutada: "queremos entrar no sistema?", pergunta uma pessoa dirigente e o coletivo concorda que não.

[205] Caderno de anotações de militante.

festação na frente do prédio da Azaleia. Isso marca o começo do refluxo do Movimento. Depois de maio, o MTD tenta criar núcleos em Novo Hamburgo e um novo acampamento de desempregados em Gravataí. Poucas famílias são mobilizadas nos dois casos. Ainda assim, existe ânimo de retomar as tentativas de massificação em 2007, quando um novo governo estadual (do PSDB) toma posse. Um mutirão de massificação leva o MTD a duplicar a sua base, possibilitando a ocupação da Corlac em novembro de 2007. Oscilações como essa mostram como há muitos futuros possíveis a cada instante de uma caminhada. Contudo essa força renovada não é capaz de quebrar a linha do novo governo estadual de não negociar com movimentos. Sem conquistas, muitas pessoas abandonam o MTD. A sensação de estagnação se agrava quando os movimentos da cidade observam que a massificação não é alcançada nem mesmo pelo MST, que possui muito mais estrutura, prestígio e experiência. A repressão de junho de 2008 consagra o marco de descenso imposto sobre o MTD em maio de 2006. Essa é a curva geral de mobilização e dispersão da base do MTD de 2000 a 2008.

* * *

Sendo o MTD um movimento estadual e com territorialização própria, ele sofre a seu modo os ataques e artimanhas do Estado. O governo moderado do PMDB acata a reivindicação da marcha de 2003, para logo usar a artimanha de liberar lentamente as FET. A morosidade contribui para desanimar a periferia a se juntar ao MTD. Das 1350 Frentes acordadas em junho de 2003, o governo libera 380 em dezembro de 2003 (o 1.º convênio, de 6 meses), 332 em abril de 2004 (o 2.º convênio, de 6 meses) e 251 em dezembro de 2005. No final de 2006, o mandato do PMDB termina sem que o acordo de 2003 tenha sido totalmente cumprido. Segundo um depoimento:

> *O Movimento lutava, conseguia as Frentes de Trabalho, mas não vinha para todos que lutaram. Tu tem que fazer um seleção de quem ganha e quem não ganha. Isso nos quebrou. É a estratégia política. O governador e o secretário dizem: 'só podemos fazer tanto.' Aí o Movimento tem que dividir por cidades. Tem cidade que lutou e não recebeu. Isso ferra o Movimento.*

A disputa em torno das FET é significativa. Diante do desastroso desemprego que vigora nos anos 1990, a proposta das Frentes soa como resposta de Estado, mas efetivamente se torna um modo de governos aproveitarem desempregados como mão de obra barata para serviços públicos, como limpeza de ruas. Seguindo uma das linhas do MST e de tantos outros movimentos, o MTD tenta canalizar uma brecha reformista e compensatória do Estado como meio para a auto-organização popular. Em dezembro de 2005, o secretário do trabalho afirma arbitrariamente que a lei das FET não tem validade, colocando a possibilidade de veto total à demanda do MTD. As ações do Movimento têm o papel de manter a existência das Frentes. Ainda que o ritmo de liberação das FET tenha sido deliberadamente arrastado, é preciso considerar que outras bolsas (família cidadã, primeiro emprego, coletivo de trabalho) foram eliminadas pelo PMDB gaúcho. A própria permanência das FET foi produto de resistência.

O governo também tenta manobrar o Movimento, oferecendo recursos para serem disputados em âmbito municipal na Consulta Popular, que é o nome dado pelo PMDB para sua versão do Orçamento Participativo do PT. O Movimento recusa esse jogo, por entender que isso é uma armadilha que fragmenta suas forças. Entrar nessa Consulta seria a municipalização do Movimento, ou seja, um retrocesso da mobilização estadual. Há também atenção às consequências ideológicas, pois a adesão a esse tipo de participação pode confundir o povo, dando a impressão de que o MTD está dentro do Estado e não contra ele. A decisão é de manter o caminho da ação direta. "Se hoje há FET, é porque fizemos o Estado engoli-las. Sempre ganhamos as Frentes no pau com o governo", dizem os dirigentes.

Com a morosidade do governo de 2003 a 2006 e com o veto à negociação em 2007, o Movimento vai se tornando cada vez mais vulnerável às tentações dos chamados "projetos", que são outra via de inserção no Estado. Em 2007, o MTD consegue aprovar dois projetos junto ao governo federal: um de agricultura urbana (com recursos da Petrobrás) e outro de distribuição de alimentos[206]. Para entender o perigo, é preciso lembrar que o esforço de fortalecer movimentos sociais pretende, em parte, oferecer uma alternativa não só ao conservadorismo dos partidos políticos que cedem à lógica eleitoral, mas também à acomodação constitutiva das ONGs. Aceitar os projetos como fonte de financiamento traz consequências mortais para tal esforço político. Como os movimentos são em geral muito pobres e como as lutas vão perdendo força, a aprovação de projetos representa uma importante injeção de recursos, que inevitavelmente recompõe o equilíbrio interno da organização. Inicialmente, a direção estadual tenta fazer com os projetos o mesmo que fizeram com

---

[206] O programa Compra Antecipada, do governo federal, era feito em parceria com o Movimento dos Pequenos Agricultores (MPA) e a Companhia Nacional de Abastecimento (Conab).

as FET: aproveitar um recurso oficial e emergencial para promover luta e autonomia. Mas é inútil pois – ao contrário das FETs e dos assentamentos – esse recurso chega sem a mediação da ação direta, ou seja, o benefício é iniciativa do Estado (em sua benevolente etapa petista) e não resultado da ação do Movimento. Com o MTD travando lutas cada vez mais ineficazes, a aprovação desses dois projetos funciona como uma inversão fatal para a organicidade do MTD: enquanto as FET escasseiam e os assentamentos são marginalizados pelo governo estadual, os benefícios concretos chegam pelos canais formais do governo federal. É a institucionalização que contagia o Movimento. O mais humilhante é que toda a distribuição de comida era feita com recursos dos próprios movimentos – uma "parceria" entre movimentos sociais e governo petista, que não se presta a pagar o frete dos caminhões. Ao longo dos meses e dos anos, isso vai mexendo com as cabeças militantes. As palavras começam a mudar de significado. Alguns dirigentes começam a dizer que "cestas de alimentos são, sim, uma conquista" – despolitizando completamente a ideia de "conquista", que até então significava o resultado da ação direta massiva. Dirigentes começam a emitir a opinião razoável de que não se pode estruturar a produção sem recursos do Estado, o que é um modo enviesado de abandonar a ideia de uma ampla conquista de território por meio de enfrentamento à burguesia. Vai se tornando normal a presença de técnicos com salários muito mais elevados que as paupérrimas ajudas de custo da militância. Mais importantes são as consequências sobre a estrutura orgânica, cujas partes têm seus pesos alterados. A militância é chamada para administrar os recursos em secretarias situadas nos centros das cidades, ou seja, a militância se afasta do já difícil trabalho de base na periferia. O setor de projetos gradativamente vai se tornando mais equipado do que o setor de produção ou o setor de frente de massas (que faz a massificação), o que prejudica a autonomia do MTD. O termo "projeto" não passa de uma senha para essa armadilha ideológica e organizativa. Esses recursos abrem uma brecha num movimento que até então soube recusar tantas outras opções ilusórias do capitalismo. Assim, vai se normalizando uma sutil adesão do Movimento à ordem burguesa em etapa lulista[207].

---

[207] Em 2006, um documento do MTD faz uma avaliação amena do problema dos projetos. É sinal da força magnética irresistível que os projetos ganham naquela conjuntura. "Os projetos estão parados e quando se movimentam criam novos problemas, como o excesso de burocracia ou o sufoco de ficar muito preso a uma atividade. Precisamos de projetos e é melhor que nós os administremos, mas aí ficamos afogados por eles. São os dois lados dessa moeda" (MTD. **Sistematização do Relato das Cidades na Coordenação Estadual** [documento interno]. Gravataí, 2006a).

Manobras de governo, como negociação e projetos, não funcionam sem violência física. A surra que os movimentos sociais tomam em Porto Alegre no dia 11 de junho de 2008[208] repercute sobre o MTD como um arremate de todas as outras linhas de desgaste e aliciamento. O veto na mesa de negociação se soma à bala de borracha, ambos empurrando o Movimento para os recursos apaziguadores dos projetos. Uma especificidade do MTD é nunca ter sido alvo de maiores investidas policiais. O MTD nunca viveu episódios de forte repressão policial como o MST. A ameaça que a polícia militar demonstra perceber nos Sem Terra jamais foi atribuída ao MTD. Contudo, a violência policial executada na periferia – muito maior do que a repressão sobre o MST – afeta indiretamente o Movimento. O terror de Estado é um fator de desmobilização na periferia, somado ao assistencialismo e aos bloqueios do tráfico e das igrejas evangélicas. Portanto, é a violência policial difusa e cotidiana que importa, no caso de um movimento de periferia. A massificação do MTD pode estar minada antes de ser proposta. Dito isso, o 11 de junho não deixa de ratificar a interdição das conquistas, sendo um marco final da terceira etapa do MTD.

Vimos a eficácia do governo do PMDB, de 2003 a 2006, em impor o ritmo de conta-gotas para atender as demandas do Movimento. Antes disso, o governo do PT oferece um encorajamento calculista ao MTD, usando os Coletivos de Trabalho para limpeza de ruas e acelerando a entrega do primeiro assentamento, porém numa área muito distante das cidades da região metropolitana. Depois do ambíguo apoio do PT e das esquivas do PMDB, vem a violência aberta do PSDB a partir de 2007, vetando qualquer negociação e prendendo a equipe de negociação, como vimos. Em maio de 2008, o MTD é recebido pelo governo apenas para ouvir que não haverá mais FET. Na relação com o governo do estado, ocorre um gradativo fechamento: o Movimento encontra um governo acessível do PT, que incentiva contendo; um governo ameno do PMDB, que cede desgastando; um governo rígido do PSDB, que ignora ou bate. O MTD não adquiriu forças internas para resistir a essa sequência cada vez mais desfavorável no âmbito estadual.

Houve uma combinação imprevista, mas eficiente, entre o ritmo dos governos estaduais e federal. A chegada do PT ao governo federal em 2003 inibe o enfrentamento dos movimentos sobre o governo. Considere-se que

---

[208] Enquanto movimentos do campo e da cidade fazem um simples ato num estacionamento de um supermercado, a polícia militar ataca violentamente as pessoas manifestantes. Várias lideranças foram levadas para o presídio central de Porto Alegre. Um dirigente foi hospitalizado, cuspindo sangue. As pessoas fogem e se reagrupam num parque da cidade, onde a polícia ataca uma segunda vez. Foi um recado nítido do governo do PSDB, dado a todos os movimentos de uma vez só.

esse grau de conflito (com governos) já é ameno, em relação à necessidade de enfrentar o Capital sem a mediação amortecedora do Estado. O PT consegue impor um grau ainda mais resfriado de lutas, enquanto abre os canais para os recursos dos projetos, como vimos. É a eficácia petista que dissolve o MTD por dentro, enquanto no âmbito estadual o governo do PMDB freia o Movimento e o governo seguinte do PSDB se nega a negociar, ostentando que não tem pudores em esmurrar movimentos sociais. Na passagem do governo estadual do PT para o do PMDB, o avanço do MTD se torna resistência. Com o começo do mandato estadual do PSDB e com o triunfo petista (sobrevivendo ao mensalão), a resistência vira sobrevivência e dissolução. Aliciamento federal e bloqueio estadual finalmente quebram a capacidade de resistência do Movimento por dentro e por fora.

***

Colocado o trajeto geral do MTD no Rio Grande do Sul, passo a observar alguns detalhes de sua estruturação orgânica, que são de interesse para refletir sobre a relação entre o modelo organizativo do MST e a periferia urbana. O MTD é parte de um amplo leque de experimentações, realizado no final dos anos 1990 e começo dos anos 2000. Com a crescente institucionalização da esquerda, coloca-se uma promessa de superação na emergência de movimentos que vão assumindo a ideia de ocupar, resistir e produzir. No início dos anos 2000, o potencial de organização popular dos Sem Terra reverbera nas metrópoles brasileiras. E se surgisse um MST urbano, muito mais massivo?[209] O MST se torna uma espécie de movimento-espelho, levando os métodos de organização popular e luta massiva ao patamar mais elevado de refinamento. Sua bandeira, seus gritos de ordem, seus modos de lutar alcançam outras categorias – pequenos agricultores, sem teto, catadores, atingidos por barragem, desempregados, jovens etc. Essas adaptações se fazem em diversos experimentos, como acampamentos rotativos e semiabertos (nos quais as famílias não precisam permanecer fixas, diminuindo o peso do isolamento e do sacrifício). Novos tipos de assentamentos também são criados, como as comunas da terra. O MTD faz parte desse caldo.

---

[209] No Fórum Social Brasileiro de 2003, César Benjamin diz: "Formaram-se grandes contingentes humanos de que o capitalismo não mais necessita. Sobrevivem no desemprego, no subemprego, na economia informal, em atividades sazonais, incertas ou ilegais. Estão concentrados principalmente em grandes cidades e de alguma forma se organizam. Mas até aqui não se tornaram agentes da transformação social, na qual são os maiores interessados. Formam o ponto cego de qualquer alternativa transformadora. [...] Essas multidões, concentradas em grandes cidades, com acesso a informação e sem alternativas dentro do sistema atual são, em tamanha escala, um fenômeno novo em nossa história".

As dúvidas eram gigantescas. Com o sindicato neutralizado, qual o sujeito da transformação? Se a periferia pode se organizar, qual o seu inimigo? Quais alvos fazem a mediação entre a ação social e o combate político a partir da favela? O foco do trabalho de base deve ser a grande metrópole ou é melhor começar pelas cidades médias? Cabe reproduzir os núcleos de base na periferia? O MTD é um campo específico de tentativas práticas em meio a esse redemoinho de interrogações.

Algumas opções colocadas no final dos anos 1990 são assumidas de modo deliberado, na etapa de gestação do MTD. A ação direta massiva é crucial, como vimos. O assentamento rururbano é escolhido para experimentar dentro da cidade a reconexão entre a luta pelo trabalho e a luta pelo território, que a esquerda dissocia tanto em sindicatos quanto em movimentos de moradia. As FET são usadas para ultrapassar a medida emergencial a partir dela mesma. São decisões tomadas considerando acertos e fracassos acumulados em décadas anteriores, com muito sacrifício[210]. Outras opções foram feitas em meio às surpresas no caminho. É nessa linha que vou destacar um aspecto da estruturação do MTD da Região Metropolitana de Porto Alegre (RMPA): a relação entre grupo de produção (GP) e núcleo de base (NB).

Em 2000, a pauta principal do MTD é o Assentamento Rururbano. A conquista do primeiro convênio de FETs gera um excedente: há mais vagas para FETs do que pessoas mobilizadas pelo MTD em acampamentos e assentamentos. Por isso, em 2002, o Movimento é levado a formar GPs nas periferias da RMPA, ou seja, é uma questão de reunir gente rapidamente para aproveitar as vagas excedentes de FET. Com isso, o MTD passa a atuar em dois territórios: assentamentos e periferias. Há também alguns novos acampamentos, que são montados ao longo dos anos na RMPA, sem a mesma força dos iniciais. Em 2003 e 2004, o papel dos NBs é muito discutido dentro do MTD. É preciso ter duas estruturas (GP e NB)? O GP não é suficiente para discutir trabalho e luta? A prática mostra que o GP foca a preocupação com a sobrevivência, com o ganho econômico, e isso evidencia a necessidade de existência do NB, como espaço que tem outra prioridade: a discussão política. Daí percebe-se que a coordenação do MTD tem que ser construída a partir dos NBs. A primeira coordenação metropolitana surge

---

[210] Os assentamentos rururbanos representam experiências de territorialização da organização popular, buscando superar a "nítida separação entre os movimentos relacionados ao mundo do trabalho (expressos nos movimentos sindicais) e os movimentos relacionados ao mundo da reprodução (os movimentos por saúde, moradia, educação etc.)" (MTD. **Educação e Trabalho**: educação popular e movimentos sociais. Porto Alegre: CAMP, 2007a. p. 88). O MTD procura se contrapor à tendência geral de aceitar os cortes de direitos trabalhistas para manter a chamada "empregabilidade" (*Ibidem*, p. 17-18).

como reunião de coordenadoras de GPs. A nova decisão gera um conflito: as coordenadoras de GPs acham que estão sendo derrubadas. Aos poucos as cidades vão constituindo NBs e a coordenação dos GPs vai passando a ser a coordenação do setor de trabalho. No final de 2004, na RMPA, foi criada a coordenação metropolitana, composta a partir de NBs. O método de organização passa a ser formar o NB e só depois criar o GP, para priorizar a política. É então que se consolida a ideia de que o GP é exclusivamente para organizar o trabalho e que ele é vazio se montado antes do NB, porque as pessoas não ultrapassam a busca pela renda.

> Para que o NB cumpra seu papel é necessário ter militância com formação acompanhando os NBs. Esse militante é um educador ou educadora popular com o papel de problematizar a realidade e socializar a leitura e as propostas que o MTD já acumulou frente a essa realidade, ou seja, revelar todas as informações ou aspectos (positivos e negativos) para o NB ter posição sobre os rumos a serem tomados no MTD. Na prática temos poucos militantes liberados para acompanhar os NBs e isso fragiliza o debate político nos NBs e nas coordenações locais[211].

A combinação de territórios alcançada a partir de 2002 (assentamentos e periferias) amadurece em 2004 nesse vínculo entre estruturas de organização: NBs e GPs. Essa maturação foi gradativa e polêmica. Desde o começo do Movimento, existe o debate: construir o Movimento na periferia ou conquistar território autônomo por meio dos assentamentos rururbanos? No primeiro momento, as forças do MTD se concentram na organização dos acampamentos visando à conquista de assentamentos. Esses oferecem plataforma e retaguarda para militantes e dirigentes, além de ser referência territorial para o Movimento inteiro, pois se mostram mais permanentes que os NBs de periferias, que podem se desmanchar com facilidade em meio à dinâmica da periferia. Entretanto, o assentamento não junta muito povo e o Movimento precisa de base massiva para realizar a ação direta. Os NBs de periferias não possuem território próprio e são instáveis, mas reúnem muita gente, em comparação com os assentamentos.

> No assentamento temos raiz militante, mas não juntamos muito povo. Nas periferias temos massa para ir para a luta, mas não criamos muita militância. Uma coisa acabou completando a outra[212].

---

[211] MTD. **Sistematização do Trabalho de Base e Formas de Luta, MTD – RS** (documento interno). Porto Alegre, 2007b.
[212] *Idem.*

Formulações como essa demonstram a capacidade de um movimento urbano recém-criado encontrar suas próprias soluções, a partir da inspiração nos Sem Terra. Essa estrutura orgânica, fundada numa específica interrelação entre territórios, é produto de uma soma de circunstâncias práticas, deliberação políticas e interpretações teóricas. A organização popular é obrigada a lutar por "conquistas imediatas, capazes de aliviar os problemas do dia-a-dia do povo" e as FETs foram vitais a sustentação da base do MTD nas periferias[213]. Esse imediatismo incontornável pode ser compatível com um amadurecimento, que também depende de suporte político e teórico. Isso pode ser exemplificado com o relato de uma reunião da direção estadual, feita em agosto de 2005, com dois dias de duração, na intenção de não se perder em tarefas cotidianas. Dirigentes resgatam propostas e realizações do MTD para sintetizar e reafirmar as linhas do Movimento, cinco anos depois da fundação.

> O MTD tem uma estratégia fundamental, que é a nossa razão de ser: construir um país socialista, começando pelo Projeto Popular. O MTD tem dois eixos fundamentais: sobrevivência e articulação política. Para o primeiro fazemos GPs e para o segundo, NBs. Ambos são luta e devem andar juntos. Nosso pilar é o trabalho, entendido como matriz formadora do ser humano. Se foi ele que humanizou o homem, é ele que vai tirar o homem do atoleiro. Nós mesmos usávamos o trabalho como castigo, como está na Bíblia. Precisamos viver bem e para isso só construindo outra sociedade. Até lá, temos que sobreviver. Para isso, precisamos de método, não como receita mas como processo. Método é caminho, jeito, tática. O que dá o norte são os princípios, que orientam o Projeto. Para o trabalho funcionar, é preciso luta e formação e para isso é preciso NBs, que levem à massificação. O trabalho coletivo e o NB são inegociáveis. Para ser MTD, tem que estar ligado a um NB. Dos NBs, vêm as coordenações locais; destas vêm as coordenações municipais; e destas a coordenação regional. Agora, queremos retomar a coordenação estadual, que deve ser o principal fórum de decisão. E a direção deve interpretar a conjuntura[214].

As grandes propostas políticas não são estáticas. Elas entram em relações imprevisíveis com o ritmo de vida da base na periferia. Isso aparece em duas avaliações internas do MTD, de âmbito regional e estadual, que

---
[213] *Idem.*
[214] Caderno de anotações de militante.

demonstram uma disposição para a autocrítica que ultrapassa o pragmatismo e enxerga além dos limites materiais. Em janeiro de 2006, militantes fazem uma avaliação do MTD junto aos núcleos de várias cidades da RMPA. O objetivo é diagnosticar o Movimento a partir da base, como parte da preparação da ação de maio. Esse retrato[215] (parcial) do MTD da RMPA pode ser dividido em três grandes pontos.

O primeiro são os problemas de reunião e informação. São muitos depoimentos sobre as reuniões cansativas, repetitivas e mal preparadas, sem estudo, sem arte, sem fé, sem humor, conduzidas de modo confuso e personalista. A passagem das decisões entre as instâncias (executiva regional, coordenação regional, coordenação municipal e núcleos) cria distorções, agravadas pela desconcentração da base e pela disparidade entre fontes (dirigentes, coordenadoras e militantes dizendo coisas diferentes). Em alguns núcleos, as informações são bem trabalhadas; em outros, as pessoas são levadas para lutas sem saber o motivo ou as condições. Os erros se tornam explosivos quando envolvem as conquistas – sua divisão, seus prazos, o acesso a elas.

Uma segunda grande questão debatida foi: por que o povo da periferia não entra na luta? As reuniões levantam vários aspectos. O povo faz bicos. As pessoas dizem que sempre têm um serviço, uma consulta médica marcada há seis meses ou um imprevisto mínimo que derruba qualquer plano. "Semana que vem? Nunca dá pra saber". Considere-se que biscate exige articulação, observação e informação permanentes. "A gente tem que fazer biscate porque se depender só do MTD a gente morre de fome". O povo tem medo de apanhar. O assassinato do sindicalista em Sapiranga "foi uma rajada para nós"[216]. O povo não acredita na luta. A descrença é fruto de tantas promessas não cumpridas. O povo está cansado de candidatos e vê o MTD como coisa de político. O Movimento já recebe uma carga de desconfiança inicial, pois as pessoas já acumulam frustrações com associações e partidos há décadas. "Não vai mudar nunca". É o fatalismo de que o povo nunca vai reunir forças para peitar os poderosos. O povo tem vergonha de ir para a rua. Existe o estigma da baderna: "e se um vizinho me vê na manifestação?" Muitos acham que lutar é sapatear na frente do palácio debaixo de sol, caminhando à toa e fazendo gritaria. O povo tem pressa. O

---

[215] MTD. **Avaliação Parcial da Frente de Massas Metropolitana** (documento interno). Região Metropolitana de Porto Alegre, 2006b.

[216] Em 30 de setembro de 2005, o sapateiro e sindicalista Jair Antônio da Costa foi assassinado pela polícia militar em plena luz do dia, no final de uma manifestação em Sapiranga, no Rio Grande do Sul. Cf. Sapateiros lembram 12 anos de impunidade dos assassinos do sindicalista Jair Antônio da Costa. **CUT-RS**, 2 out. 2017.

imediatismo dita que "ou é pra já ou é pra nunca. Vocês lutam seis meses para receber cinco meses de Frentes?" Aqui entra a eficácia da demora da liberação de FET, promovida pelo governo. O povo está deprimido, desanimado, fraco, doente. Uma desempregada diz que dormiu numa reunião porque passou a noite anterior ajudando vizinhos a salvar móveis de uma enxurrada. Tudo isso é complementado pelos vizinhos que se deliciam em assustar as pessoas com casos de repressão e desanimá-las com boatos sobre desvios e falcatruas. "Lá vêm os desocupados que gostam de estar na rua". "Vocês vão passar a noite toda na luta para ganhar nada e depois são as lideranças que vão embolsar". "MTD é baderneiro, faz quebra-quebra".

Como a imensa maioria da base do MTD é de mulheres, um terceiro tópico tratou das dificuldades que elas encaram para entrar na luta. Antes de mais nada, o marido: as desempregadas dizem que ele é ciumento e fica reclamando. "Vocês são trouxas. Isso nunca vai dar certo". "Se não fosse essa reunião, a comida já estava pronta. Vocês não recebem nunca e ainda atrasam o almoço". O maior ciúme do marido é quando a mulher vai para a ação. "O que é que essas mulheres vão fazer em Porto Alegre?" Homens acusam as mulheres de estarem passeando, namorando. Alguns casamentos acabam. "Meu marido é de lua. Às vezes deixa ir na luta. Às vezes, não". O homem, mesmo desempregado, faz bico; a responsabilidade da mulher é com a casa; então, dormir fora (nas lutas mais longas) é muito difícil e a cobrança é muito grande. Na chegada da luta, os maridos pressionam: "E aí? Ganharam? Ou foram lá para nada?". Como disse uma companheira: "a perturbação mental é pior que apanhar". É o dinheiro que faz os homens acreditarem. Quando as FETs chegam, as mulheres dizem: "e agora, vai reclamar?" Aí o homem se cala e fica mais calmo. Segundo um depoimento, a mulher também atormenta o homem, se ele não traz comida para casa. Reforçando a pressão do marido, existe a sobrecarga da vida doméstica e o peso das crianças que não desgrudam da mãe. Como as crianças não ficam bem acomodadas na reunião ou na luta, e raramente há ciranda[217], as mulheres lutam com a criança no colo. Os homens não. Nem todo mundo tem com quem deixar os filhos. O colégio pode reprovar e o conselho tutelar pode aparecer. O medo nas ações aumenta, com a presença das crianças. Além das obrigações concretas, a mulher sofre com a carga moral da responsabilidade familiar. A mulher luta pelos filhos; para não ver os filhos pedindo as coisas sem ter para dar. São as mulheres que têm o compromisso com

---

[217] Ciranda é a versão emancipatória daquilo que no capitalismo se chama creche. É desenvolvida por movimentos sociais em sua busca de métodos diferenciados de educação.

a família, o cuidado com o orçamento e o saber das demandas da casa. A mulher tem mais consciência e é mais perseverante e paciente. O homem é mais livre e deixa acontecer. Os homens apostam no biscate e as mulheres não apostam nos maridos. "Homem é frouxo; a mulher é que é macho". "Eu em casa sou o homem e a mulher". E elas são as primeiras atingidas pela crise. Por tudo isso, "antes de ir para a rua, cada mulher faz a sua luta dentro de casa". A estruturação da ciranda continua inexistente. Em geral, quando há necessidade de ciranda e mesmo quando há espaço, não existe formação e recursos para montá-la. Na ciranda da luta, as próprias mães acabam cuidando das crianças. Às vezes, as mulheres veem a ciranda como desnecessária: elas têm com quem deixar as crianças ou então estas vão para a luta e não incomodam. Algumas mães jamais confiariam em deixar as crianças com outras mulheres. "Eu não deixo crianças com estranhos". "Tem gente que maltrata as crianças".

Essas são as palavras da base do MTD na RMPA em janeiro 2006. Um dirigente sugere uma síntese dessa avaliação regional: "o corpo que precisa fazer a marcha [planejada para maio de 2006] está sangrando". Alguns meses depois, acontece outra avaliação, agora como autoanálise de militantes e dirigentes na coordenação estadual do MTD. Sendo avaliação estadual, ela serve para situar as dificuldades dos núcleos no Movimento como um todo.

> [Os NBs não] demonstram iniciativa. Expressam-se através de números (quantas pessoas no NB, quantos NBs na cidade) e não através de decisões e ações. A elite nos vê como estatística, mas nós também nos vemos em termos quantitativos, com a grande vantagem de sermos números dentro de organização popular. É uma limitação interna mas também é um avanço em relação às estatísticas da burguesia. Precisamos desta organização que possui o NB separado do GP. Nosso povo tende a rejeitar a discussão política. O GP só visa a geração de renda e assim não vamos avançar. Devemos perseguir a construção do NB como o pilar político do nosso movimento[218].

Já os grupos de produção, por serem voltados à geração de renda, demonstram mais iniciativa que os NBs e mesmo assim geram renda abaixo do nível de sobrevivência. Em outra ocasião, um militante observa que "os grupos de produção são autogestionários mas não tem o que gerir".

---

[218] MTD. **Sistematização do Relato das Cidades na Coordenação Estadual** (documento interno). Gravataí, 2006a.

> A dificuldade de estruturar nosso trabalho é imensa. Nas empresas, o povo ganha um salário mínimo para cumprir uma função sem maiores decisões ou responsabilidades. Quando vem o desemprego, nós convocamos esse povo para se reunir, avaliar, planejar, gerenciar, produzir e comercializar, tudo isso para ganhar menos de um salário mínimo[219].

Ainda segundo essa avaliação, a coordenação municipal é difícil de ser criada e mantida, especialmente se não há conquistas. E, sem a coordenação, a cidade tende à estagnação. Os setores (de trabalho, de frente de massas, de formação, entre outros) são mais necessidade do que realização: quando ocorrem, as suas atividades não têm continuidade e não afetam os NBs. Estes, por sua vez, não criam militantes e a base não se engaja nas tarefas dos setores. Nas conclusões do documento, os principais obstáculos do MTD são internos e dificultam os dois eixos de sobrevivência econômica e de organização política. O Movimento não sofre os ataques sistemáticos de jagunços, juízes, mídia, deputados etc., que apedrejam constantemente o MST. "Mas não podemos nos esquecer: os entraves internos foram colocados dentro de nós pela elite". Depois de tanto sacrifício, o pouco que se conquista serve para fazer compras nas grandes redes de supermercados. "Nós acabamos colaborando com o sistema". Não há dúvidas sobre a necessidade de organização. "Existem muitas barreiras mas estamos no caminho certo. [...] Nesse período histórico, precisamos estar preparados para fazer muitas lutas e alcançar poucas conquistas".[220]

Além dessas linhas de atuação e avaliação, que eram centrais para o MTD, as pessoas encontram energia para experimentar vários outros caminhos complementares de 2006 a 2009. Logo após a luta da Azaleia, militantes permanecem em Novo Hamburgo tentando criar núcleos de base. Também em maio de 2006, depois que empresários arrebanham desempregados numa marcha em Brasília, financiada por prefeituras, o MTD e sindicatos reagem com ocupações das prefeituras de Novo Hamburgo e Sapiranga. Em junho de 2006, metalúrgicos, sapateiros, MTD e outros movimentos ocupam a área externa do Centro Administrativo (do governo estadual), em Porto Alegre. Também em junho, um novo acampamento do MTD é aberto em Gravataí e as poucas famílias mobilizadas ocupam uma agência do Banrisul (o banco do estado) em agosto e no mesmo mês fazem uma manifestação em frente à prefeitura petista

---
[219] Idem.
[220] Idem.

de Gravataí, de onde a equipe de negociação é pedagogicamente expulsa. Em 2007, a direção estadual estimula lutas municipais para que a base exercite autonomia em torno de demandas mais próximas[221]. Na Região Metropolitana, é criada uma nova instância – a executiva ampliada – que visa inserir lideranças de base na tomada de decisões das ações diretas. Cursos estaduais, mutirões de massificação e hortas urbanas são realizados de 2006 a 2009. Há muito empenho em ações e articulações para a criação do MTD nacional, que frutifica na Bahia e no Distrito Federal e tem iniciativas no Rio de Janeiro, em São Paulo e no Paraná. Em 2008, inspiradas pelas mulheres do MST, as mulheres do MTD decidem fazer suas próprias ações: como a governadora anuncia a construção de 15 presídios no estado, as desempregadas planejam uma ocupação de supermercados onde elas deixariam um cheque com o valor da construção dos presídios. Em 2009, as mulheres desempregadas organizam um encontro de dois dias em São Leopoldo.

Além disso, a política não é apenas uma questão de ações, reações e resultados. É sobretudo uma ativação de potenciais por meio da ação concreta. A cada passo, inúmeras possibilidades históricas estavam pulsando e diferentes consequências eram viáveis. O Movimento está sempre atuando para além de si mesmo. Em agosto e setembro de 2006, quando o MST e o MTD faziam massificação em São Leopoldo, os relatos de apoiadores sobre o desemprego local e as condições de vida nas periferias foram tão alarmantes que um dos militantes Sem Terra comparou a cidade com "uma panela de pressão". Em 2008, logo após a crise financeira se tornar um fato público, uma reunião extraordinária acontece no centro de formação do MTD e uma dirigente alerta para a possibilidade de abertura de uma crise revolucionária. A capacidade de Lula de amortecer lutas não era uma fatalidade e as dinâmicas locais e mundiais poderiam chacoalhar o marasmo a qualquer instante. Uma possível e súbita mudança de conjuntura poderia

---

[221] A etapa de estagnação foi altamente dinâmica. Por exemplo, em 2007 o MTD gaúcho decide se concentrar em lutas municipais. Sem forças para fazer uma grande luta estadual, o MTD aproveita suas energias para organizar ações municipais no dia 3 de abril, em Alvorada, Canoas e Palmeiras das Missões. É um modo de se manter em movimento, experimentando alvos mais próximos da base, assim como objetivos mais imediatos, como horta comunitária. Apenas algumas cidades são escolhidas para concentrar as ações, de modo que podem receber apoio de outras cidades. Isso permite aumentar a base e também fortalecer apoios de lideranças locais, que ficam muito animadas com um evento raro e marcante no âmbito municipal, no qual as pessoas estão pouco habituadas a manifestações populares autônomas e organizadas. Não é todo dia que prefeituras são desafiadas. Um prefeito fica furioso ao ver centenas de pessoas desempregadas, vindas de várias cidades, reunidas em frente à prefeitura. Assim, sem força em nível estadual e com o atraso da articulação da luta nacional, abril de 2007 torna-se o mês das lutas municipais articuladas. O MTD consegue incentivar a autonomia de base e tapar seus buracos organizativos ao mesmo tempo. Esse é apenas um exemplo de inúmeras histórias de luta não contadas.

inflar a estrutura orgânica e dinamizar a organicidade em níveis imprevisíveis e politicamente perigosos. Os esforços dos movimentos sociais poderiam ter seguido direções muito diferentes daquelas que se consolidaram.

A lista de ações e experimentos que pontuei demonstra que o esgotamento do MTD não foi acatado pacificamente. Até a repressão de 11 de junho de 2008, foi mantida a promessa feita na própria prática de fundação do MTD: movimento se faz com ação direta. Cada vez menos capaz de arrancar conquistas do Estado, o Movimento reafirma sua determinação em superar o teto histórico, cada vez mais nítido. Nesses anos, a resistência subjetiva do MTD vai até o último fôlego para tentar reverter o limite objetivo. Finalmente, a organização de desempregados foi neutralizada no Rio Grande do Sul e seus vínculos emancipatórios também se dissolvem.

O MTD foi um laboratório de perguntas, ações e respostas dirigido aos dilemas da organização popular no espaço urbano. Três partidos se sucedem no governo do Estado, usando grandes recursos para moderar, desgastar e atacar movimentos sociais. Enquanto isso, muitas pessoas militantes se juntam a centenas de habitantes de periferia para se manifestar, planejar, conviver e se autoavaliar, num ritmo muito intenso de tentativas de aproveitar as brechas do Capital contra ele mesmo. E mais uma vez, como veremos no próximo capítulo, as mediações organizativas permitem que algumas vozes se levantem, enquanto deixa outras emudecidas.

9

o diálogo bloqueado sobre racismo

A conquista de Frentes de Trabalho leva o MTD para a periferia, primeiro criando GPs e depois organizando NBs. Quando esse novo Movimento urbano, espelhado no MST, entra em contato com a periferia, surge uma distância específica e significativa entre lideranças e base. Diz uma avaliação interna do MTD, de agosto de 2001: "observamos que o objetivo em torno de terra, teto e trabalho [as bandeiras do MTD] está em nós [dirigentes] e não nas pessoas". Essa avaliação, muito franca, destaca vários problemas nos acampamentos urbanos do MTD. Eles não mobilizam muita gente e quem acampa desiste logo. Embora esse seja o principal meio de o povo conseguir terra, as pessoas não aderem ao Movimento, pois estão envolvidas em mecanismos de sobrevivência (bicos, assistencialismo, furtos etc.) que fazem "com que se poupem as poucas energias que restam". Além disso, quem tem muito pouco se apega muito ao pouco que tem. Todos gostam da proposta do MTD, mas a conquista é muito demorada e as pessoas precisam voltar ao meio de vida em que conseguem garantir seu dinheiro de cada dia. As deliberações das instâncias não são praticadas porque aparecem como "decisões moralistas [quando] esbarram na vida concreta". O povo também não gosta da dinâmica do acampamento, que impõe "uma série de regras, disciplinas, cobranças, coisas que há tempos não estão acostumados". Não se mantém um processo de formação em que o povo oprimido supere a tutela de um poder superior. Numa ocasião um acampado opina que o acampamento "deveria ter peão, capataz e patrão, e sua fala teve eco e apoio de vários que dizem ser mais fácil assim". Os vícios de bebida e outras drogas são gravíssimos e diante deles as regras morais caem por terra, fazendo das expulsões o caminho mais fácil, porém falso. "Aqui não estaria posto a necessidade de clarearmos melhor nosso público, entender melhor quem são os miseráveis e quem são os pobres? Qual é a saída para selecionarmos melhor, uma vez que em nossa rede tem vindo todos juntos". A avaliação se encerra com autocrítica: "Nós [dirigentes] seguimos o caminho mais fácil, que é olhar a partir de nós. Nós decidimos colocar nossa vida à disposição da revolução, então passamos a cobrar daqueles que antes se calavam para os patrões que agora se calem para nós"[222].

---

[222] MTD. **Avaliação Interna do MTD** (documento interno). Gravataí, 2001.

Em 2006, uma avaliação da coordenação estadual do MTD atesta que o núcleo de base não tem iniciativa. É o mesmo problema que se manifesta, ainda que sua raiz seja entendida como a escassez de conquistas. Também em 2006, uma autoanálise da tentativa de acampamento de desempregados em Gravataí registra que o "povo nunca conseguiu se coordenar sozinho, nem a direção teve condições de organizar a base para isso. [...] [O] nosso objetivo aqui enquanto organização não fecha com o objetivo da base". Coloca-se a intuição de que "nossas iniciativas mexem com dimensões sociais mais profundas do que parecem". Na plenária da luta das mulheres do MTD de 2009, em São Leopoldo, diante do desnível entre a metodologia preparada pelas lideranças e a disposição das pessoas, uma dirigente lamenta que "nosso povo é muito disperso".

Esses não são impasses de um movimento novo e frágil, haja vista que o MST vive o mesmo problema em seus acampamentos da região metropolitana de Porto Alegre ao trabalhar com um segmento do "novo perfil dos Sem Terra", que são os novos acampados que vêm das periferias e não conhecem a agricultura. A militância Sem Terra convivia com a mesma situação de evasão, de rejeição da disciplina, de rotatividade e de drogas, obrigando a formação a permanentemente recomeçar do zero. Modestamente, e por conta de sua inserção prioritária na periferia, o pequeno movimento urbano consegue levar para um patamar mais elevado a percepção sobre o "novo perfil dos Sem Terra" (que designa, em parte, o desencontro entre um modelo de organização e uma base periférica).

***

Identificado esse dilema recorrente na história do MTD, como explicá-lo? Na versão contada por suas lideranças, a chave está na ligação entre a criação do Movimento e a reestruturação produtiva. Sendo o desemprego crônico, generalizado e irreversível, ele coloca a exigência de uma ferramenta de luta pelo trabalho coletivo e não mais por emprego.

> A natureza do desemprego nos anos recentes vem da modernização conservadora e da concentração de capital [...]. Esse desemprego joga milhões de pessoas na informalidade, como forma de sobrevivência, deixando as pessoas desamparadas das políticas sociais e previdenciárias[223].

---
[223] GUTERRES, Enio. A formação do MTD (Movimento dos Trabalhadores Desempregados) no Rio Grande do Sul e o primeiro assentamento rururbano. *In:* GUTERRES, Ivani. **Agroecologia Militante**: contribuições de Enio Guterres. São Paulo: Expressão Popular, 2006. p. 148-9.

Definem-se então eixos organizativos e bandeiras de luta:

> O eixo central da luta [do MTD] foi definido como sendo o trabalho, pois é este que define a vida das pessoas. Com argumentos do tipo 'emprego não tem para todos, mas trabalho autogestionário sim' e agregando ao eixo central a moradia e a produção de alimentos para o autossustento familiar, a terra passou a ser uma necessidade básica[224].

Ao expor os problemas e concepções que originam a proposta de assentamento do MTD, o texto enfoca a colonização europeia e o conflito entre os colonos minifundiários e os latifundiários. Esse seria "o vício na origem da distribuição da riqueza do território"[225]. Como se vê, a proposta encontra suas origens na imigração europeia do Séc. XIX. Mas, quando se fala das crises internas do assentamento, elas são atribuídas ao povo da periferia, que não tem história:

> [a] "cultura da vila"[226] incrustada na vida das pessoas dificulta o avanço, porque elas vêm de um mundo de busca de sobrevivência a qualquer preço, de forma individual, da falta de cooperação em comunidade[227].

A escravidão e o racismo são desconsiderados e, diante dos entraves internos, aí rapidamente a periferia é lembrada, repleta de vícios.

Em 2004 é elaborado coletivamente o texto "Não estamos desempregados", que nos convida a "voltar um pouco na história" para entender o desemprego estrutural a partir de crise e reestruturação capitalistas desde os anos 1970.

> [O] sistema se transformou de tal modo que não necessita mais de um índice baixo de desemprego, ele requer que uma parcela grande da população fique fora do mercado de trabalho definhando. [...] [Portanto] não há sentido na busca isolada por uma vaga no mercado de trabalho. Pois nós não estamos desempregados, nós somos desempregados, ou seja, a nossa condição de desemprego não é temporária, é permanente. Compreendida esta situação,

---

[224] *Ibidem*, p. 155.
[225] *Ibidem*, p. 159.
[226] Na Região Metropolitana de Porto Alegre (RMPA), na década de 2000, as pessoas usam o termo "vila" como sinônimo de periferia. A pessoa periférica se chama de "vileira". Neste estudo, optei pelo termo periferia, por ser compreensível em todo o Brasil. Quando os documentos do MTD forem citados, o termo "vila" será mantido.
[227] *Ibidem*, p. 166.

> a única saída é a nossa própria organização enquanto excluídos deste sistema, contra este modelo excludente. Portanto somente a luta por trabalho digno, aliada ao enfrentamento deste sistema que nos oprime, pode nos libertar desta condição[228].

A afirmação de que não apenas "estamos", mas "somos" desempregados radicaliza a leitura da realidade. A mesma autoimagem do MTD é publicada num livro em 2007:

> Um grupo da sociedade situado fora das bordas da economia é um fenômeno recente, decorrente das transformações do modelo de produção[229].

Trata-se de um profundo desencontro entre Movimento e periferia. Um dirigente se pergunta se a base é um pobretariado; um documento fala de "trabalhadores urbanos pobres"[230]; o MST fala de "novo perfil dos Sem Terra", referindo-se, em parte, aos moradores de periferias que aderem aos acampamentos. No dia a dia, em momentos de frustração, as lideranças veem sua própria base como "degenerados", "lúmpen", um povo desqualificado para se organizar, que não é o sujeito revolucionário que os dirigentes buscam. Além dos desencontros da proposta e do método, temos a inexistência de vocabulário para nomear o problema.

Paralelamente, às margens dos documentos oficiais do MTD, outra leitura vai germinando. Na convivência com mulheres negras na base do MTD, uma parte da militância intui que a reestruturação produtiva se liga a três séculos de escravidão somados a milênios de patriarcado. Desse ângulo, existe outra história do MTD: as pessoas que compõem a base do Movimento não são desempregadas porque nunca tinham sido empregadas. Não são despedidas pela reestruturação produtiva porque nunca foram inseridas na industrialização.

***

Os limites da interpretação predominante sobre o MTD são percebidos e comentados nos bastidores, mas não debatidos em instâncias nem elaborados nos principais documentos. Surgem algumas tentativas

---

[228] MTD. **Não Estamos Desempregados** (documento interno). 2004.
[229] MTD. **Educação e Trabalho**: educação popular e movimentos sociais. Porto Alegre: CAMP, 2007a. p. 23.
[230] MTD. **Sistematização do Trabalho de Base e Formas de Luta, MTD – RS** (documento interno). Porto Alegre, 2007b.

de diálogo entre duas experiências históricas segregadas: uma encarnada por dirigentes eurodescendentes e outra pela base afrodescendente[231]. Vou destacar três delas.

A primeira tentativa vem de conversas informais, que aconteciam ao longo de anos, com as pessoas da regional do MTD de Pelotas, que vivenciam a organização de um modo diferenciado. O MTD de Pelotas consegue se massificar como nenhuma outra região. E lá a base é quase totalmente negra, assim como a mulher que se projeta como dirigente estadual a partir de Pelotas. Essas diferenças animam conversas dispersas, que foram enfim sintetizadas para um estudo do Movimento em outubro de 2008 nos seguintes termos:

> Nosso questionamento começou com Pelotas. Nas outras regiões, a base é muito negra mas as lideranças são brancas. Em Pelotas não: as lideranças são negras. E as lideranças negras que vinham para a coordenação estadual diziam: 'é difícil participar aqui porque não conseguimos entender o que vocês estão dizendo e parece que vocês também não entendem o que nós dizemos. Em Pelotas as reuniões são diferentes. Tem muito mais tempo de música, dança e troca entre as pessoas.' Nós [das instâncias estaduais, em que a maioria das lideranças são brancas] colocamos mais tempo nas discussões e as pessoas negras não se sentem à vontade. Temos um jeito mais rígido. É uma objetividade hipócrita. É muito fechado. Não podemos rir, falar, brincar. Não nos tocamos. As reuniões não levam em consideração o nosso jeito de ser. Não mexemos com o corpo. Somos duros com o corpo. As religiões africanas mexem muito com o corpo. A própria forma da nossa organização é excludente para o povo negro. Teve uma reunião da CMS [Coordenação dos Movimentos Sociais] que veio um ônibus de Pelotas. Era um povo negro no meio dos brancos. Num intervalo, o pessoal de Pelotas fez um baita samba, e na volta à reunião o pessoal continuou conversando animado. A dança ficou uma coisa à parte. As duas coisas não se ligavam. Numa

---

[231] Nos anos de 2005 a 2009, o MTD no Rio Grande do Sul se organiza nas seguintes regionais: Região Metropolitana de Porto Alegre, Caxias do Sul, Pelotas, Palmeira das Missões, Bagé e Lajeado. Nunca houve documento do MTD listando lideranças. A cada ano, oscilavam os nomes e algumas regiões podiam se desligar do Movimento ou se religar a ele. Escrevendo este estudo, fiz minha própria lista de pessoas que se tornaram lideranças em suas regiões (a maioria das quais fazendo parte da direção estadual em algum momento). Com base em minha memória, cheguei ao seguinte quadro. Em termos de gênero, o MTD era liderado por 12 mulheres e 11 homens. Em termos de raça, eram 19 pessoas brancas e 4 pessoas negras. Combinando as duas linhas, eram 10 homens brancos, 9 mulheres brancas, 3 mulheres negras e 1 homem negro. É verdade que os números variam ao longo dos anos e que diferentes participantes podem lembrar e omitir algumas pessoas. O que importa aqui não é a exatidão dos números, mas a gritante desproporção entre a composição dos grupos dirigentes e a composição da base.

escola de movimentos, há enorme discriminação contra urbanos e negros – nós nos submetemos a um padrão de movimento social que é camponês, branco e masculino; sentimos que não nos encaixamos bem nos movimentos tradicionais; mas isso não leva a uma afirmação do nosso jeito; nós ficamos humilhados e complexados. Na direção estadual já chegamos a discutir como mudar o método de reunião para que essa barreira de diálogo não aconteça. Qual é essa diferença entre nós[232]?

Uma segunda tentativa de diálogo vem do próprio trabalho de base, cujos limites vão ficando evidentes, incitando uma parte da militância a esboçar interrogações ligando raça, gênero e classe. Procurando realizar a ideia de que trabalho de base é convivência, algumas pessoas militantes fazem observações ainda difíceis de teorizar. Uma delas é sobre o grau de violência normalizada nas periferias: a rotina da periferia é literalmente uma tortura. Não há caso exemplar. São incontáveis facetas, aparecendo dia após dia, compondo um mosaico quase indecifrável. Um exemplo, tirado das anotações de um militante:

> Mãe solteira; exausta; foi a pé até o centro da cidade para sacar o bolsa-família e quando chegou na agência lembrou que foi no dia errado; amanhã tem que ir de novo (outra caminhada para esgotar as energias); muita dor nas costas; chega a chorar de dor à noite, todas as noites; o médico disse para fazer operação mas ela não quer porque pode ficar de cadeira de rodas; mora na beira do valão, que inunda quando chove; recebeu oferta de emprego numa chácara mas não se muda porque, nas palavras dela, "é melhor ficar na maloquinha, que é minha, do que tentar uma coisa que pode dar errado e depois ter que ir pra debaixo da ponte"; ela mora num barraco do tamanho de um quarto, com 5 filhos[233].

O caso imediatamente se dissolve diante de incontáveis outros sofrimentos, que parecem afogar uns aos outros na indiferença. Se um bebê foi morto asfixiado pelo cobertor da mãe bêbada, como se preocupar com o

---

[232] MTD. **A Estrutura de Poder**: raça, gênero e classe (documento interno). Grupo de estudos, Gravataí, 2008. O termo "estrutura de poder" foi aprendido pela militância com discursos de Malcolm X, assistidos por meio da internet, instalada no Centro de Formação do MTD em Gravataí por volta de 2006. Um grupo de pessoas militantes trata de legendar alguns desses discursos, que circulam na internet até hoje com o título de "Malcolm X: por qualquer meio necessário". Esse mesmo grupo legenda um longa-metragem sobre os Panteras Negras intitulado "Todo Poder ao Povo: o Partido dos Panteras Negras e além" (de Lee Lew-Lee) e publica um texto sobre esse filme no jornal **Brasil de Fato** (de 12 a 18 de junho de 2008) com o título "Panteras Negras e o desafio da periferia", assinado com o pseudônimo de Abdias Santos. Esses materiais são parte da terceira tentativa de diálogo realizada por um pequeno grupo de militantes do MTD, que veremos a seguir.

[233] Caderno de anotações de militante.

caso de outra mãe, que teve dois filhos mortos no hospital por negligência, enquanto outra mãe morre aos poucos com a ferida que fez num bico, limpando o pátio do vizinho, com lama até as canelas, para nem receber pagamento? Uma coordenadora de base comenta que a filha está crescendo e o padrasto já está olhando esquisito para ela; assim, antes que a filha seja estuprada, ela vai expulsá-lo de casa e, sem ele ajudando em casa, a coordenadora vai entrar na prostituição. Assim a militância vai testemunhando a vivência insuportável, a carência corrosiva, as relações à beira da violência, os vetos a cada mínima intenção de caminhar, o estresse permanente. O inferno cotidiano se explicita nos menores gestos, como quando a mãe chama seu filho de capeta. Essas dores são tão assustadoras quanto são surpreendentes as alegrias. A capacidade de sorrir parece indestrutível e os esquemas de autoajuda funcionam sem parar. A militância é muito bem recebida por onde chega e nunca fica sem um café, um lanche, um prato de comida. Há muita vontade de conversar, inclusive para matar a grande carência afetiva[234].

Esporadicamente, há um esboço de mudança de percepção. Vejamos o caso de uma mulher negra da base que tem sua bexiga perfurada durante operação de laqueadura feita por um médico branco estagiário num hospital público. Uma leitura poderia ser apenas de classe: a raiz do problema está no neoliberalismo que sucateia serviços públicos e no desemprego que cria dependência de serviços sucateados. Contudo, militantes pesquisam e agora já conhecem a história do povo negro como cobaia da medicina; o descalabro da mortalidade materna; o tratamento de médicos brancos que não tocam os pacientes negros e reclamam de seu cheiro. A aliança entre os estudos independentes da militância e o trabalho de base na periferia pode ensinar que existe algo além da exploração do trabalho.

Uma terceira tentativa de diálogo vem de um pequeno grupo de militantes, que começa a fazer estudos paralelos em 2007, justamente para enfrentar o desencontro entre MTD e periferia. A ideia inicial, tateante, era a de que raça, gênero e classe só podem ser entendidos em sua articulação recíproca, o que suspende a premissa de que classe é o fator determinante central. Sabendo que isso é uma heresia num movimento marxista, os estudos são feitos quase que escondidos. A motivação vem de evidências gritantes, que já foram mencionadas: a presença negra majoritária na base e a presença branca majoritária na direção do MTD, assim como a imensa

---
[234] *Idem.*

maioria de mulheres compondo o movimento de "trabalhadores desempregados" (o nome do Movimento vem no masculino). Procurando outras referências, o grupo resgata Malcolm X, os Panteras Negras, a violência estrutural segundo Rita Segato, a Argélia de Fanon, o feminicídio de Caputi e Russell, os Jacobinos Negros de James, o Martelo das Bruxas, entre outros. Com isso, outra linha de explicação foi se formando nas beiradas do MTD. A presença dolorosa de racismo e machismo no cotidiano contrasta com sua omissão ou contenção nas pautas de reuniões, de negociação e nas bandeiras dos movimentos sociais.

Movido pela esperança de levantar debate interno, o pequeno grupo produz um texto que explicita perguntas negligenciadas pelas instâncias do MTD:

> [...] podemos entender a dominação no Brasil sem estudar como racismo, patriarcado e exploração burguesa se combinam? Do mesmo modo, podemos combater a dominação no Brasil sem enfrentar racismo, patriarcado e exploração burguesa? [...] Como ignorar que vivemos na segunda maior nação negra do mundo, porém controlada por brancos? [...] O desprezo, o confinamento e a tortura acompanham o povo negro neste país da escravidão às favelas. Se concordarmos que não há socialismo sem feminismo, como dar as costas ao racismo[235]?

O texto retoma o problema que vimos anteriormente, o desencontro entre liderança e base, mas agora escancarando que existe um alheamento do MTD em relação à periferia. Ao invés de destacar a incapacidade organizativa da periferia, o texto sublinha duas grandes omissões do movimento afirmando que "jamais estabelecemos ligação entre a periferia e a escravidão ou entre a periferia e o patriarcado"[236].

A inquietação se acumula ao longo dos anos e se intensifica no vácuo de rumo que se coloca a partir do esgotamento das conquistas. Com o movimento inteiro em impasse, surge uma brecha na organicidade para levar aqueles estudos a fóruns estaduais do MTD. Em 2008, quando começa a acontecer o Grupo de Estudos (GE, um encontro estadual de militantes e dirigentes), ocorre um avanço expressivo em relação ao encontro estadual de formação de janeiro de 2006 (no qual houve quatro tópicos abordando

---

[235] GRUPO de militantes do MTD. **MTD e o Desafio da Periferia** (documento interno). Gravataí; Porto Alegre; Alvorada, fev. 2008.
[236] *Idem*.

classe, um tratando de gênero e nenhum sobre racismo). O GE de janeiro de 2008 tem um dia dedicado ao Estado prisional. Em julho, um estudo liga o trabalho de base e a história da África. Outros encontros do GE tratam dos "clássicos", começando com dois livros de Lênin. Outros pequenos estudos tratam de Panteras Negras, das revoltas de jovens nos guetos de Paris em 2005, da ligação entre repressão e ódio racial. Paralelamente, desde 2006, as mulheres do MTD fazem seus próprios estudos, como parte da preparação das lutas de março.

Esse esforço chegou ao ápice em dois estudos no final de 2008 e começo de 2009. Em outubro de 2008, em dois dias de encontro, a reestruturação produtiva e o neoliberalismo são ligados a racismo e escravidão, com os seguintes tópicos: seletividade racista da polícia e do judiciário; estrutura colonial; matança da juventude; repressão para expulsar pobres do centro da cidade (chamada pelas autoridades de revitalização); e esgotamento de conquistas. Esse roteiro de estudos foi introduzido com uma reflexão sobre ocorrências recentes, de 2005 a 2008, envolvendo movimentos sociais e sindicatos. Um cartaz vertical com mais de dois metros de comprimento registra eventos de luta e repressão policial: despejos, trabalho de base, lutas de mulheres, lutas espontâneas de comunidades, encontro de mulheres, revolta de camelôs no centro de Porto Alegre, projetos do governo de construção de presídios, assassinato de uma militante pelo marido por se envolver em política (o termo feminicídio ainda não era corrente), a omissão das instâncias do MTD diante do caso de uma coordenadora que tem seus cadernos incendiados pelo marido quando retorna de curso do movimento, entre outros itens. O objetivo de produzir esse cartaz é eliminar qualquer possibilidade de recusar a articulação entre raça, gênero e classe no dia a dia do Movimento. Segundo os materiais deste estudo, existe uma necessidade de "decifrar a mensagem da periferia".

> Por que estamos estudando raça, gênero e classe hoje? Em primeiro lugar, havia incômodo com muitas coisas que eram importantes mas que não encontravam ressonância dentro das instâncias. As vilas queriam nos dar um recado mas não conseguíamos escutar. [...] O debate sobre raça, gênero e classe não é preocupação de algumas pessoas nem é 'questão dos negros' ou 'questão de mulheres'; o debate vem porque o racismo, o machismo e a exploração de classe se colocam sobre nós. [...] [A organização do MTD em várias cidades foi] levantando o problema: a periferia é negra! Sem tratar de racismo, como vamos nos enraizar nas vilas? Além disso,

> há muitos anos percebemos que somos um movimento de mulheres mas nunca conseguimos trabalhar isso. [...] Em 2007, todos esses elementos foram potencializados pelo governo Yeda. O esgotamento de conquistas colocou em questão nosso jeito de ser. O que fazer sem conquistas econômicas? Essa angústia representou uma abertura para novas questões. Buscamos exemplos de outros povos que já fizeram lutas sem reivindicações econômicas. Aí o Partido dos Panteras Negras começou a chamar nossa atenção[237].

Em fevereiro de 2009, um encontro de formação do MTD, com dois dias de estudo, é intitulado de "raça, gênero e classe" e tem o objetivo explícito de "criar referências de organização e lutas negras; [de] nos encantarmos com a capacidade de luta negra". No primeiro dia, o estudo começa chamando as pessoas a pensarem sobre a organização na periferia e termina perguntando se podemos chamar esse povo de "degenerados", como muitas vezes se faz nos bastidores dos movimentos. O estudo confronta a proposta de legítima defesa (de Malcolm X) com a de resistência não violenta (de Marthin Luther King), comparando experiências de luta contra a segregação racial nos Estados Unidos nos anos 1950 e 1960, como os sit-ins e marchas, assim como a Nação do Islã e a resistência dos Diáconos pela Defesa e Justiça. No segundo dia, são estudadas as lutas indígenas na Bolívia, no Equador e em Oaxaca, e as revoltas atuais da periferia brasileira, como em Paraisópolis.

Todo esse esforço de estudo e debate foi subitamente vetado em março de 2009. Apenas um mês depois do estudo que prioriza a "luta negra", outro encontro de dois dias sufoca a tentativa de diálogo. Ao final do segundo dia de encontro, em 19 de março de 2009, a direção do MTD simplesmente afirma que não dá para estudar várias coisas ao mesmo tempo e avisa que, a partir de agora, classe é o foco do Grupo de Estudos. Esse foi um amargo aprendizado sobre o caráter dos movimentos sociais. Uma pessoa da direção informa às pessoas militantes que os estudos passam a abordar exclusivamente os "clássicos": Marx, Engels, Lênin etc. A violência da invisibilização é imposta, sem pudores, em nome da coerência revolucionária. A tentativa de diálogo é enquadrada como ingenuidade num breve momento de hesitação: o ano de 2008 é de incerteza sobre o futuro do MTD e isso deixa a direção estadual fugazmente aberta ao questionamento, possibilitando experiências de formação e de trabalho de base, que logo são rotuladas como desvio e encerradas. A segregação entre as experiências eurodescendentes e as afrodescendentes é mais uma vez confirmada, agora de modo deliberado.

---

[237] MTD. **A Estrutura de Poder**: raça, gênero e classe (documento interno). Grupo de estudos, Gravataí, 2008.

É importante registrar que, ao longo desse intervalo, do começo de 2008 a março de 2009, a frágil abertura do MTD ao diálogo é escoltada por gestos muito comuns na esquerda. São objeções automáticas e omissões respeitáveis que funcionam sorrateiramente para desqualificar qualquer interrogação. Quando surgem questões em torno de racismo e patriarcado, as lideranças inicialmente demonstram de interesse e, quando o debate realmente avança, a disposição vira receio, expresso naquelas pequenas dúvidas amigáveis que servem de distração. Se o estudo trata da matança durante o tráfico negreiro, alguém diz: "mas os índios também sofreram isso! Por que privilegiar os negros?" Num encontro estadual de movimentos, um respeitadíssimo dirigente nacional faz palestra sobre projeto popular e, durante o debate, uma mulher negra pergunta, sem rodeios: "como fica raça e gênero no projeto popular?" Com toda a tranquilidade, o líder responde: "nunca li nada que articule bem raça, gênero e classe" – e fica por isso mesmo. Num estudo interno do MTD, um prestigiado intelectual orgânico recebe a mesma questão e não se preocupa em oferecer mais que uma frase: "o mais importante é classe, que deve atravessar tudo o mais". É uma cordial indiferença, capaz de devastar os esforços tateantes de construção de pensamento. Quem conhece a esquerda por dentro tem sua própria lista de disparates e agressões. No plano individual, é uma violência que estraçalha qualquer tentativa de autoafirmação. No plano organizativo, é uma estranha rachadura na prática da emancipação. O registro desses pequenos gestos é sempre pertinente, entretanto o mais importante é ultrapassar a violência de superfície e buscar as raízes desse jogo detestável de desconversas.

10

"tu não pode ser tu": memórias de mulheres negras desempregadas

Um aspecto sensível e evidente do MTD é a expressiva presença de mulheres negras na base, em contraste com sua presença mínima na direção do Movimento. Esse descompasso é uma porta de entrada para questionamentos que as ações diretas e a organicidade por si mesmas não colocam. É possível compreender uma parte dessa rachadura organizativa colhendo pequenos registros e indicações, como foi feito no capítulo anterior. É preciso agregar outras vozes. Agora, com os depoimentos de três mulheres negras do MTD, vamos reencontrar o silêncio inscrito nos vínculos emancipatórios. Eu começo com a pergunta elementar: quem é o MTD?

> *Mulheres negras de periferia.*
>
> *Mulheres negras desempregadas da periferia.*
>
> *Acredito que 90% da base era mulheres desempregadas da periferia, bem precarizadas, sem perspectiva de entrar no mercado de trabalho formal, vivendo de bicos. Viam no Movimento uma perspectiva de conseguir Frentes de Trabalho, um auxílio financeiro para poder se manter. Tirando isso, para ficar mais completo, tinha os militantes, que alimentavam as pessoas com informações políticas. Muitos militantes tinham experiência em outros movimentos. Alguns se forjaram enquanto militantes no MTD, sem experiência em outros espaços.*

Internamente, nunca houve um censo do MTD. Havia apenas percepções empíricas e genéricas. Não há dados que possam comprovar a presença majoritária de mulheres ou de mulheres negras. Mas há fotografias de ações e encontros do Movimento. As mulheres aparecem como maioria, sem dúvida. Nessas imagens, as mulheres negras apresentam uma força numérica incontestável. São muitas mulheres negras, sem prejuízo da participação de um número considerável de mulheres brancas. Contudo, mesmo o registro por imagens precisa ser ponderado. As fotos não permitem estipular os percentuais de diferentes tipos de gente. Elas não capturam as variações regionais, e o MTD de diferentes regiões do Rio Grande do Sul tinha presença negra variável. Existe também a diferença entre os assentamentos (compostos de famílias e, portanto, com maior presença masculina) e os núcleos de periferia (que tinham presença feminina nitidamente majoritária).

Tudo isso considerado, três fatores são inquestionáveis. Em primeiro lugar, o nome do Movimento e sua ênfase exclusiva em classe colocam um desencontro vital entre a base majoritariamente feminina e fortemente negra de um lado, e, de outro, a identidade masculina e racialmente neutra do Movimento como "trabalhadores desempregados". Em segundo lugar, a relação entre base e direção é marcada pela ausência de representatividade. Metade das pessoas dirigentes eram homens e a metade feminina era quase toda branca. Em terceiro lugar, apenas em 2008 as mulheres do MTD começam a fazer reuniões separadas, para conduzir análises e ações próprias. E mesmo assim jamais foi cogitada a organização independente de mulheres negras. São três linhas de silenciamento que trazem uma explosão de implicações políticas.

***

Vamos conhecer a trajetória daquelas três pessoas em sua passagem para a militância. Uma delas teve um marido que decide ir para o acampamento e a mãe dela diz que "mulher não pode ficar longe do marido". Pela moral e pela necessidade de moradia, a família se junta ao acampamento. Aqui, o marido entra na coordenação e ela participa de um grupo de costura. Ela afirma não perceber o machismo a partir da sua vivência.

> *Quem viajava [para as reuniões do Movimento] era o pai do meu filho. Eu não viajava. Só quando eu comecei a fazer um curso. Ele não aceitou a mudança. Quando eu fui para a segunda etapa do curso, ele largou o nosso filho na casa da irmã dele e ficou fora de casa por uma semana. Eu tive que passar três dias fora do curso para voltar em casa e deixar meu filho com a minha mãe. Daí eu voltei pro curso e terminei a etapa. Bem dolorido. Antes eu não tinha consciência dessas coisas. Hoje eu consigo perceber. Foi o Movimento que forjou isso. Na luta, no dia-a-dia, na prática, na formação que eu fui me dando conta.*

As três mulheres negras destacam as mudanças de vida que acontecem a partir do envolvimento com os estudos, com o trabalho de base, com o centro de formação e com a ação direta.

> *Comecei a estudar mais. No primeiro momento, para entender as perspectivas da organização. Depois, estudamos para entender a estrutura da sociedade, dentro do nosso campo de atuação, que*

> era a periferia. Começamos a estudar raça, gênero e classe. [...] Isso para mim foi uma das coisas que mais me firmou enquanto militante dentro da organização. Para além de só ser solidário, de só tentar fazer o bem para as pessoas, que é o que aparece no primeiro momento, eu passei a realmente entender o que se quer enquanto organização política.
>
> Antes de conhecer o Movimento, eu tinha um certo incômodo [sobre racismo]. Uma raiva com uma injustiça. Aquele momento [um estudo do MTD sobre racismo] foi bem marcante pra mim. Eu fiquei pensando que de fato aquilo era uma preocupação para mais pessoas. E essas pessoas conseguiam ver além do que eu conseguia. Eu nunca imaginava que um movimento podia se preocupar com aquelas coisas.

O trabalho de base era um esforço de, "na medida do possível, tentar colocar os estudos em prática", permitindo que a pessoa saia da sua localidade e circule entre os núcleos, fazendo reuniões e estudos.

> Eu fui em outros lugares, não só dentro do meu bairro. Isso foi determinante [para ver a diferença entre o Movimento e as ONGs]. Fui em outros bairros, conheci outros núcleos. Vi que o Movimento chegava no bairro, conversava com as pessoas na perspectiva de montar um núcleo, que continuasse se reunindo. [...] O núcleo de base era basicamente um grupo de pessoas que, a partir do primeiro contato com o Movimento, se mantêm organizadas, mesmo que minimamente, se reunindo uma vez por quinzena [...] quando tinha alguma formação ou encaminhamento que vinha da direção. Quem fazia acompanhamento dos núcleos fazia essa ligação do Movimento com os núcleos. [...] É uma questão de superação para o indivíduo: assumir uma tarefa de fazer a teoria ir para a prática. Estudar a condição das mulheres negras, estudar a condição da periferia, como se estrutura a periferia, e como isso é funcional para manter uma sociedade como essa. Daí tu vai e tenta passar isso para as pessoas de forma clara.

Conhecer o centro de formação do MTD, na cidade de Gravataí, também foi vital para uma dessas mulheres negras. Os núcleos de base na periferia têm reunião uma vez por mês ou por quinzena, e fora isso "era a vida cotidiana das pessoas. Elas tocavam as suas vidas, sem muita interferência do Movimento". Já no centro de formação

> [...] a rotina é diferente e isso para mim chamou muito a atenção. Uma casa coletiva, com horário para trabalhar, divisão de tarefas. Eram pessoas diferentes que conviviam no mesmo espaço. Isso

é totalmente diferente do cotidiano das pessoas. Tu vive na tua família. Não vive num coletivo de pessoas diferentes, que vêm de lugares diferentes, com famílias diferentes. Vi que as pessoas não tinham interesse financeiro. Elas tinham uma perspectiva de uma outra forma de relação entre as pessoas.

[As pessoas militantes] pareciam muito estranhas. Pessoas que viviam e se comportavam de forma completamente diferente. 'Como assim? Fazem isso de graça?' Eu não entendia isso de convicções, de militância. Era algo fora dos parâmetros. A pessoa tem pressupostos, coisas que estão colocadas ali que tu acaba nem refletindo sobre aquilo. O que é normal para uma família comum? É trabalhar e ter família. A maior estranheza era ver pessoas que se dedicam em fazer alguma coisa e não recebem nada em troca.

Tem particularidades do cotidiano da periferia. [...] Um grau de miséria bem grande. Isso faz com que as pessoas tenham uma solidariedade particular. [...] É uma solidariedade muito ligada a questões de sobrevivência do cotidiano imediato. Desde cuidar do filho de um vizinho, trocar uma xícara de arroz por uma de farinha, essas coisas. [...] É uma realidade permeada pela violência, que também acaba criando fortes vínculos entre as pessoas. Por exemplo, um assassinato de um filho de uma vizinha gera uma comoção na família do lado e tu vai tentar dar um suporte para amenizar aquele sofrimento. Diferente de um espaço de militância, que é um público bem mais heterogêneo. Tu vai aprender a conviver com pessoas de diferentes origens de classe, diferentes histórias de vida, que têm objetivos em comum, convicções compartilhadas. [...] São vínculos afetivos que não são mais familiares. As formas de se relacionar com as pessoas estão em outros marcos.

Comparando com militantes de partido, o Movimento tem outro jeito de tratar com as pessoas. Outro diálogo. Outra linguagem. Outra forma de se relacionar. [...] Parece que tem a dureza do trabalho, mas também muito mais afeto, mais delicadeza no trato.

Com a ação direta, o envolvimento com a organização atinge um novo patamar. Na marcha do 8 de março,

[...] foi o primeiro momento que eu vi mais pessoas do Movimento. Muita gente. Saí daquele núcleo de poucas pessoas. Tinha quem pensava a comida. Tinha quem pensava o ônibus. Foi determinante para eu decidir se eu queria ou não participar daquilo. Foi especial. Consegui ver que junto a gente conseguia fazer mesmo alguma coisa, nem que fosse sair para a rua e gritar, falar, puxar palavras de ordem, reivindicar alguma coisa mesmo.

Não se trata apenas da ação direta, mas de ação feita por mulheres.

> *Eu também vi a marcha das mulheres da Via Campesina, quando elas chegaram na manifestação. Organizadas. Caracterizadas iguais, com lenço, com bandeiras. E eram só mulheres. Para usar uma palavra da moda agora, eu diria que eu me senti empoderada. Eu vinha de uma realidade em que as mulheres eram totalmente subjugadas, agredidas. E eu vejo mulheres lutando por mulheres e de forma organizada. Diferente de tudo aquilo que para mim era dado como óbvio. Que as mulheres eram incapazes de fazer as coisas por elas mesmas. É difícil de explicar. Mas é esse o sentimento. Ver mulheres organizadas e se sentir empoderada. Ver que eu enquanto mulher também era capaz de fazer.*
>
> *Não quero puxar pro assado das gurias, mas depois daquela ação da Aracruz não teve outra melhor. E teve bastante conquistas também. Eu não vejo só conquista na terra. Mas também em dizer que as mulheres estão aqui. Que nós pensamos também o Movimento. Que nós também morremos por não ter alimentação saudável.*

A inserção nas instâncias de construção das lutas de mulheres tem uma capacidade especial de promover autonomia.

> *Tinha mulheres que participavam da instância regional nas lutas do Movimento [o MTD] e participavam também da instância estadual na construção do 8 de março, com as mulheres [do MST]. Era totalmente diferente na estadual. Ações maiores, em espaços que as mulheres não conheciam. Foi na luta das mulheres onde elas mais participaram. Era pensar o todo. As mulheres sentiam que tinha um peso maior. Num primeiro momento, tinha uma insegurança. Mas ela é superada a partir da experiência das outras mulheres que estavam ali.*

Em todos os âmbitos, a entrada na militância é uma tremenda mudança de vida.

> *É tudo tão encaixado e de repente bagunça tudo. As relações mais básicas ficam estranhas. Enquanto sujeito, você tem que tentar se superar o tempo todo. É superação do tipo falar em público. Isso para as mulheres é extremamente problemático. Falar em público. Falar com outras pessoas. Ser a porta-voz. O que eu conhecia, e ainda muito pouco, era a cidade onde eu morava. Quando eu começo a militar, eu me forço a ir em outros espaços e muitas vezes eu tinha que ir sozinha. É independência. É muita coisa. Muda completamente. Quebrar coisas que para mim eram naturais. Eu achava que casamento era tudo igual. Que era normal o marido*

> *bater na mulher. Era o que acontecia na minha casa. Era o que acontecia na casa de todas as vizinhas. Elas iam na casa da minha mãe e conversavam sobre aquilo com naturalidade.*

* * *

Uma vez inseridas na estrutura organizativa, essas pessoas se defrontam com os limites do Movimento, inclusive a distância que se impõe entre a base e a militância. No trabalho de acompanhamento dos núcleos, aparece a dificuldade de realizar estudos junto à base.

> *A gente tinha dificuldade de conseguir passar o estudo. Nem sempre a gente conseguia passar o estudo ou conversar com as pessoas. As pessoas estavam mais preocupadas com os problemas práticos do cotidiano do que com fazer estudo. A gente preparava o estudo para fazer em meia hora ou em uma hora a cada quinze dias e a gente não conseguia. Depois de uma hora as pessoas não tem mais paciência. Para a militância que faz o acompanhamento dos NBs, o tempo é muito curto. Para as pessoas do NB, isso é muito tempo, dentro da rotina delas.*

Segundo as palavras de uma pessoa entrevistada, existe na periferia uma forte cultura de desconfiança: ONGs e partidos eleitorais são oportunistas e o Movimento tende a ser visto como semelhante a eles. As pessoas sempre se perguntam o que o MTD está ganhando ou quem está por trás dos militantes. A proposta de organização é interessante e suspeita. Essa pessoa inicialmente desconfia do MTD, mas, uma vez inserida como militante, agora é ela que passa a sofrer a desconfiança das pessoas nos núcleos.

> *Você chega e tem que criar toda uma relação de confiança. Algumas coisas não são ditas, mas as pessoas acham que tu é oportunista, que tu está ganhando alguma coisa. Em alguns espaços, a relação de confiança consegue avançar. Isso é superável pela própria convivência. E também quando as pessoas vão vendo onde os militantes moram. A desconfiança vai se quebrando quando elas veem a condição em que tu vive. A gente não vivia numa condição melhor do que as pessoas.*

A igualdade na inserção de periferia se choca com a diferença de inserção na organização.

> *Eu já comecei militando. Diferente de todas as outras mulheres do núcleo, que nunca viraram militantes. [...] Minha tarefa mais importante era a mediação entre a organização e a base. [...] Reuniões de formação eram o nosso principal foco com as pessoas. [...]*

A gente vive numa realidade pautada pelo cotidiano imediato, que é a realidade de todos os trabalhadores e na periferia não é diferente. Tu vive em torno daquilo. Tu não tem perspectiva de outra coisa. Essa coisa da perspectiva pra mim é bem importante. Não existem possibilidades que se apresentem para outra coisa. Acaba se reproduzindo sempre. Parece um círculo vicioso. [...] Para mim e para outras pessoas, se apresentou um outro mundo com várias outras possibilidades que não estão colocadas pra ninguém. Possibilidades de estudar, de conhecer lugares, de conhecer pessoas que se tornam referencial. [...] A maioria dos trabalhadores, na cidade onde eu trabalho, nunca saíram dali. Tem pessoas que poucas vezes na vida foram na capital, que fica a 20 Km. Eu fico chocada. Essa coisa de romper com o cotidiano pra mim é determinante em qualquer processo de consciência. [...] Na base, é bem mais difícil desenvolver outro grau de pertencimento a coisas novas, porque eram mulheres que nunca conseguiram entrar no mercado de trabalho, com um histórico de vida bem violento, muitos filhos. São vários fatores que impedem que as pessoas se desenvolvam na militância. Que tenham tempo e interesse de participar de outras coisas. [...] As organizações cumprem o papel de carregar uma consciência coletiva e de luta. Para essas mulheres batia de outra forma. Pelas condições objetivas não conseguiriam se envolver da mesma forma que as pessoas mais jovens. Por mais indignadas e revoltadas (que não era o caso da maioria) que elas fossem, a organização que estava ali não se apresentava como algo que possibilitasse ir além. Não pela vontade dos militantes, mas pela materialidade da vida daquelas pessoas.

Os estudos [sobre raça, gênero e classe, abordados no capítulo 9] contribuíram muito mais para a militância do que para as pessoas dos núcleos. Mas teve uma relação de troca, que foi bastante importante. [...] [Mesmo assim] tem uma certa hierarquia. As mulheres se sentem muitas vezes sem condições de fazer esse processo [de militância]. [...] Eu tive mais tempo. Então eu consegui me envolver mais na militância do que outras pessoas que também estavam dentro dos núcleos. Eu tive mais tempo para estudar, para aprofundar algumas coisas de estrutura orgânica do Movimento e isso criou condições para que eu pudesse me envolver mais na militância e conhecer outros espaços. [...] Não criamos condições dos jovens conhecerem outros espaços, como aconteceu comigo. Eu fui a exceção da exceção.

* * *

Palavras como militância, organização e formação carregam problemas que o vocabulário político tende a silenciar. Os relatos anteriores ajudam a perceber que, quando se fala em "Movimento", a tendência é de supor uma considerável unidade e homogeneidade entre os participantes. As divisões principais aparecem como diferenças entre base, militância e direção. Um exemplo é a disponibilidade de tempo da base e da militância, como vimos. Assim, a aparição e a problematização desse tipo de divisão interna servem para ocultar outras divisões. Outras hierarquias internas (de classe, raciais, patriarcais e heteronormativas) tendem a ser ignoradas pelo método de organização política. A tendência é que, ao falar da organização nos termos da própria organização, a lucidez sobre as relações de classe oculte as inter-relações entre classe, raça, gênero e sexualidade. As próprias pessoas dirigentes e militantes se inclinam a atropelar essas questões, em nome da unidade e do objetivo maior – o Socialismo. Nos capítulos sobre as mulheres da Via Campesina, essa questão foi tratada em apenas uma linha: a relação entre classe e gênero. Ali, a hierarquia de gênero veio a primeiro plano porque a ação das mulheres em 2006 tinha exposto a questão de modo incontornável. No caso do MTD, não havia lutas explícitas de mulheres negras periféricas no dia 25 de julho. Isso coloca outras exigências de método de pesquisa. Isso exige mudar o modo de entrevistar. Do modo como essas entrevistas foram feitas, foi preciso, em primeiro lugar, convidar três mulheres negras periféricas para falar do MTD e, em segundo lugar, fazer uma provocação explícita sobre racismo e machismo, para tentar neutralizar a naturalização da branquitude e a naturalização da misoginia que são constitutivas do modelo hegemônico de organização política proletária. Surgem então novas considerações, que abrem caminho para outras memórias, transbordando as fronteiras da organização política convencional. Como no capítulo 7, agora vou eliminar meus comentários, para que os depoimentos fluam.

> *Dá bem pra notar essa diferença, essa hierarquia [entre homens e mulheres, brancos e negros]. Ter pouco espaço, ter pouca dinâmica, ter pouco debate, pouco estudo sobre isso. [...] A gente reproduzia tudo. Mas porque isso não era superado? Porque era tão difícil a gente conseguir trabalhar em cima disso, refletir sobre isso? Porque isso era tão secundário, se no fim das contas o Movimento era exatamente isso, mulheres negras da periferia? Porque a gente tinha tanta dificuldade de se enxergar enquanto uma organização de mulheres negras da periferia?*
>
> *O retorno da direção [estadual do MTD] para os núcleos era muito mais sobre coisas objetivas: negociação, próxima luta. Eram coisas práticas, mais urgentes.*

Não consigo lembrar de um núcleo conseguir influenciar ou alterar pautas do Movimento ou da direção. [...] Nunca era debatido se aquilo era de fato uma urgência das pessoas naquele momento. Ou se achavam que deveria fazer de outra forma. Ou se era mais importante fazer luta num postinho de saúde do bairro do que fazer em frente à Assembleia Legislativa. Isso nunca foi debatido.

O pessoal do Movimento é quem vem de fora e quem é dali [da periferia] não tem envolvimento. [...] Quem está ali [na periferia] vai só seguir quem vem de fora.

Não tem uma resposta única [sobre o problema de haver diálogo entre base e direção]. Teve momentos que sim [teve diálogo], momentos que não. Depende da conjuntura.

A militância que não é oriunda da periferia olha para as pessoas [da periferia] com pena. Tem muito disso. Parece que qualquer coisa que tu fizesse [de positivo] era algo tão surpreendente que não era esperado. Então era uma forma de subestimar.

Essa postura de considerar que as pessoas são incapazes é um erro comum. Dava pra sentir menos isso na preparação da luta das mulheres, porque as mulheres tinham a legitimidade de pensar todo o processo. Elas conseguiam ter visão do todo. As lutas do MTD eram pensadas em outras instâncias e eu não participava delas. Por um bom tempo eu atuei no Movimento mas as orientações vinham da direção e eu seguia.

* * *

Para mim mesma, o que foi determinante num primeiro momento é se enxergar enquanto sujeito. As mulheres se olharem e conseguirem se sentir mulheres. Muitas vezes a mulher cumpre papel de homem dentro de casa. É uma realidade muito forte dentro da periferia: mulheres que são mãe e pai dentro de casa. Mulheres separadas que ficam com os filhos. E as mulheres param de se olhar enquanto mulheres. Quando a gente discute sobre a condição das mulheres enquanto mulheres, e consegue ver que tem outras mulheres nas mesmas condições, isso é importante.

As mulheres vão se sentindo capazes de reagir contra a violência. A gente sempre escuta relatos de estupro. Raramente a gente vê relatos de linchamentos [de homens] por causa disso. Num assentamento, a revolta de mulheres contra um homem é um resultado do processo de organização de mulheres.

O encontro de São Leopoldo [em 2009] foi muito importante, tanto para as militantes quanto para as mulheres de base. Normalmente, a gente não tinha tempo para fazer formação. Conseguir montar um acampamento de mulheres por dois dias é muito tempo. Fazer formação e discutir questões de mulheres, violência. Para elas, isso teve um peso diferente. Eu senti isso quando a gente saiu de lá. As mulheres saíram diferentes. Depois do acampamento teve uma marcha em Porto Alegre e os ânimos eram totalmente diferentes. Em qualquer outra luta elas estariam cansadas. Nossas lutas duravam um dia. Ali, a gente ficou dois dias e ainda saímos em marcha. As mulheres se sentiram parte. Sentiram a luta como coisa sua.

Muitas vezes a gente tem que ser homem. Tu tem que largar o teu lado feminino para assumir papel de homem pra tu poder ser respeitada.

As mulheres participavam do 8 de março. E para isso acontecer, tinha uma formação prévia. E nesse momento elas conversavam sobre ser mulher. Mas muito raso. Não poderia ser profundo. Porque muitas delas viviam violência. Elas falavam mais sobre trabalho, alimentação. Quando chegava nesse assunto da violência, elas não tocavam nesse assunto. Elas um dia estavam falando sobre violência contra as mulheres na casa de uma coordenadora, mas ela nem podia falar porque o filho dela agredia a nora.

Ciranda era uma das tarefas mais deslegitimadas. Raramente tinha um homem cuidando das crianças.

Numa reunião, eu e uma companheira coordenando, ficou nítida a revolta de um marido de coordenadora de núcleo. Ele cortava a gente, atropelava, falava alto. [...] Alguns militantes, que estão no mesmo espaço e na mesma condição, querem te orientar o tempo todo, te levar, te carregar. Parece que tu não tem condição de fazer sozinha. [...] Eu dizia alguma coisa e me diziam: 'você falou com o teu dirigente?', como se aquilo não fosse ideia minha. Eu estou numa reunião, me inscrevo e questiono; aí vem um dirigente homem e se inscreve logo em seguida e distorce o que eu falei, como quem diz que eu não tinha experiência. Isso era bem comum. Tinha alguns espaços de direção em que a maioria era homem, mesmo sendo um movimento de mulheres. Conseguir se posicionar nesses espaços é bem difícil para quem está começando. Vem muito nítido o peso da hierarquia. [...] Mesmo com tudo isso, eu e outras militantes mulheres e mulheres negras, a gente fazia muito trabalho. A gente tinha condições para falar. E a gente lutava por esses espaços. Tinha uma luta interna por espaço.

Não tinha muita pauta de mulheres no MTD. O 8 de março era o único espaço que as mulheres tinham para atuar dentro do Movimento enquanto mulheres. O público do Movimento era de mulheres mas não era um movimento de mulheres. Era um movimento de desempregados da periferia.

* * *

Nas primeiras formações, o assunto era trabalho, assentamento. Temas tipo "questão negra" não entram. Questão das mulheres não entra. Embora nós fôssemos 90% de mulheres. Mais tarde, eu fui incentivada a me posicionar enquanto mulher negra. A minha primeira fala foi bem dolorosa, no 20 de novembro. Eu sempre fujo dos microfones. Mas eu escrevi uma fala, mostrei para um dirigente e depois eu fiz. Hoje eu entendo porque era importante eu estar em cima do caminhão. Mas na época eu fui indicada, senão não ia. Eu não gosto muito de fazer falas públicas. [...] Quando vinham dizer para eu falar, por eu ser negra, eu sabia da importância daquilo. Em lutas específicas, eu era indicada pra falar. Nessa luta de 20 de novembro, eles diziam: "tu deve falar; tu tem que se posicionar, porque tu é negra". E por que em outros momentos não, né? Eu ficava meio incomodada com isso. Nessa data [20 de novembro], eu tenho que me posicionar. Mas só nessa data.

A questão do econômico predomina na pauta do Movimento. Primeiro tentar garantir estrutura para o Movimento e depois, com estrutura, ver o que mais se consegue fazer. O Movimento não estava preparado para atuar em todos os âmbitos da periferia, como a violência. Tanto violência contra os jovens, como violência contra as mulheres. A gente não conseguia nem propor para as pessoas.

Tem julgamentos na sociedade. Eu não vou me sentir à vontade pra contar pra qualquer um que meu filho é presidiário. Então, entre mulheres que compartilham dessa mesma realidade eu vou me sentir muito mais à vontade porque eu sei que dali não vai sair um julgamento moral. Esses espaços eram importantes para estabelecer outros parâmetros para analisar a vida das pessoas.

Esses estudos sobre raça, gênero e classe levaram muito tempo. A gente teve um longo processo de estudo e com uma dinâmica muito disciplinada. Foram muitas dificuldades. Na base, as pessoas não se reconheciam como negras. É uma construção histórica. Essa foi das principais dificuldades que a gente encontrou. No meio da formação o negro ficava se sentindo o centro das atenções e isso intimida as pessoas. Então a gente pensava em como trabalhar isso com as pessoas sem que elas se sintam mal mas que elas se reconheçam. A gente tentou fazer isso resgatando as histórias de luta dos negros, para as pessoas não se sentirem humilhadas mas se sentirem empoderadas enquanto negros. Fizemos um processo de formação a partir dos Panteras Negras, que foi um grande exemplo de organização de periferia, de pessoas negras, com pautas para pessoas negras. Nas instâncias do Movimento, a gente também não conseguia fazer grandes estudos, longos, com uma disciplina mais rigorosa.

Nós vimos os Panteras Negras. Foi bem bom. Eu não conhecia eles. Foi muito lindo. Foi a primeira vez que eu vi alguma coisa sobre a questão negra no Movimento. Não vou lembrar [quando foi]. Mas a gente debateu. Eu não me lembro do desencadeamento desse encontro dos Panteras.

Na base tinham muitas pessoas negras, mulheres negras, mas nos espaços de direção era uma minoria sempre. Na direção, acabava sendo sempre as pessoas brancas, homens brancos. Realmente era bem pouco espaço. E isso por um conjunto de elementos: por tempo, por não ter ciranda, porque os maridos não deixavam sair. Quando tu não cria estrutura e não prioriza que as mulheres negras assumam a direção, vai acontecer como em qualquer espaço da sociedade. Homens brancos e mulheres brancas vão assumindo os espaços de direção, por terem mais tempo, mais condição. O Movimento tinha essa dinâmica do coletivo, que rompia com várias barreiras de cada um resolver seus problemas individuais, mas reproduzia muita coisa da sociedade também. [Alguns segundos em silêncio.] E no MST? Como tinha pouco negro no MST, né? Nossa! Isso sempre chamou a minha atenção. E também nos movimentos de mulheres do campo. A gente também reproduzia muito machismo e racismo porque para nós o MST era referência, né?

O MTD tinha uma relação bem próxima com o MST. Para além da cor das pessoas, se defrontavam duas realidades bem diferentes. Eram espaços geográficos e materialidades de vida diferentes que criavam uma situação bem hostil. Eu me lembro quando a base [dos dois Movimentos] se relacionava na luta. Em vários momentos, a base do MST foi muito agressiva em relação a pessoas negras, especialmente os assentados, descendentes de europeus. Militantes também. Como a nossa base era majoritariamente de mulheres negras, ficava um contraste muito grande. Eu consigo lembrar de ouvir um dirigente do MST chamar uma militante nossa de 'negrinha', com nojo. Como a militância já tem uma noção do que é politicamente correto, fica mais sutil. Mas na base as pessoas se sentiam bastante diferentes e humilhadas.

Eu não sofri racismo. Posso ter sofrido sem saber que era racismo, por não estar tão ligada nesse debate. Mas eu sempre fui muito observadora. Chegava nos espaços e contava quantos negros tinha, quantas mulheres. Principalmente negros. [...] Eu nem vou em lugares que eu me sinto assim [discriminada]. Eu já senti. Mas a gente não fala.

Eu acho que o medo do MTD era fragmentar as lutas. Ter negros brigando por cotas, por exemplo. Já pensou? Só lembrei disso porque eu lutei por cotas depois quando eu entrei na universidade.

Eu me senti tão bem no encontro nacional. Veio um pessoal da Bahia. Eu me senti muito, muito, muito bem. Já estou quase chorando. Tinha muita gente dançando. Muita gente negra. A gente consegue se enxergar. Uma pessoa me disse: 'acho que o navio que veio de lá te deixou aqui', dizendo que eu era parecida com eles. Tipo, se identificaram comigo também. [...] Foi amor à primeira vista. O pessoal da Bahia desceu do ônibus. Eles trouxeram instrumentos e vieram cantando, muito animados. Aí eu já me inseri. Já começamos a conversar, já trocamos contato. Passamos o encontro juntos. Nos momentos de dança, de alegrias, de conversas, eu ficava com eles. Tinha índios também. Eu lembro que eu cheguei em casa e falei pro meu sobrinho. O apelido dele é índio. Ele é bem índio. Eu disse que tinha visto um guri igual a ele. Ele ficou tão feliz porque eu vi gente igual a ele. Foi um encontro bem alegre. Bem divertido. Eu só não me lembro dos debates. Em me lembro mais dessa troca com eles.

Numa negociação com o governo do estado, estava todo mundo sentado e eu me escorei na mesa. Alguém disse que eu tinha que sentar direito. Alguém do Movimento. Eu pensei: "ai, meu Deus do céu. Não vou vir mais nessas reuniões. Não pode fazer nada". Tu não pode ser tu. Eu acho que devia ser o contrário. Eles [o governo] é que deviam ver como nós somos. Eu não deixo de ter educação só porque eu não sento direito. Lá no palácio tinha um sofá que não podia sentar. Eu digo: "mas é do nosso dinheiro".

No centro de formação do MST, a gente tinha núcleos. Cada núcleo tinha um nome e a gente tinha que saber a história. Tinha núcleo Dandara, Zumbi. No MTD eu não saberia.

Foi importante a discussão do MTD através do MST e da igreja católica. Mas a gente seguiu muito a forma de reunião, as regras do acampamento. A gente não se ligou que nós era um Movimento urbano. As reuniões podiam começar com uma batucada.

Muitas pessoas eram de religião de matriz afro. Mas a gente nunca dialogou sobre isso.

11

vínculos emancipatórios e a política de anexação

Enquanto manobras burguesas e contramanobras proletárias se desenrolam na conjuntura, relações ocultas estão pulsando por dentro das estruturas orgânicas do MST e do MTD. Do ângulo dos Sem Terra, vimos o MST encontrando uma solução para o impasse exposto pela marcha de 2005: uma combinação nova de ações radicais e de jornadas de luta. Do ângulo da ação das mulheres, percebemos que essa solução carrega uma dupla tensão – de classe e de gênero. O impulso de radicalidade experimentado de 2006 a 2009 entrelaça as divergências sobre o projeto de classe e sobre a autonomia das mulheres. Ao mesmo tempo, o silêncio em relação ao racismo se conserva, sem motivar nenhum tipo de ação direta autônoma de pessoas negras (seja no MST ou no MTD). As tensões em torno de racismo, dentro do MTD, são evidentes como desproporção racial entre base e lideranças, e nem por isso são canalizadas em ações organizadas, como as mulheres da Via Campesina conseguem fazer em relação aos problemas de gênero. De 2003 a 2009, a dissolução de vínculos emancipatórios se aprofunda até se completar, ao mesmo tempo que a resistência de classe coloca em ebulição a possibilidade de romper o silêncio das mulheres, sem que haja resposta organizada sobre a violência racial. A justaposição de MST, de luta de mulheres e de MTD permite levantar, com base empírica, esse conjunto elementar de questões – que pode levar a interrogações maiores.

Para que o exame não se reduza a ações, métodos e objetivos, é preciso escavar o âmago da luta. Como vimos, a articulação entre estrutura orgânica e organicidade incita a necessidade de edificar novos seres humanos, o que transborda os limites de um movimento específico. Esses vínculos emancipatórios organicamente estruturados em escala nacional estão situados no cerne do que chamamos de movimento social, segundo o modelo do MST. Aqui está um fator nuclear das relações organizativas. O critério sublinhado por este estudo para a avaliação de ações diretas massivas e de métodos de organização popular é a capacidade de vínculos emancipatórios serem irradiados a partir dos elos entre estrutura orgânica e organicidade. Se essas duas mediações são capazes de fomentar e sustentar relações sociais humanizadoras, então a luta segue uma direção verdadeiramente radical. Seguindo esse parâmetro, o sentido profundo da luta de classes no período 2003-2009 se encontra na dissolução de vínculos emancipatórios.

Na madrugada de 8 de março de 2006, mais de mil mulheres em ação direta sugerem que o problema é ainda mais grave. Uma das grandes virtudes da ação contra a Aracruz foi ter escancarado a hierarquia de gênero sem perder o foco do inimigo de classe. A partir da prática, as mulheres desafiam seus movimentos a relacionar capitalismo e patriarcado. Uma ação direta, entretanto, pode ter resultados inesperados. A ação contra a Aracruz pode ser o epicentro de uma compreensão que desloca os próprios vínculos emancipatórios como critério. Neste capítulo final, quero argumentar que existe um dinamismo oculto pulsante nas mediações organizativas, feito de pelo menos seis componentes: dominação, vínculos emancipatórios, silêncio, anexação, ruptura do silêncio e cascata de silêncios.

* * *

Quando a abordagem teórica e a linha política se reduzem aos termos da luta de classes, dois componentes fundamentais se impõem: dominação e emancipação. O primeiro se encarna no agronegócio e em ramos de forças estatais, que instituem e defendem profundas forças desumanizadoras. O segundo ganha corpo nas ligações entre estrutura orgânica e organicidade, que podem acolher e propagar vínculos emancipatórios. Esses dois componentes remetem aos polos do antagonismo de classe. As ações das mulheres expõem elementos diferenciados. São tensões que se ramificam em quatro componentes, como vertentes do problema do silêncio: o silêncio propriamente dito, a anexação, a ruptura do silêncio e a cascata de silêncios. Começo abordando a anexação, pois ela é uma chave para os outros três componentes.

Vejamos um pequeno apanhado de meios de anexação, que permite alcançar uma definição inicial. Em julho de 2003, um fórum de movimentos publica um documento que pretende unificar bandeiras em nome de um "projeto alternativo de desenvolvimento"[238]. São dez pontos considerados áreas "fundamentais": a Reforma Agrária, o emprego, a moradia, a saúde, a educação, o transporte, a luta dos povos indígenas, o atendimento social, incentivo às cooperativas e o lazer. Plataformas de esquerda são ótimos materiais para entender a política de anexação. Nesse documento de 2003,

---

[238] JST, setembro de 2003, p. 10.

com exceção do ponto centrado nos povos indígenas, todos os tópicos são de classe, ou seja, remetem ao trabalho e à propriedade. A educação, por exemplo, deve formar "cidadãos e não meros reprodutores do sistema capitalista". Essa plataforma tem um eixo (o trabalho), encarnado num sujeito ("Nós, da classe trabalhadora") que se impõe como central e universal. Outros grupos serão transversais ou particulares: no ponto sobre emprego, por exemplo, afirma-se que a "juventude deve receber atenção especial" e que a "desigualdade étnico racial [sic] e entre homens e mulheres" deve ser combatida. A preocupação com o meio ambiente se manifesta em diversos pontos, como Reforma Agrária, moradia e transporte. No ponto de atendimento social são destacados os "dependentes químicos, idosos, crianças e adolescentes carentes" e é incluído o sistema prisional. Como se vê facilmente, existe um centro e existem desdobramentos. Há um eixo (o trabalho) que caracteriza o conjunto (a classe trabalhadora) e há segmentos (negros, mulheres, jovens, idosos etc.) que recebem reconhecimento a partir daquele centro. Existe um sistema e existem questões específicas – a "questão da mulher", por exemplo. Esse equilíbrio vertical entre todo e partes implica uma hierarquia de prioridades, segundo a qual racismo e machismo são necessariamente problemas secundários, mesmo que recebam reconhecimento. Um papel crucial da plataforma proletária é manter a luta anticapitalista como central, anexando demandas de mulheres, de negros, de indígenas e de tantos outros grupos, de modo que a luta antipatriarcal e a luta antirracista jamais se tornem centrais.

    O caráter da anexação também se expõe a partir das próprias dificuldades materiais dos movimentos sociais. Tome-se por exemplo os encontros e estudos. Com tempo escasso e alto custo, é preciso aproveitar o encontro da melhor forma, ou seja, elegendo prioridades com toda a firmeza política. Há pontos inegociáveis – como a economia política. E existem questões complementares, manejáveis e, se preciso, descartáveis – como gênero. A montagem da programação de um encontro ou de um estudo se torna um exercício de priorização e anexação. Vimos nos depoimentos do capítulo 7 os cansativos embates que eram levantados para que as mulheres tivessem um pouco de tempo para se reunir.

    A anexação só funciona se o problema a ser anexado já estiver inferiorizado na escala de prioridades. Um meio eficaz de inferiorização prévia é o rótulo de "cultural". Patriarcado e racismo estrutural são reduzidos a mazelas culturais, psicológicas e comportamentais. Coerentemente, as manifestações culturais (músicas, teatro, filmes) desenvolvidas por movimentos sociais servem como válvula de escape para abordar aquilo que é ignorado pela estruturação orgânica e pela linha política.

> Por toda experiência histórica acumulada, já não é possível ignorar estes aspectos da vida social e cultural das pessoas. Ao se organizar o assentamento ou a luta pela reforma agrária, ignorar os valores culturais, a religião, as superstições, os costumes, os conhecimentos etc. é o mesmo que transformar o ser humano em um instrumento mecânico para se fazer a luta política através dos objetivos que alguns poucos dirigentes têm na cabeça. Certamente no futuro virão as consequências e serão desastrosas, pois ao se manifestar esta energia reprimida, coloca-se abaixo o sistema repressor que se instalou no grupo, desrespeitando-se todos os aspectos centrais da realidade, da vida das pessoas e da sociedade. [...] Entende-se que uma reforma agrária com qualidade deve estabelecer relações com todas as dimensões da vida humana[239].

A consideração por "todas as dimensões da vida humana" fica contida e encolhida no patamar da "vida social e cultural". Perceba a viva intuição sobre a "energia reprimida" e sobre as "consequências": o dirigente tem consciência dos perigos implicados na pulsação permanente de diferentes repressões internas que permanecem sem nome. A opção do texto citado não é refletir sobre aquela energia, mas absorvê-la e reduzi-la.

Paralelamente, coloca-se um jogo de compensações: a ausência de reflexão nos grandes textos e no horário de estudo formal pode ser consolada na noite cultural. Nos anos de 2003 a 2009, a canção "Negro Nagô" era cantada com um enorme entusiasmo nas reuniões do MTD. "Vou botar fogo no engenho, lá onde o negro apanhou", diz a letra. De volta ao estudo, não há traço de teoria sobre racismo. O rebaixamento em relação ao eixo político é falsamente compensado pelo destaque benevolente em espaços secundários. Uma vez que o nível estrutural é associado unicamente à classe, e o nível cultural se coloca como recipiente para tratar de raça e gênero, a apropriação cultural é uma decorrência corriqueira como instrumento de anexação. No grande evento de inauguração da Escola Nacional Florestan Fernandes (de 20 a 22 de janeiro de 2005), um importante dirigente nacional lembra as palavras de Castro Alves: "Qualquer negro ou qualquer negra que matar qualquer senhor

---

[239] BOGO, Ademar. **Lições da Luta pela Terra**. Salvador: Memorial das Letras, 1999. p. 51-52.

de escravo, mesmo que este esteja dormindo, sempre será em legítima defesa". Imediatamente, ele ignora a escravidão e se apropria da casca do raciocínio, completando: "Qualquer camponês que ocupar latifúndio, mesmo que seja produtivo, sempre será em legítima defesa" – e o auditório explode em aplausos. Do mesmo modo, lembrar Louise Michel na Comuna de Paris e homenagear a marcha de mulheres como acelerador da Revolução Russa são consolações em organizações que não estipulam o patriarcado como alvo principal. Símbolos da luta negra e da luta das mulheres são incorporados na mesma medida em que seus objetivos mais importantes são diluídos.

Um relevante instrumento de formação de militantes nos anos 2003-2009 (e antes) é a agenda do MST. Muito bem-produzida, repleta de informações úteis, renovada periodicamente e sempre ao alcance das mãos de milhares de militantes, essa agenda se torna uma referência cotidiana em todo o Brasil. Ela se modifica ano a ano, mas alguns pontos são imutáveis, como destaque de Che Guevara, que sempre ganha uma bela foto orientada por uma inspiradora citação de seus textos revolucionários, que são realmente consistentes. É preciso refletir sobre o que esse destaque pressupõe: que tipo de gente é elevado como ícone e que tipo de gente é secundarizado nas imagens? Um movimento muito heterogêneo, que reúne centenas de milhares de pessoas, monta um centro de gravidade ocupado por uma figura específica, hasteada como referência em torno da qual todas as demais figuras devem girar. O núcleo das virtudes revolucionárias se encarna no homem branco heterossexual.

A partir desses variados indícios, é possível extrair uma definição inicial de anexação. Todos esses casos participam da montagem de um eixo central e universal, ladeado por linhas secundárias, transversais, particulares etc. A habilidade de tomar problemas estruturais como o racismo e o patriarcado, reduzi-los a "questão negra" ou "questão de mulheres" é um modo próprio e original de inferiorização desenvolvido no interior de organizações revolucionárias. A anexação visa harmonizar dentro de uma organização um conjunto de relações hierárquicas e silenciadoras. Competência é saber montar um equilíbrio vertical a partir desses conflitos latentes. Curiosamente, a construção desse quadro de prioridades e de anexos aparece como expressão de firmeza política. Anexar aparece como a capacidade de não se deixar desviar por demandas secundárias. A unidade política se constrói ao custo do sufocamento de todas as experiências que não se enquadram no eixo central.

A política de anexação pretende convencer os grupos segregados de que eles têm um lugar digno dentro da estrutura organizativa. É uma oferta de reconhecimento no presente e uma promessa de benefícios concretos no futuro. É um horizonte de integração à esquerda, ou seja, a segregação estrutural não será revolucionada, mas seus resultados serão amenizados num nível aceitável – um patriarcado sem violência e com creches, por exemplo. Anexação é um conjunto de meios de distrair, assimilar e abafar determinado grupo que já não pode mais ser completamente invisibilizado. Um grupo é seduzido pela ideia de que tem lugar dentro de uma organização e renuncia à construção de um movimento autônomo para dedicar suas energias ao reforço da dinâmica de sua própria anexação. Um grupo que sofre uma experiência própria de dominação é diluído dentro de outra categoria. Ainda que o foco deste estudo seja o MST, a política de anexação pode ser encontrada dentro do movimento negro, do movimento de mulheres ou de qualquer movimento que eleja um eixo central de dominação que coloque outras dimensões de sofrimento em segundo plano.

A anexação é uma agonia constante, pulverizada no dia a dia. Pautas de negociação, bandeiras de luta, pontos na programação de encontros, tópicos de uma plataforma, livros num catálogo de editora, quadros na parede da secretaria, temas de uma palestra, repertório de uma apresentação musical – a anexação penetra cada momento do processo organizativo, compondo uma atmosfera sufocante. Cada partícula da organização é a reafirmação de que uma experiência tem mais valor do que as outras. Ser militante é suportar essa atmosfera e seguir em frente, contribuindo para uma acumulação de forças que, segundo a velha e duvidosa promessa, reúna no futuro melhores condições de beneficiar os grupos antes esquecidos e atender as "questões" antes adiadas. As variações da anexação são incontáveis e suas recorrências são bem perceptíveis. Essas variações servem para irrigar permanentemente o cotidiano com a mesma ordem de posições hierárquicas.

***

Uma vez estudada a anexação, temos uma chave de compreensão do silêncio e da sua ruptura. Já vimos uma vertente discursiva de silenciamento no balanço entre aparição e desaparição de mulheres nas edições do *Jornal Sem Terra* (JST), estudado no capítulo 6. Nos depoimentos das bruxas, tivemos um registro do acúmulo de insatisfações com a organização – a posição subordinada de mulheres é um tipo prático de silenciamento. Vou agora levantar outras ramificações do problema.

O incentivo à participação das mulheres no MST não é pequeno: na marcha de 2005, a presença feminina cresce 30% em relação à marcha de 1997[240]. Vimos no capítulo 2 que a Nova Organicidade tem a paridade de gênero como princípio, efetivamente cumprido[241]. Se uma organização fomenta a participação de mulheres, isso certamente pode ser muito importante para as pessoas envolvidas nela e pode ter grandes repercussões em termos de ampliação de concessões, como a posse de terra e o crédito para mulheres. Mas são concessões. Se essa mesma organização não prioriza a luta antipatriarcal, ficam intocados os pilares que viabilizam a contínua violência física, moral e psicológica. Como ensina Rita Segato, a igualdade só pode ser avaliada em função da estrutura patriarcal[242]. O MTD oferece uma versão acelerada desse experimento de paridade: no ano 2000 a direção estadual já nasce com presença igualitária entre homens e mulheres e isso não resulta em feminismo. A participação numa organização omissa em relação à luta antipatriarcal pode inclusive incitar nas mulheres um tipo específico de autocensura – uma espécie de autossilenciamento. Nas edições do JST, nota-se a preocupação em descentralizar as falas em relação à direção nacional (DN) e distribuir voz igualmente entre homens e mulheres: a cada número, o jornal traz uma entrevista com duas lideranças nacionais, um homem e uma mulher. Tal igualdade não acarreta qualquer perspectiva feminista. "Para nós do MST, o verdadeiro inimigo do povo brasileiro é o modelo econômico, as multinacionais, os banqueiros, os latifundiários, o agronegócio, a burguesia" – palavras de uma mulher em 2005, alheias ao feminismo[243]. Eis a eficácia da anexação. E mesmo nas entrevistas coletadas para este estudo, longe do filtro editorial do JST, apenas uma pessoa levantou o problema de maneira enfática:

---

[240] JST, maio de 2005, p. 8-9.

[241] Considere-se que, enquanto o MST atinge 50% de participação feminina em meados dos anos 2000, a Câmara Federal tem 10% de mulheres deputadas em 2015 (MANO, Maíra Kubík Taveira. **Legislar sobre Mulheres**: relações de poder na Câmara Federal. 2015. Tese (Doutorado em Ciências Sociais) – Instituto de Filosofia e Ciências Humanas, Universidade Estadual de Campinas, Campinas, 2015, p. 5).

[242] De acordo com Rita Segato, "não será o registro etnográfico dos papéis sociais nem a distribuição de direitos e deveres o que poderá provar ou não o caráter igualitário dos gêneros numa determinada sociedade. [...] [A igualdade] pertence ao domínio da estrutura" (SEGATO, Rita Laura. **Las Estructuras Elementales de la Violencia**: ensayos sobre género entre la antropología, el psicoanálisis y los derechos humanos. Bernal: Universidad Nacional de Quilmes, 2003. p. 56).

[243] JST, julho de 2005, p. 4-5.

> *A mulher no Movimento é só número. As mulheres são massa de manobra para os homens, dentro uma estrutura patriarcal do Movimento. Você trabalha a autonomia do sujeito desde que essa autonomia não coloque em xeque a própria organização.*

Nesse sentido, merece comentário uma simpática canção que se tornou referência em movimentos do campo e da cidade. A letra repete exaustivamente o verso: "participando sem medo de ser mulher"[244]. Sua beleza sinistra está em que a voz masculina jamais diz de onde vem tanto medo. A excessiva repetição do mesmo verso é um modo de passar o tempo repisando um único conteúdo, barrando outras ideias que pudessem aprofundar perguntas[245]. Isso diz algo sobre o sentido patriarcal da organização: tocar no problema para mantê-lo velado. Numa organização que não assume objetivos antipatriarcais e ângulo feminista, o incentivo à participação das mulheres se torna mais um instrumento de anexação.

Ultrapassar os limites da "participação" e buscar autonomia efetiva é uma motivação central da eclosão de 8 de março de 2006. Com as ações de março de 2006 a 2009, as mulheres abrem possibilidade de ultrapassar o grau de conhecimento e de prática previstos pelos estudos de gênero e pelo setor de gênero. Além disso, elevam o próprio padrão de luta de classes, em relação àquele liderado pelo MST como um todo. No capítulo 3, coloquei a pergunta: "como nós, tão frágeis e breves, poderíamos transformar uma realidade tão ampla, enraizada e antiga?" As lutas de março mudam os termos da questão, articulando luta anticapitalista e luta antipatriarcal. A edição do JST de março de 2006 traz um texto intitulado "Por que a ação da Via Campesina na Aracruz incomodou tanta gente?"[246]. A ação contra a Aracruz é considerada "uma ação coletiva, que foi literalmente à raiz da questão" e "um marco na história das lutas populares no Brasil e talvez no mundo". Para quem vê a mulher como dócil e emotiva, escreve a autora, "a imagem das camponesas na ação da Aracruz contra o monocultivo de eucaliptos deve ter sido chocante". A meu ver, esse choque exprime a noção de que a política de classe inscrita na luta pela terra poderia ser ultrapassada numa ação de mulheres, cuja iniciativa desafiaria o próprio sentido

---

[244] A canção "Sem medo de ser mulher" é uma composição do músico Zé Pinto.

[245] Segue um termo de comparação: "A romancista canadense Margaret Atwood uma vez perguntou a um amigo homem porque os homens se sentem ameaçados por mulheres. Ele respondeu: 'Eles têm medo de que as mulheres vão rir deles.' Ela então perguntou a um grupo de mulheres porque elas se sentiam ameaçadas por homens. Elas responderam: 'Temos medo de sermos mortas.'" (CAPUTI, Jane; RUSSELL, Diana E.H. Femicide: sexist terrorism against women. *In:* RADFORD, Jill; RUSSELL, Diana E. H. [ed.]. **Femicide**: The Politics of Woman Killing. New York: Twayne, 1992. p. 13. Tradução minha. Disponível em: www.dianarussell.com. Acesso em: 20 out. 2019.

[246] JST, março de 2006, p. 10.

patriarcal da conquista de território, segundo o qual as mulheres são parte dos recursos a serem ocupados[247]. Dito de outro modo, enquanto a luta pela terra centrada em classe coloca território e mulheres como peças a serem conquistadas e manejadas, a luta de mulheres de março de 2006 aponta a possibilidade de extrapolar a política de classe. O potencial de avanço nos termos pedagógicos embutidos na ação direta massiva de março de 2006 é extraordinário. Vislumbra-se uma verdadeira ruptura de modelo, até então calcado num tipo de ação direta que silencia ou anexa mulheres e que oculta as estruturas patriarcais em favor da denúncia de estruturas de classe. É abalado o tradicional impasse excludente entre enfrentar o Capital ou atacar o Patriarcado. Na madrugada de 8 de março de 2006, mais de mil mulheres afrontam o caráter patriarcal de organizações centradas na luta de classes, sem abandonar a enfática ação anticapitalista.

Esse rompimento foi mais potencial que efetivo, permanecendo cheio de fronteiras, que também constituem o caráter dessas ações. A luta contra a Aracruz foi extraordinária, sem dúvida. Isso gera um impulso de exaltação dessa ação direta, que deve ser cuidadosamente evitado. Por isso, passo agora ao estudo de três limites dessas ações de mulheres: o teórico, o de estruturação orgânica e um limite que vou chamar de íntimo. Esses são limites internos, distintos dos cerceamentos colocados a partir das instâncias formais da organização e dos homens que as compõem; e distintos também das manobras burguesas externas.

O limite teórico é a desproporção entre os termos feministas e os marxistas. Como vimos no capítulo 6, em todo o período de 2003 a 2012 apenas um editorial do JST não é assinado pela direção nacional: "O protagonismo feminino" é assinado pelo setor nacional de gênero[248]. Dois anos após a ação contra a Aracruz, as mulheres emplacam um texto na posição mais alta do principal veículo de comunicação do Movimento. Sendo um marco, esse texto é também útil para refletir sobre o limite teórico. Em relação ao agronegócio, ao capitalismo e à agroecologia, o JST como um todo possui inúmeros artigos, entrevistas e dados que compõem um quadro bem definido e com potencial de aprofundamento, pois há referências práticas e teóricas que remetem a outros textos, fora do Jornal. Assim, quando o editorial das mulheres aciona termos como "Capital", "Estado" e "imperia-

---

[247] Segundo Zerzan, "Civilização, muito fundamentalmente, é a história da dominação da natureza e das mulheres. Patriarcado significa domínio sobre mulheres e natureza" (ZERZAN, John. **Patriarchy, Civilization, And The Origins Of Gender**. The Anarchist Library, 2010. Tradução minha).

[248] JST, fevereiro/março de 2008, p. 2.

lismo", eles têm ressonância em décadas de acúmulo. Já quando são usadas as palavras "opressão", "igualdade" e "autonomia", elas são genéricas. Essas ideias comparecem, mas não possuem conteúdo específico. Elas não se desenvolvem, até porque remetem a um número muito menor de referências publicadas ao longo da história do Jornal. Quando o texto coloca que "é na ação organizada que colocamos em xeque as verdades determinadas pelo capital e pela opressão", o termo "capital" possui uma consistência que não se apresenta no termo "opressão". Essa desproporção fica ainda mais flagrante quando se percebe que as palavras "feminismo" e "patriarcado" estão ausentes do editorial, assim como o lema "sem feminismo, não há socialismo". É evidente que o texto está cercado pelo permanente constrangimento lançado dos homens sobre as mulheres para que estas demonstrem a cada instante sua inabalável lealdade à organização: segundo o editorial, a ação contra a Aracruz "desafiou a lógica do capital no campo" e as mulheres têm "clareza política do inimigo de classe". Não há inimigo patriarcal. E, como põe o título, o protagonismo é feminino e não feminista[249]. Tal problema ultrapassa uma organização específica: essa mesma desproporção retorna na "Carta de saída" de novembro de 2011 (assinada por 26 mulheres e 25 homens), que apenas menciona o patriarcado duas vezes, sem que essa categoria tenha papel crítico efetivo no texto. A interpretação é de classe. Segundo a Carta, o processo de movimentação social dentro dos limites da ordem "não ocorreu sem resistências", que se expressaram em lutas como as

> [...] ações contra a Vale no Pará, a ação de destruição da Cooperativa de Crédito (Crenhor) no RS e as ações das mulheres no 8 de março em diferentes estados. Este último processo impulsionou um debate profundo sobre a relação entre o patriarcado e capitalismo, rompendo o limite da questão de gênero e da participação das mulheres nas organizações, e propondo o feminismo e o socialismo juntos como estratégia de emancipação da classe[250].

A partir daí, o feminismo desaparece da Carta. Como se vê na citação, a estratégia de emancipação é "da classe" e não das mulheres, que são engolidas pela classe. Os manifestos publicados pelas mulheres a cada mês de março de 2006, 2008 e 2009[251] apresentam essa mesma desproporção entre capitalismo e patriarcado (veremos isso adiante). Considerando

---

[249] JST, fevereiro/março de 2008, p. 2.
[250] Carta de saída das nossas organizações (MST, MTD, Consulta Popular e Via Campesina) e do projeto estratégico defendido por elas. Primavera de 2011, p. 2.
[251] Não consegui encontrar um manifesto correspondente às lutas do ano de 2007.

apenas os gritos que encerram os manifestos, temos em 2006: "Viva o 8 de março! Globalizemos a luta, Globalizamos a esperança, Globalizemos a solidariedade!"[252] Em 2008: "preferimos morrer lutando do que morrer de fome!"[253] E em 2009: "viva 08 de março: dia internacional de luta das mulheres trabalhadoras!"[254] A bravura dessas palavras de ordem é especialmente pungente dada a perseguição policial, judicial e midiática que elas concretamente provocam. Essa mesma coragem tende a diluir qualquer afirmação intransigente da perspectiva feminista, que pouco se manifesta. O lema "sem feminismo, não há socialismo" está ausente de todos esses três manifestos. O marxismo – e não o feminismo – é o instrumento ativo e efetivo de reflexão. Creio que isso não seja apenas um constrangimento que vem de fora. Formadas ao longo de décadas de ocupações de terra e de cursos marxistas, as mulheres que realizam essas ações de março sempre reproduziram ativamente as concepções sobre a centralidade do trabalho e da luta de classes, que colocam o patriarcado e o feminismo inevitavelmente em segundo plano. Teoria tem consequência. Assumindo a ideia de primazia do Capital sobre o patriarcado, a escolha de um alvo considerado como de classe (o viveiro da Aracruz) não deixa de ser uma conciliação com as prioridades de uma organização que ignora o objetivo antipatriarcal.

O segundo limite é o de estruturação orgânica. Ele emerge das relações entre as instâncias formais e os espaços conspiratórios. Como vimos no capítulo 7, as mulheres preparam suas ações em espaços paralelos às instâncias formais (entendidos como conspiração de mulheres) e em momentos de intervalos (o "vácuo"). Nesses tempos e espaços clandestinos, cultiva-se uma nova identidade: a de "bruxa", que se torna termo comum entre essas mulheres e mais contundente do que "companheira". Suas lutas de 2006 a 2009 conseguem, pelo menos em parte, encontrar meios de contornar bloqueios e constrangimentos dos espaços formais. Uma vez realizada a luta de 2006, são as instâncias dirigentes que se veem obrigadas a apoiar e elogiar publicamente as mulheres. Estas conseguem se tornar o centro da legitimidade do MST perante a esquerda que ainda acredita na ação direta. Essa inversão do constrangimento em favor das mulheres foi uma conquista apreciável desse breve período. A hostilidade dos homens em relação a mulheres independentes permanece ativa, mas precisa ser muito mais sutil.

---

[252] Manifesto das Mulheres Camponesas à II Conferência Mundial da Reforma Agrária e Desenvolvimento Rural (FAO), 2006.
[253] Manifesto das Mulheres da Via Campesina, 2008.
[254] Manifesto das Mulheres da Via Campesina, 2009.

Conspirações de bruxas no vácuo não transformam a estrutura orgânica principal dos movimentos mistos. Ao mesmo tempo, o movimento autônomo de mulheres (o Movimento de Mulheres Camponesas – MMC) não encontra forças para sustentar maiores enfrentamentos. Eis o dilema organizativo: as instâncias clandestinas têm autonomia, mas permanecem marginais e com fôlego curto, enquanto o MMC, que é realmente um movimento de mulheres, não tem energia para assumir posição combativa. Este é o limite de estruturação orgânica: a impossibilidade de construir estrutura orgânica combativa própria ou de modificar a estrutura dos movimentos mistos em sentido feminista. Sem estruturação orgânica, como acumular força feminista?

É verdade que não houve tempo ou condições para ultrapassar o caráter marginal das conspirações de bruxas e do seu "vácuo". A estrutura orgânica resiste à influência feminista e a absorve. Como os problemas da massificação afetam também as mulheres e não há uma adesão massiva de mulheres (dentro e fora dos movimentos) às lutas de 2006 a 2009, o tempo e o espaço da autonomia feminina se desgastam e se esgotam. Não se alcança um acúmulo que altere os princípios da organização e suas grandes linhas políticas. Com o refluxo da luta das mulheres, a normalidade patriarcal da organização pode se reinstalar, em perfeita compatibilidade com a participação de mulheres em instâncias paritárias. O próprio lema "sem feminismo, não há socialismo" pode ser reabsorvido para fins de anexação, que após 2009 promete ser muito mais refinada.

O terceiro obstáculo pode ser chamado de limite íntimo, que é crucial. Ele remete ao desejo das mulheres de serem reconhecidas pelos homens ou de permanecerem afetivamente atreladas a eles. O que está em questão não é o afeto em geral, mas o afeto como atrelamento. A vontade das mulheres de alcançar autonomia convive com uma aspiração asfixiante de ser reconhecidas pelos homens. É uma dependência afetiva que pode contagiar e desacelerar a luta.

O problema se manifesta na própria identificação do grupo: no editorial de 2008 do setor nacional de gênero, as autoras se identificam como "mulheres do MST e da Via Campesina". O manifesto de 2008 começa com as palavras "Nós, mulheres da Via Campesina do Rio Grande do Sul". A capa do JST de abril de 2009 tem o título "Mulheres da Via Campesina em luta". Lamentavelmente, o próprio termo "mulheres da Via Campesina" carrega o fardo da posse e da subordinação – a pessoa sendo sempre identificada como "mulher de fulano", seja ele homem ou organização.

Alguém usaria a expressão "homens do MST"? Isso se recoloca mesmo quando a identidade de mulher é agregada a identificações pelo trabalho, pelo território ou pela etnia: o manifesto de 2006 começa com as palavras "Somos Mulheres Camponesas" e o de 2009 com "Nós mulheres, camponesas, ribeirinhas, extrativistas, indígenas, quilombolas e sem terra". A identidade é intrinsicamente masculina: os Sem Terra. A mulher é um segmento. É como num casamento, em que o sobrenome da mulher é sempre o sobrenome de um homem. A linguagem inteira está pronta para resistir à autonomia das mulheres[255]. Esse problema pode ser encontrado no próprio nome de cada movimento social e de cada partido político, nos quais o termo masculino "trabalhadores" é o pilar.

Em contraposição, a identidade de "bruxa" é uma semente de autonomia, ainda que jamais alcance o status que os termos "trabalhador", "camponês" ou "proletário" possuem na esquerda. Bruxa é um termo potente, porém marginal e tateante, que não se apoia em teoria feminista nitidamente formulada nem se sustenta em organização própria, seja ela independente da estrutura orgânica do MST ou com autonomia efetiva dentro dessa estrutura. Ainda assim, tomada em si mesma, a identidade de "bruxa" demonstra que a ordem patriarcal da linguagem não é absoluta.

O limite íntimo também pode ser encontrado numa linha de raciocínio. É muito comum em artigos e palanques de esquerda a ideia de que a mulher é a mais afetada pelo capitalismo, pelo neoliberalismo, pelo imperialismo etc. As próprias mulheres reproduzem esse pensamento. No manifesto de 2006, temos que empresas multinacionais e bancos internacionais "transformam nossos países em servos do processo de acumulação de capital e globalizam cada vez mais a pobreza, principalmente entre mulheres e crianças". No manifesto de 2008, encontramos: "Nós mulheres somos as primeiras a serem expulsas das atividades agrícolas nas áreas onde avança o agronegócio". No de 2009, escreve-se: o agronegócio "provoca o aumento de doenças, especialmente em mulheres e crianças". De acordo com essa linha de reflexão, o problema fundamental é de classe, que tem impactos e desdobramentos diferenciados sobre as mulheres. Mais uma vez, temos a hierarquia entre o que é central e o que é lateral, só que agora essa escala de importância seria compensada pelo sofrimento maior, que tornaria especial aquilo que, no fundo, é visto como secundário. O dado sobre a penúria maior das mulheres pode ser exato. Mais importante é o raciocínio que o

---

[255] Trata-se da "exclusão das mulheres de toda linguagem existente" (ROWBOTHAM, Sheila. **A Conscientização da Mulher no Mundo do Homem**. Porto Alegre: Globo, 1983. p. 34).

enquadra. A consideração superficial pelas mulheres serve para preencher a efetiva ausência de teoria sobre o patriarcado. Essa linha de raciocínio tem caráter íntimo por sua intenção implícita de gerar comoção em homens. A crença de que o pesar das mulheres poderia ser comunicado aos homens não é falsa. Entretanto, ela retira o foco da dimensão patriarcal do problema. A impotência de mulheres se torna afeto: um apelo à compaixão dos homens, que expressa a incapacidade de atacar politicamente o patriarcado.

O apontamento de limites não deve distrair nossa atenção para um fator central que dá vitalidade a todos os componentes parciais envolvidos nas lutas de mulheres. Esse fator central é a ambiguidade entre autonomia e anexação. As práticas convencionais de "participação de mulheres" carregam e alimentam o cruel limite da anexação. Antes de 2006, marchas e encontros previstos pela organização "mista" trazem um grau de ambivalências e sufocamentos que desaguam na ação de março de 2006. Abre-se um novo grau de ambiguidade, cuja vitalidade específica é acionada justamente quando existe ação independente das mulheres (do tipo que vimos no capítulo 7). O fomento à participação é superado pelas ações diretas de mulheres de 2006 a 2009. Porém agora essa autonomia esbarra numa nova fronteira: a tendência à autoanexação de mulheres, que em alguns momentos é inequívoca. Como diz um artigo do JST de 2006, as

> [...] mulheres são maioria entre as pessoas descontentes com o tipo de sociedade. Nesse sentido, são candidatíssimas a abraçar a luta pelo socialismo. [...] [O projeto popular deve ser real,] incorporando as reivindicações e sugestões de quem mais sofre com o capitalismo. [...] É a partir da participação efetiva de um número cada vez maior de mulheres nas organizações políticas, sociais, sindicais, que vamos ampliar as conquistas femininas e sinalizar para a maioria do povo brasileiro [ou seja, as mulheres] que vale a pena lutar pela transformação social. Para isso, a luta pelo socialismo precisa incorporar o feminismo[256].

Não se exige uma articulação igualitária entre socialismo e feminismo, mas uma incorporação (ou seja, anexação) de um pelo outro. Não há dúvida sobre o que é central e o que fica acoplado. Além disso, coloca-se uma barganha: mulheres dirigentes se encarregam de mobilizar massas de mulheres para a organização desde que as instâncias dirigentes aceitem que concessões às mulheres sejam anexadas ao Projeto. O trecho citado é dirigido

---
[256] JST, fevereiro de 2006, p. 10.

a dois grupos: as mulheres a serem cativadas pelo socialismo e os homens que apenas reconhecerão as mulheres se o Projeto de classe for reafirmado por elas como central. Pela enésima vez, temos a pressão para que mulheres abram mão de qualquer objetivo antipatriarcal, em nome da unidade de classe. O JST de abril de 2009 trata da luta de março em sua matéria principal, com o seguinte título: "Mulheres em Luta contra o Agronegócio, por Reforma Agrária e por Soberania Alimentar"[257]. Assimilada a luta de mulheres, o feminismo se dissolve em nome da luta de classes. Entretanto, isso é apenas metade do processo desencadeado em março de 2006. A barganha pode se inverter. Se as concessões da organização para as mulheres forem consideradas insuficientes, o acordo pode ser rompido e o feminismo se fará mais do que nunca indispensável. E, nesse ponto, aproveitando a estrutura do movimento "misto", as mulheres estariam já mobilizadas, colocando a sua pressão num novo patamar, que poderia inclusive transbordar para a organização independente. Em outras palavras, a concessão que as mulheres ganham da organização é um fator de autoanexação de mulheres, que evidentemente rebaixa a luta feminista a uma iniciativa de integração a um patriarcado ameno; ao mesmo tempo, a barganha é instável e pode descambar em radicalização feminista, indispensável para enfrentar efetivamente o patriarcado. Essa é a ambiguidade fundamental da ruptura do silêncio inscrita nas ações de março de 2006 a 2009.

Sem autonomia teórica, afetiva e organizativa, o impulso para conquistar reconhecimento dentro da organização tende a uma espécie de autoanexação. Mulheres podem adquirir uma capacidade própria para elevar sua estatura política, sem deixar de ser subordinadas. O status renovado das lutas de março pode oferecer uma margem ilusória de liberdade dentro da organização, que assim se torna mais eficiente na atração de participantes mulheres. E essa atualização da eficácia anexadora da organização de classe é realizada pelas próprias mulheres. Isso é autoanexação ou autossilenciamento. Vejamos como uma importante categoria feminista como o "silêncio" funciona de modo constrangido: resgatado de lutas feministas, esse termo agora se coloca para fins de classe, ligando-se à cultura camponesa, à nação e ao enfrentamento de transnacionais. Segundo o manifesto de 2008, "nada de concreto foi feito para impedir o avanço do deserto verde. Decidimos então romper o silêncio que paira sobre esse crime [da empresa Stora Enso]". O manifesto de 2009 coloca que "Rompemos o silêncio para resgatar a cultura e o conhecimento camponês,

---

[257] JST, abril de 2009, p. 8-9.

resgatar o nosso Brasil". Instrumentos e categorias do feminismo podem ser constrangidos a priorizar finalidades proletárias e mesmo nacionalistas. Confinado ao âmbito de classe, o potencial político (antipatriarcal) da ideia de silêncio é silenciado.

Em termos de formulação política, o lema "sem feminismo, não há socialismo" é uma das grandes conquistas desse período, sobretudo por ser propagado a partir das ações radicais concretas. Sem perder o decoro socialista, a expressão expõe a existência de um conflito interno silenciado. A divergência sobre a luta de classes se mostra indissociável do dissenso sobre o feminismo. A luta da Aracruz coloca a autonomia de mulheres em novo patamar, que não chega a romper com os meios de anexação. Afinal, o próprio lema coloca o socialismo como eixo e o feminismo como complemento (ou anexo). O lema não deixa de reafirmar a hierarquia entre os dois termos. De modo velado, o casamento entre socialismo e feminismo promete perpetuar a subordinação, mesmo quando proposto pelas mulheres. O conflito patriarcal interno pode então ser reabsorvido pela organização, cuja coluna vertebral prioritariamente socialista está preservada. O grande lema revela todo seu potencial para a autoanexação.

Uma concepção de patriarcado é indispensável para a definição de objetivos e métodos feministas. Se os estudos não vão além de gênero, se as próprias autoras feministas são desconhecidas, se a teorização do patriarcado é superficial e sobretudo se não existe um projeto efetivamente antipatriarcal, não é de se estranhar que os meios de resolução se mostrem limitados, ociosos e mesmo enganadores. Por isso é tão importante para organizações de esquerda que a teoria feminista seja quase totalmente apagada e que fóruns de mulheres sejam cuidadosamente controlados. Projetar mulheres como lideranças por meio de espaços de formação e de organização que ignoram o feminismo é preparar o autossilenciamento de mulheres. Permanentemente coagidas a demonstrar lealdade de classe, as mulheres são impelidas a colocar o feminismo em segundo plano. E, se eventualmente as mulheres romperem essa asfixia, a organização tem inúmeros recursos para refinar seus meios de anexação, inclusive elegendo e absorvendo teorias seguras. Confinamento alargado não é liberdade.

> A ação na Aracruz teve um importante significado simbólico, porque a vida no planeta está sendo ameaçada. Isso significou um avanço na consciência, principalmente das mulheres. Hoje, quando se fala em 8 de março não se pensa apenas em um dia de mobilização ou encontro de mulheres. Já se pensa que

é preciso enfrentar o agronegócio, entender o atual estágio do imperialismo e que nós mulheres não podemos ficar de fora desta luta[258].

* * *

As relações espinhosas entre capitalismo e patriarcado, entre socialismo e feminismo, são apenas uma fração do problema. É óbvio que as expressões "trabalhadores Sem Terra", "mulheres da Via Campesina" e "trabalhadores desempregados" apresentam uma falsa neutralidade racial. É óbvio que ignorar o racismo sempre privilegia pessoas brancas. É óbvio que as mulheres da Via Campesina tiveram condições privilegiadas de se movimentar, em relação às mulheres negras do MTD, que não encontraram força de impor o questionamento articulado de raça, gênero e classe. As vãs tentativas de diálogo sobre racismo dentro do MTD podem funcionar como referência para expor a bem conhecida falsidade da pretensão de neutralidade racial de categorias como "trabalhador" e "mulher", lembrando que o primeiro privilégio da pessoa branca é não precisar pensar sobre racismo[259]. Estudar o MTD é importante não por revelar o racismo, que está em toda parte. Esse estudo interessa, pois, como esse movimento está próximo à luta das mulheres e dentro da órbita do MST, o Movimento de Trabalhadores Desempregados serve como modesta alavanca para apontar que romper o silêncio não é solução, mas parte de um problema mais abrangente que o próprio silêncio. O silêncio de mulheres negras vem lembrar que a mais perfeita articulação teórica e prática entre feminismo e socialismo seria inofensiva. Agora, é preciso entender o problema da cascata de silêncios.

A experiência do MTD é uma entre tantas outras em que se combina negligência racista e misógina em organizações centradas na luta de classes. Mobilizando uma base de mulheres negras periféricas, fica flagrante no MTD a indiferença de seu projeto socialista quanto a qualquer horizonte antirracista ou antipatriarcal. O lema "sem feminismo, não há socialismo" carrega a fatal sugestão de que é aceitável que a luta

---

[258] JST, fevereiro/março de 2007, p. 4-5.
[259] Mais uma referência, agora bastante elementar: "Num dia comum, eu não penso sobre ser classificada como branca. Eu não preciso. Eu ando por aí indiferente sobre minha raça e etnia a não ser que outra pessoa chame minha atenção sobre isso, o que raramente acontece. [...] Essa foi minha primeira lição sobre privilégio branco. Eu poderia *escolher* lidar com isso ou não. Pessoas de cor não têm essas opções já que elas são constantemente lembradas daquilo que Derrick Bell chama de suas faces estarem no fundo do poço. As vantagens de ser classificada como branca são simplesmente infinitas" (SECOURS, Molly. Riding the reparations bandwagon. *In:* WINBUSH, Raymond A. [ed.]. **Should America Pay?** Slavery and the raging debate on reparations. Amistad, 2003. p. 295).

de mulheres ignore o racismo. Essa omissão funciona dentro do próprio MTD, cujas questões prioritárias são: núcleos de base e grupos de produção em periferia; assentamentos em espaços urbanos; e sobretudo as lutas reivindicatórias. As bandeiras fundadoras do MTD são terra, teto e trabalho – os três Ts, como se dizia, sendo cada um deles enquadrado pelo ângulo exclusivo de classe. A colaboração do MTD nas lutas de março lideradas pelas mulheres camponesas certamente foi muito importante como criação de laços entre mulheres do campo e da periferia. Mesmo assim, é preciso frisar o disparate de que um movimento composto quase inteiramente por mulheres fique a reboque do MST para fazer suas lutas do 8 de março. Aliás, por que um movimento que já é de mulheres deveria se contentar com o feminismo uma vez por ano? Chega-se ao ponto de mulheres negras periféricas repetirem o seguinte lema, que se propagava a partir do MST: "mulher: duplamente oprimida, duplamente revolucionária" (duplo = classe + gênero). Não estou afirmando que a opressão da mulher negra é tripla, pois o raciocínio aditivo é insuficiente. Quero apenas sublinhar o desencontro implicado no ato de mulheres negras repetindo lemas racialmente cegos. Isso lança óbvias dúvidas sobre a ideia de romper o silêncio: a resistência feminista está casada ao privilégio branco. Além disso, é evidente o eurocentrismo da identidade de "bruxa". Por que o destaque para o massacre de mulheres europeias? Esse espontâneo e arraigado desprezo pela experiência de mulheres negras em organizações de esquerda exige explicação que ultrapassa largamente o gesto aparentemente radical de romper o silêncio.

As próprias mulheres negras desempregadas são construídas em meio a esses problemas. Repare que, nos depoimentos do capítulo 10, existe uma expressiva rachadura entre a primeira e a segunda metade. Quando se fala em organização, quase não se menciona racismo ou machismo. Os termos principais, que dão coesão à memória, são de classe. O trabalho é o grande eixo do Movimento, assim como as reivindicações econômicas são o motor das ações diretas. Na segunda metade do capítulo, é preciso que o roteiro de entrevista provoque a lembrança de racismo e machismo, que então aflora com toda a força. Algo similar se dá nos depoimentos de mulheres brancas: quando o assunto é Nova Organicidade ou ação direta, é aceitável que os termos sejam unicamente de classe. A rigor, mesmo nos depoimentos sobre a luta contra a Aracruz, a opressão das mulheres fica em segundo plano. Esse é mais um registro do constrangimento permanente, incorporado por mulheres negras e brancas. As pessoas internalizam a linha política e exercem um autodesprezo. Existe uma legitimidade interna, providenciada pelo modelo de organização de classe, que acata e estimula a renúncia à reflexão sobre a misoginia e o racismo. Os instrumentos organizativos aparecem como neutros em termos de raça e gênero: pauta, direção, alvo, comando, coordenação, divisão de tarefas, equipes, núcleos, territórios etc. A omissão racista e misógina é legítima, ao passo que o questionamento feminista e antirracista soa como desvio ou entrave, chegando mesmo a aparecer como risco de desestabilização do Movimento.

Está aqui em jogo um problema muito maior do que alguns movimentos sociais específicos. O apontamento de limites e omissões interessa por indicar a existência de um dinamismo que engloba e ultrapassa as organizações: MST rompe com ideologias impostas pelo Capital; mulheres rompem os silêncios impostos pelo Capital e pelo Patriarcado, que então aparecem como embutidos no próprio MST; questionamentos no MTD sugerem a necessidade de encarar raça, gênero e classe conjuntamente, expondo limites da ruptura de silêncio das mulheres. O problema não acaba aí. Poderia haver mais um capítulo, em que as vivências da comunidade LGBTQIA+ expusessem a estreiteza do esquema raça-gênero-classe. E mais um, do ângulo indígena. E assim por diante. Logo, percebemos uma dinâmica mais vasta, que prevalece sobre casos particulares: o ato de romper silêncios carrega outros silêncios. Existe uma espiral aparentemente interminável de vozes que rompem o seu silêncio e reproduzem outros silêncios. É isso que estou chamando de cascata de silêncios. Considerado esse mecanismo, percebe-se que romper o silêncio é parte do problema – como fica evidente com a justaposição de mulheres da Via Campesina e mulheres negras do MTD. As mulheres negras não representam uma instância última de questionamento. A cascata coloca em dúvida todas as instâncias, todas as vivências, todos os ângulos particulares. Impõe-se uma corrente viciosa em que a resistência e a omissão se confundem. Pode haver organização revolucionária sem hierarquia interna? Pode haver emancipação sem silêncio? Surge um impasse interno aparentemente insolúvel.

* * *

Existe algo de profundamente violento no âmago dos vínculos emancipatórios organicamente estruturados. Não é uma contradição. Não é uma anomalia. Não se supera internamente. Não se reforma. Não se compensa. Não se repara.

Já não basta refletir sobre os movimentos sociais. É hora de explicitar o objeto de reflexão que foi emergindo gradativamente nos capítulos precedentes, a saber, um conjunto articulado de seis componentes: dominação, mediações organizativas emancipatórias, silêncio, anexação, ruptura do silêncio e cascata de silêncios.

Dois componentes se impõem como centrais, ligados a quatro variantes do silêncio. Quando uma organização elege um eixo de combate (exploração de classe, racismo, misoginia, homofobia etc.), ele se põe como linha política fundamental a partir do qual todas as outras relações sociais ganhariam sentido, do ângulo dessa organização: pode ser o eixo patriarcado-feminismo, ou o eixo capitalismo-socialismo, ou o eixo racismo-igualdade racial, e assim por diante. Esse eixo funciona como orientação fundamental para um movimento. No caso do MST, temos o agronegócio e o Capital de um lado e as mediações organizativas emancipatórias de outro. Esses são os dois componentes centrais, que podem ser generalizados como dominação e emancipação (componentes 1 e 2, centrais). A primazia desse eixo acarreta o silenciamento de qualquer teoria ou prática que enfrente radicalmente outras dimensões de dominação; assim, se a organização elege o eixo patriarcado-feminismo, a invisibilização tende a se abater sobre o racismo estrutural, a heteronormatividade, o capitalismo etc. (eis o componente 3 – silêncio). Os grupos silenciados precisam ser mobilizados, pois são forças úteis para qualquer organização, desde que não tenham objetivos próprios; surge a necessidade de anexação (componente 4). As organizações, contudo, não são capazes de manter a insatisfação de seus subalternos eternamente sob controle: a percepção do silenciamento se acumula até eclodir a ruptura do silêncio (componente 5), que aparece como nova promessa de libertação. O rompimento que é libertador para um grupo tende a silenciar outros, expondo-se uma cascata de silêncios (componente 6), vista pela organização como semente de uma ameaçadora fragmentação. Eis aí os seis fatores. Sua ordem numérica é irrelevante e serve apenas para facilitar a exposição. O que importa é que esses seis componentes funcionam de modo articulado. Dominação, emancipação e as vertentes do silêncio se constroem mutuamente, como termos indissociáveis.

Se assim for, fica prejudicada a pretensão de centralidade dos termos que compõem o eixo de certa organização, pois temos agora um conjunto novo, uma espécie de eixo oculto com seis pontas que efetivamente conduz a organização. Sua intenção de priorizar a libertação é minada pela força inescapável desse conjunto de dominação, emancipação e silêncios. Quanto mais luta por emancipação, mais precisa silenciar ou anexar; quanto mais rompe silêncio, mais gera silêncio. Isso muda completamente o caráter da organização, que não consegue resolver internamente seus dilemas, já que sua suposta solução (a emancipação) faz parte desse problema de seis lados. Somos então assombrados pela imagem de que o problema é insolúvel.

Nos cinco primeiros capítulos, assumi os termos da luta de classes como exclusivos e encontrei três mediações organizativas a partir das relações estabelecidas entre as pessoas em luta. Porém essas pessoas eram vistas apenas como proletárias. Quando mulheres camponesas e mulheres negras periféricas são consideradas, surgem mediações organizativas ocultas, que podem ser explicitadas por meio daquele conjunto de seis componentes, no qual dominação, emancipação e as vertentes de silenciamento são partes do mesmo dinamismo. Os vínculos emancipatórios possuem a pretensão de constituir um critério central, compatível com sua posição de frente antagônica ao Capital, mas agora eles podem ser entendidos como apenas parte de um dinamismo mais denso. Portanto, a compreensão daqueles seis fatores como um conjunto articulado desloca os vínculos emancipatórios como critério e como dinamismo. Dito de outro modo: o silêncio não é um evento particular ou uma dinâmica isolada. Não é desvio ou equívoco. Uma vez explicitado o conjunto, cada um de seus componentes não pode ser compreendido sem os demais. Esse conjunto então se impõe como interrogação que engloba os vínculos emancipatórios, agora expostos como critério restrito e cúmplice de silenciamento. O parâmetro central ressurge como deslocado e um novo âmbito de questões se coloca. O deslocamento do marco emancipatório é uma resultante crucial da compreensão daquele conjunto articulado de seis fatores.

O mesmo se dá com a própria dinâmica de dissolução de vínculos emancipatórios. Se esses vínculos dão sentido à luta de classes, então sua dissolução é uma ruptura crucial (como vimos no capítulo 5, cuja redação ainda se orienta por termos exclusivos de classe). Agora, o conjunto de dominação, emancipação e silêncios coloca os vínculos emancipatórios como parte de um problema para o qual esses vínculos são incapazes de oferecer critério. Se os vínculos emancipatórios ficam deslocados, o mesmo se dá com a sua dissolução. Antes pudemos entender que a neutralização de movimentos sociais corresponde à dissolução de vínculos emancipatórios, que funciona em patamares profundos da luta de classes. Agora, podemos compreender que tanto a neutralização quanto a dissolução são problemas menores, uma vez confrontados com o conjunto de dominação, emancipação e silêncios. Os enigmas que envolvem a noção corriqueira de derrota de movimentos sociais são uma distração.

O deslocamento da emancipação como resultante daquele conjunto poderia ser considerado uma enorme conquista. Entretanto tende a ser vista como uma ameaça. O permanente veto ao debate sobre racismo e a insistente desqualificação do feminismo servem justamente para evitar artificialmente o deslocamento do critério emancipatório. Como as organizações revolucionárias dependem desse critério, supostamente central, elas procuram inibir o questionamento interno, para se preservar. A atividade revolucionária revela seu teor conservador.

Essa postura defensiva não é completamente arbitrária. Os vínculos emancipatórios funcionam como parâmetro autoafirmativo: eles questionam a dominação e atestam a própria capacidade revolucionária da organização. Eles apontam para a vitória sobre a dominação. Agora, temos seis fatores articulados que interrogam os vínculos emancipatórios. Esse conjunto é autoquestionador. Ele aponta para um impasse aparentemente insolúvel. Os vínculos emancipatórios oferecem horizonte – mesmo que enganador. O conjunto coeso de dominação, emancipação e silêncios promete uma espiral de hierarquias internas. Por isso não é mera arbitrariedade a postura hostil de dirigentes socialistas em relação a feminismo e antirracismo. O potencial de fragmentação e de imobilização não é mera expressão de medo. Diante do risco de diluição, dirigentes e intelectuais se agarram ao eixo dominação-emancipação, tomado como central e, portanto, como marco orientador – e então se repõe a dinâmica de silêncios. As mediações organizativas e os critérios emancipatórios que se pretende preservar dessa suposta desestabilização ficam incontornavelmente em questão. A crítica deixa de ser ferramenta e se torna obstáculo. A ideia de emancipação exibe seu caráter conservador, ao passo que o conjunto que envolve dominação, emancipação e silêncios não oferece solução prática ou teórica.

É nesse momento que as pessoas surtam. Depressão, raiva, indiferença, perplexidade, apego a lugares-comuns, condescendência, desesperança – as reações são variadas. É importante saber reconhecer esses bloqueios subjetivos, tanto de pessoas quanto de organizações. A sensação de beco sem saída e de mãos amarradas é esmagadora. Como seria possível entender e resolver tudo (racismo, machismo, exploração do trabalho, homofobia etc.)? Essa pergunta enganadora é uma das várias expressões do bloqueio. A questão principal não é a possibilidade, mas a necessidade.

É necessário compreender e resolver todos esses problemas? Sim, obviamente. Vale a pena se sacrificar na luta para reativar o jogo de hierarquias internas? Não, evidentemente. Lembre-se de que o fim da escravidão, o voto feminino e a jornada de oito horas já pareceram objetivos inalcançáveis, quase devaneios. Não é incomum que as tarefas de cada tempo pareçam arrasadoras aos seus contemporâneos. A chave para manejar o bloqueio subjetivo é dupla: está na identificação da necessidade de ir além do conjunto feito de dominação, emancipação e silêncios; e no desapego em relação às proezas práticas e teóricas das revoluções passadas, agora evidentemente limitadas.

A sequência infindável de silêncios cheira como uma maldição da luta emancipatória, assombrada pela perpétua reaparição da opressão. É preciso combater essa sensação de inevitabilidade. Na prática, a conexão íntima entre dominação, emancipação e silêncios é um problema efetivo. Para a teoria, essa interrelação tem a importância de levar a reflexão sobre a revolução ao limite. A ultrapassagem desse impasse pode parecer impensável. Mas já é possível vislumbrar o que está do outro lado da borda.

* * *

O problema só é insolúvel se mantivermos as pretensões dos ângulos parciais das diferentes políticas experimentadas nos últimos séculos (as políticas anticapitalistas, as políticas antipatriarcais, as políticas antirracistas etc.). Ao mesmo tempo, essas políticas parciais oferecem pelo menos parte da matéria-prima para a reelaboração do problema. Ao longo de décadas, cada política constrói seu eixo, que conecta vivências cotidianas a dimensões fundamentais. Essas conexões são algumas das grandes conquistas da luta política e da formulação teórica. Vejamos. Políticas feministas relacionam desigualdade de gênero e patriarcado. Políticas socialistas ligam a exploração do trabalho e a autovalorização do valor. Políticas antirracistas articulam discriminação racial e racismo estrutural. E assim por diante.

Uma vez que cada linha política tende a estipular seu eixo como central, o silenciamento será inevitavelmente ativado. Esse eixo passa a anexar outros eixos, tomados agora como particularidades (a organização de classe cria setor de gênero, por exemplo). Podem também ser criadas articulações bilaterais (feminismo socialista, racismo ambiental, ecossocialismo etc.) em que um dos termos sempre prevalece, repondo a hierarquia interna. Mas e se patriarcado, capitalismo, racismo estrutural etc. forem partes de um mesmo complexo mais vasto, até hoje pouco refletido? Sua consideração como um todo pode incitar novos meios de pensar e novas mediações organizativas, que poderiam ultrapassar aquele impasse.

Vimos que os silêncios formam uma cascata potencialmente infindável e aparentemente inevitável. Esse potencial e essa aparência continuarão prevalecendo, a não ser que possamos encontrar o processo subjacente ao conjunto articulado de dominação, emancipação e silêncios. Até aqui, esse conjunto foi identificado, mas não explicado. Ele não se sustenta em si mesmo. Quais são seus fundamentos? Agora, não se trata mais de romper silêncios, mas de ultrapassar o próprio perímetro feito de dominação, emancipação e silêncio. Uma das chaves para ir além desse perímetro pode estar na compreensão do seu processo subjacente. É isso que estaria além da borda.

Passo então a esboçar uma hipótese. Podemos pensar um complexo de dimensões de dominação, composto de patriarcado, de capitalismo, de racismo estrutural e de qualquer outra noção relevante que remeta aos fundamentos da dominação, tal como percebida parcialmente por organizações e intelectuais em luta no passado. A tarefa elementar é pensar como um todo essas dimensões diferenciadas. O patamar mais profundo atingido por diferentes perspectivas no passado se torna o grau básico, introdutório, que desencadeia uma nova reflexão. As grandes conclusões de ontem são o ponto de partida de hoje. O complexo de dimensões de dominação pode ser o processo subjacente ao conjunto articulado de dominação, emancipação e silêncio. Em si, esse conjunto é insolúvel. É preciso atacar os seus pilares. A incapacidade dos dominados de conceber o complexo de dimensões de dominação é a expressão máxima da capacidade dos dominadores de dividir e conquistar.

Talvez os nexos entre dominação, emancipação e silêncio funcionem como interdições de superfície que exprimam dimensões bem mais profundas. A aparente inevitabilidade da cascata de silêncios pode ser manifestação da consistente articulação de diferentes dimensões de dominação. Por isso é indispensável montar um raciocínio em que os silêncios não sejam o fim da interpretação, mas parte de uma ponte para um quadro maior, composto de pilares que ultrapassem o fracionamento das políticas passadas (socialista, feminista, antirracista etc.). É preciso considerar que a possibilidade de que o sentido profundo de patriarcado, capitalismo, racismo estrutural etc. esteja no complexo do qual eles são parte. Esse patamar subjacente pode ser também a plataforma de um novo tipo de radicalidade. Se pudermos encontrar um processo subjacente e oculto que sustenta aqueles nexos, isso não será um ponto de chegada, mas de partida. Ele possibilitaria a reformulação da questão: como conceber lutas que não reponham hierarquias internas e violências estruturais? Se isso é pensável, podemos estar no limiar da elaboração de articulações novas de problemas e soluções, talvez capazes de demolir os fundamentos ainda não concebidos do sofrimento.

referências

ALENTEJANO, Paulo; SILVA, Tiago Lucas Alves da. Ocupações, acampamentos e assentamentos: o descompasso entre a luta pela terra e a política agrária do Governo Lula. *In:* CPT. **Conflitos no Campo – Brasil 2007**. Goiânia: CPT Nacional, 2008.

ARRUDA, Inácio. **Relatório Final da CPI "das ONGs"**. Brasília: Senado Federal, 2010.

BOFF, Leonardo. **MST e outra humanidade possível**, 18 maio 2005. Disponível em: www.mst.org.br/informativos/especiais/marcha/textoboff. Acesso em: 7 nov. 2006.

BOGO, Ademar. **Lições da Luta pela Terra**. Salvador: Memorial das Letras, 1999.

BOGO, Ademar. **O MST e a Cultura**. Veranópolis: Iterra, 2000.

BOGO, Ademar. **Arquitetos de Sonhos**. São Paulo: Expressão Popular, 2003.

CAMATTI, Cláudia Teixeira. **O feminismo e as mulheres no Movimento dos Trabalhadores Desempregados no Rio Grande do Sul (2000-2010)**. 2010. Trabalho de Conclusão de Curso (Licenciatura em História para os Movimentos Sociais do Campo), Universidade Federal da Paraíba, João Pessoa, 2010.

CANUTO, Antônio. Os movimentos sociais em ação no campo. *In:* CPT. **Conflitos no campo Brasil 2009**. São Paulo: Expressão Popular, 2010.

CAPUTI, Jane; RUSSELL, Diana E. H. Femicide: sexist terrorism against women. *In:* RADFORD, Jill; RUSSELL, Diana E. H. (ed.). **Femicide**: The Politics of Woman Killing. New York: Twayne, 1992.

CARTA de saída das nossas organizações (MST, MTD, Consulta Popular e Via Campesina) e do projeto estratégico defendido por elas. Primavera de 2011. Disponível em: https://passapalavra.info/2011/11/48866/. Acesso em: 5 jul. 2023.

CARVALHO, Horácio Martins de. Resistência social contra a expansão das monoculturas. *In:* CPT. **Conflitos no Campo – Brasil 2007**. Goiânia: CPT Nacional, 2008.

CPT. **Conflitos no Campo Brasil 90**. Goiânia: CPT Nacional, 1991.

CPT. **Conflitos no Campo Brasil 1996**. Goiânia: CPT Nacional, 1997.

CPT. **Conflitos no Campo – Brasil 2002**. Goiânia: CPT Nacional, 2003.

CPT. **Conflitos no Campo – Brasil 2003**. Goiânia: CPT Nacional, 2004.

CPT. **Conflitos no Campo – Brasil 2004**. Goiânia: CPT Nacional, 2005.

CPT. **Conflitos no Campo Brasil 2006**. Goiânia: CPT Nacional, 2007.

CPT. **Conflitos no Campo – Brasil 2007**. Goiânia: CPT Nacional, 2008.

CPT. **Conflitos no Campo – Brasil 2008**. Goiânia: CPT Nacional, 2009.

CPT. **Conflitos no campo Brasil 2009**. São Paulo: Expressão Popular, 2010.

CPT. **Conflitos no Campo Brasil 2010**. Goiânia: CPT, 2011.

CPT. **Conflitos no Campo Brasil 2018**. Goiânia: CPT Nacional, 2019.

DA ROS, César Augusto. **As políticas agrárias durante o governo Olívio Dutra e os embates sociais em torno da questão agrária gaúcha (1999-2002)**. 2006. Tese (Doutorado em Desenvolvimento, Agricultura e Sociedade) – Instituto de Ciências Humanas e Sociais, Universidade Federal Rural do Rio de Janeiro, Rio de Janeiro, 2006.

ESCRIVÃO FILHO, Antonio Sergio; FRIGO, Darci; TERRA DE DIREITOS. A luta por direitos e a criminalização dos movimentos sociais: a qual Estado de Direito serve o sistema de justiça? *In:* CPT. **Conflitos no campo Brasil 2009**. São Paulo: Expressão Popular, 2010.

FEIX, Plínio José. **O Espaço da Democracia no Projeto Político dos Dirigentes do MST**. 2010. Tese (Doutorado em Ciência Política) – Instituto de Filosofia e Ciências Humanas, Universidade Estadual de Campinas, Campinas, 2010.

GÖRGEN, Frei Sérgio Antônio. **Marcha ao Coração do Latifúndio**. Petrópolis: Vozes, 2004.

GRUPO de militantes do MTD. **MTD e o Desafio da Periferia** (documento interno). Gravataí; Porto Alegre; Alvorada, fevereiro de 2008.

GUTERRES, Ivani. **Agroecologia Militante**: contribuições de Enio Guterres. São Paulo: Expressão Popular, 2006.

LERRER, Débora Franco. **Trajetória de Militantes Sulistas**: nacionalização e modernidade do MST. 2008. Tese (Doutorado em Ciências Sociais em Desenvolvimento, Agricultura e Sociedade) – Instituto de Ciências Humanas e Sociais, Universidade Federal Rural do Rio de Janeiro, Rio de Janeiro, 2008.

LIMA, Graziele Cristina Dainese de. **A Experiência Sem Terra**: Uma abordagem antropológica sobre a vida no acampamento. 2006. Dissertação (Mestrado em Antropologia Social) – Instituto de Filosofia e Ciências Humanas, Universidade Federal do Rio Grande do Sul, Porto Alegre, 2006.

LULA bate recorde de popularidade, indica pesquisa CNT/Census. **BBC Brasil**, 29 dez. 2010. Disponível em: https://www.bbc.com/portuguese/noticias/2010/12/101229_lula_popularidade_mdb. Acesso em: 5 jul. 2023.

LUPION, Abelardo. **Relatório dos Trabalhos da CPMI "da Terra"**. Brasília: Senado Federal, 2005.

MACHADO, Rita de Cássia Fraga. **Demitidos da Vida**: quem são os sujeitos da base do Movimento dos Trabalhadores Desempregados (MTD)? 2009. Dissertação (Mestrado em Educação) – Faculdade de Educação, Universidade Federal do Rio Grande do Sul, Porto Alegre, 2009.

MANIFESTO das Mulheres Camponesas à II Conferência Mundial da Reforma Agrária e Desenvolvimento Rural (FAO). 2006. Disponível em: https://movimientos.org/es/cloc/fororeformagraria/show_text.php3%3Fkey%3D6506. Acesso em: 5 jul. 2023.

MANIFESTO das Mulheres da Via Campesina. 2008. Disponível em: https://www.biodiversidadla.org/Documentos/Manifesto-das-Mulheres-da-Via-Campesina. Acesso em: 5 jul. 2023.

MANIFESTO das Mulheres da Via Campesina. 2009. Disponível em: https://mst.org.br/2009/03/09/manifesto-das-mulheres-da-via-campesina/. Acesso em: 5 jul. 2023.

MANO, Maíra Kubík Taveira. **Deserto verde, imprensa marrom**: o protagonismo das mulheres nas páginas da imprensa. 2010. Dissertação (Mestrado em Ciências Sociais) – Pontifícia Universidade Católica de São Paulo, Porto Alegre, 2010.

MANO, Maíra Kubík Taveira. **Legislar sobre Mulheres**: relações de poder na Câmara Federal. 2015. Tese (Doutorado em Ciências Sociais) – Instituto de Filosofia e Ciências Humanas, Universidade Estadual de Campinas, Campinas, 2015.

MARTINS, Adalberto Floriano Greco. **A produção ecológica de arroz nos assentamentos da região metropolitana de Porto Alegre**: apropriação do espaço geográfico como território de resistência ativa e emancipação. 2017. Tese

(Doutorado em Geografia) – Instituto de Geociências, Universidade Federal do Rio Grande do Sul, Porto Alegre, 2017.

MISNEROVICZ, José Valdir. **A territorialização do capital e os novos sujeitos da questão agrária brasileira na contemporaneidade.** 2015. Dissertação (Mestrado em Geografia) – Instituto de Estudos Socioambientais, Universidade Federal de Goiás, Goiânia, 2015.

MST. **Avaliação do Mutirão em Santa Cruz**: avaliação dos núcleos de base participantes do mutirão (documento interno). Santa Cruz do Sul, 2005a.

MST. **Comunicação no Mutirão de Propaganda e Massificação** (documento interno). Santa Cruz do Sul, 2005b.

MST. **Funcionamento das Brigadas do MST** (cartilha). Setor de Formação, 2005c.

MST. **Método de Trabalho e Organização Popular** (cartilha). Setor de Formação, 2005d.

MST. **Síntese do Mutirão em Santa Cruz** (documento interno). Santa Cruz do Sul, 2005e.

MST. **Companheiros e Companheiras das Brigadas de Organicidade** (documento interno). 2008.

MST derruba última fronteira do latifúndio no Rio Grande do Sul. **Brasil de Fato**, n. 305, ano 6, 1-7 jan. 2009.

MTD. **Avaliação Interna do MTD** (documento interno). Gravataí, 2001.

MTD. **Não Estamos Desempregados** (documento interno). 2004.

MTD. **Sistematização do Relato das Cidades na Coordenação Estadual** (documento interno). Gravataí, 2006a.

MTD. **Avaliação Parcial da Frente de Massas Metropolitana** (documento interno). Região Metropolitana de Porto Alegre, 2006b.

MTD. **Educação e Trabalho**: educação popular e movimentos sociais. Porto Alegre: CAMP, 2007a.

MTD. **Sistematização do Trabalho de Base e Formas de Luta, MTD – RS** (documento interno). Porto Alegre, 2007b.

MTD. **A Estrutura de Poder**: raça, gênero e classe (documento interno). Grupo de estudos, Gravataí, 2008.

OLIVEIRA, Ariovaldo Umbelino de. O governo Lula assumiu a contrarreforma agrária: a violência do agrobanditismo continua. *In:* CPT. **Conflitos no Campo – Brasil 2008**. Goiânia: CPT Nacional, 2009.

OLIVEIRA, Ariovaldo Umbelino de. A MP 458 e a contrarreforma agrária na Amazônia. *In:* CPT. **Conflitos no campo Brasil 2009**. São Paulo: Expressão Popular, 2010.

OLIVEIRA, Ariovaldo Umbelino de. Os posseiros voltam a assumir o protagonismo da luta camponesa pela terra no Brasil. *In:* CPT. **Conflitos no Campo Brasil 2010**. Goiânia: CPT, 2011.

OPPA (Observatório de Políticas Públicas para a Agricultura). **Relatório com as Principais Notícias Divulgadas pela Mídia Relacionadas com a Agricultura**. UFRRJ, abr. 2009.

POCHMANN, Marcio. **Crise e Trabalho nas Metrópoles** (nota técnica). IPEA, jul. 2009.

PORTO-GONÇALVES, Carlos Walter. Acumulação e expropriação – geografia da violência no campo brasileiro em 2008. *In:* CPT. **Conflitos no Campo – Brasil 2008**. Goiânia: CPT Nacional, 2009.

PORTO-GONÇALVES, Carlos Walter; ALENTEJANO, Paulo Roberto Raposo. A violência do latifúndio moderno-colonial e do agronegócio nos últimos 25 anos. *In:* CPT. **Conflitos no campo Brasil 2009**. São Paulo: Expressão Popular, 2010.

PORTO-GONÇALVES, Carlos Walter; ALENTEJANO, Paulo Roberto Raposo. A contrarreforma agrária na lei e na marra – a expansão do agronegócio e a reconfiguração da questão agrária no Brasil. *In:* CPT. **Conflitos no Campo Brasil 2010**. Goiânia: CPT, 2011.

PORTO-GONÇALVES, Carlos Walter; CHUVA, Luiza. A oligarquia fazendo justiça com as próprias mãos (a geografia da violência no campo brasileiro 2007). *In:* CPT. **Conflitos no Campo – Brasil 2007**. Goiânia: CPT Nacional, 2008.

PORTO-GONÇALVES, Carlos Walter; SANTOS, Luís Henrique Ribeiro. A Violência que se esconde atrás de êxito do modelo agro-exportador: geografia dos conflitos e da violência no campo brasileiro em 2011. *In:* CPT. **Conflitos no Campo Brasil 2011**. Goiânia: CPT Nacional, 2012.

PREJUÍZO da Aracruz chega a R$ 2,9 bi no 4º trimestre. **Folha de São Paulo**, 28 mar. 2009. Disponível em: https://www1.folha.uol.com.br/fsp/dinheiro/fi2803200917.htm. Acesso em: 5 jul. 2023.

ROWBOTHAM, Sheila. **A Conscientização da Mulher no Mundo do Homem**. Porto Alegre: Globo, 1983.

SAPATEIROS lembram 12 anos de impunidade dos assassinos do sindicalista Jair Antônio da Costa. **CUT-RS**, 2 out. 2017. Disponível em: cutrs.org.br/sapateiros-lembram-12-anos-de-impunidade-dos-assassinos-do-sindicalista-jair-antonio-da-costa. Acesso em: 18 out. 2019.

SAUER, Sérgio. O Parlamento e a criminalização dos movimentos sociais agrários. *In:* CPT. **Conflitos no campo Brasil 2009**. São Paulo: Expressão Popular, 2010.

SCALABRIN, Leandro Gaspar. Estado de exceção no Rio Grande do Sul e a criminalização do MST. **Filosofazer**, Passo Fundo, n. 33, p. 161-182, jul./dez. 2008.

SCHU, Debora Hahn. **"Vem tecemos a nossa liberdade"**: etnografia em meio ao contexto de solidariedade e conflito vivido por integrantes do MST no norte do RS. 2009. Dissertação (Mestrado em Ciências Sociais) – Centro de Ciências Sociais e Humanas, Universidade Federal de Santa Maria, Santa Maria, 2009.

SECOURS, Molly. Riding the reparations bandwagon. *In:* WINBUSH, Raymond A. (ed.). **Should America Pay?** Slavery and the raging debate on reparations. New York: Amistad, 2003.

SEGATO, Rita Laura. **Las Estructuras Elementales de la Violencia**: ensayos sobre género entre la antropología, el psicoanálisis y los derechos humanos. Bernal: Universidad Nacional de Quilmes, 2003.

SEM-TERRA destroem mais de mil pés de laranja no interior de SP. **G1**, 5 out. 2009. Disponível em: https://g1.globo.com/Noticias/SaoPaulo/0,,MUL1330423-5605,-00-SEMTERRA+DESTROEM+MAIS+DE+MIL+PES+DE+LARANJA+NO+INTERIOR+DE+SP.html. Acesso em: 5 jul. 2023.

SILVA, Diógenes Luiz da. **Do latifúndio ao agronegócio**: os adversários do MST no *Jornal Sem Terra*. 2013. Dissertação (Mestrado em Ciências Sociais em Desenvolvimento, Agricultura e Sociedade) – Universidade Federal Rural do Rio de Janeiro, Rio de Janeiro, 2013.

SINGER, André. Raízes sociais e ideológicas do lulismo. **Novos Estudos CEBRAP**, São Paulo, v. 85, p. 83-99, 2009.

STÉDILE, João Pedro; GÖRGEN, Frei Sérgio. **A Luta Pela Terra no Brasil**. São Paulo: Scritta, 1993.

STÉDILE, João Pedro. **Os Desafios Atuais da Esquerda Brasileira** (documento interno). 2004.

TATTO, Jilmar. **Relatório**. Brasília: Senado Federal, 2010.

TEDESCO, João Carlos. Fazenda Coqueiros: norte do RS. Entre a justiça, o poder público e o latifúndio. *In:* CONGRESSO BRASILEIRO DE SOCIOLOGIA, 14, 2009, Rio de Janeiro. **Anais** [...]. Rio de Janeiro: Sociedade Brasileira de Sociologia, 2009.

TEDESCO, João Carlos. O conflito social pela terra na Fazenda Coqueiros: um acerto de contas do latifúndio. **Ciências Sociais Unisinos**, São Leopoldo, v. 46, n. 1, p. 80-92, jan./abr. 2010.

TERMINA invasão à plantação de transgênicos da Monsanto no RS. **Folha Online**, 26 jan. 2001. Disponível em: https://www1.folha.uol.com.br/folha/brasil/ult96u14426.shtml. Acesso em: 5 jul. 2023.

ZERZAN, John. **Patriarchy, Civilization, And The Origins Of Gender**. The Anarchist Library, 2010. Disponível em: https://theanarchistlibrary.org/library/john-zerzan-patriarchy-civilization-and-the-origins-of-gender. Acesso em: 5 jul. 2023.